KB132994

자
기
를　위
한　인
간

자기를 위한 인간

Man for Himself

에리히 프롬 ― 강주헌 옮김

🌳 나무생각

너희는 저마다 자신을 등불로 삼고
스스로 의지할 곳이 되어라.
오로지 하나 남은 등불과 같이
너희 안의 진리에 의지하여라.

_____ 석가모니

진실한 말은 항상 모순되게 들리겠지만
다른 식으로는 진실을 전달할 수 없다.

_____ 노자

그렇다면 진정한 철학자는 어떤 사람입니까?
진실을 보는 것을 좋아하는 사람이지.

_____ 플라톤

내 백성이 지식이 없으므로 망하는도다.
네가 지식을 버렸으니 나도 너를 버리겠노라.

_____ 호세아

지금까지 보았듯이,
여기까지 이끈 길이 무척 어렵게 보이지만
그럼에도 어떻게든 찾아낼 수 있다.
그 길이 좀처럼 발견되지 않기 때문에
어렵게 느껴지는 것은 당연하다.
구원이 가까이 있어 힘들이지 않고 손에 넣을 수 있다면,
이처럼 거의 모든 사람들이 무시할 수 있겠는가?
하지만 고귀하고 숭고한 것은 진귀한 만큼
얻기 힘든 법이다.

_____ 스피노자

이 책은 많은 의미에서《자유로부터의 도피》의 후속편이다.《자유로부터의 도피》에서는 현대인이 자신과 자신에게 허락된 자유로부터 도피하는 방법을 분석했다면, 이번에는 자신과 자신의 잠재력에 대한 깨달음과 관련된 윤리와 규범과 가치의 문제를 분석한다. 따라서《자유로부터의 도피》에서 제기된 일부 개념들이 이 책에서도 불가피하게 반복된다. 물론 설명이 중복되는 경우를 최대한 줄이려고 애썼지만 완전히 배제할 수는 없었다. 특히 '인간 본성과 성격'을 다룬 장에서는 성격학과 관련해 앞의 책에서 논의되지 않은 주제들을 다루었다. 성격에 대한 나의 연구를 전체적으로 알고 싶다면 두 책을 모두 읽어야 하겠지만, 이 책을 이해하기 위해《자유로부터의 도피》를 반드시 읽어야 하는 것은 아니다.

정신분석학자가 윤리라는 문제를 다루려는 시도에 놀라는 독자도 있을 것이다. 하지만 심리학이 윤리적 판단의 잘잘못을 결정하는 기준이 되고, 나아가 인간 행위의 객관적이고 타당한 규범을 구축하는 기초가 될 수 있다는 입장을 받아들이는 사람들도 의외로 많다. 이런 입장은 '선(善)'보다 '적응'을 강조하며 윤리적 상대주의(ethical relativism)를 옹호하는 현대 심리학의 추세와 상반되는 것이다. 그러나 나는 임상 정신분석가로 일하는 과정에서 이론적으로나 임상적으로 윤리의 문제가 성격에 대한 연구에서 빠질 수 없다고 확신했다.

우리가 내리는 가치 판단에 따라 우리의 행동이 결정되고, 정신 건강과 행복은 가치 판단의 타당성 여부에 영향을 받는다. 가치 평가가 무의식적이고 불합리한 욕망의 합리화로 여겨질 수도 있겠지만, 오로지 그렇게만 생각한다면 인격 전반에 대한 우리의 관점을 축소하고 왜곡하는 것이다. 궁극적으로 신경증은 도덕적 실패를 보여주는 한 징후다. 그렇다고 '적응'이 도덕적 성취를 뜻하는 것은 아니다. 우리는 많은 사례를 통해 신경증의 징후가 도덕적 갈등에 대한 구체적인 표현이며, 치료의 성공 여부는 환자의 도덕적 문제를 이해하고 해결하는 것에 달려 있다는 것을 확인할 수 있다.

더구나 최근에 이르러서는 심리학과 윤리학을 구분하고 있다. 이 책을 쓰는 데 근거를 제시해준 과거의 위대한 인본주의적 윤리학자들은 철학자인 동시에 심리학자였다. 그들은 인간의 본성을 이해하려면 삶의 가치와 규범을 이해해야 한다고 믿었다. 요컨대 그 둘은 상호의존관계에 있다고 믿었다. 반면에 프로이트와 그 학파는 불합리한 가치 판단을 결정하는 기준을 제시함으로써 윤리적 사상의 발전에 크게 기여했지만 가치에 대해서는 상대주의적 관점을 취했다. 간단히 말하면 윤리학의 발전에는 물론이고 심리학의 발전에도 부정적인 영향을 미치는 관점을 취했다.

예외적으로 카를 구스타프 융(Carl Gustav Jung, 1875~1961)은 정신분석학의 이런 흐름에서 벗어난 가장 대표적인 학자다. 융은 심리학과 심리요법이 인간의 철학적이고 도덕적인 문제와 밀접한 관계가 있다고 인정했다. 이런 인정은 그 자체로 무척 중요하지만, 융의 철학적 성향은 프로이트에 대한 반발에 머물렀을 뿐, 프로이트를 뛰어넘어 철학 지향적인 심리학으로 발전하지 못했다. 융의 이론에서 '무의식'과 '신화'는 본유적으로 비합리적인 속성을 띠지만 바로 그런 속성 때문에 합리적 사유보다 우월하다고 여겨졌고, 따라서 계시의 새로운 근원이 되었다.

서양의 유일신교 및 중국과 인도에서 탄생한 위대한 종교는 진리를 언급하며 자신들의 종교만이 진정한 종교라고 주장한다. 이런 확신은 타 종교에 대한 광적인 배척으로 발전하는 경우가 많았지만, 독실한 신자와 반대자 모두에게 진리에 대한 경외심을 심어주는 효과가 있었다. 그러나 융은 종교를 특별히 구분하지 않고 폭넓게 동경하며 진리에 대한 이론적인 탐구를 포기했다. 신화나 상징을 구분하지 않고 어떤 시스템이든 비합리적인 것이면 동등한 가치를 지니는 것으로 보았다.

융은 종교에 관해서는 상대주의자다. 결국에는 합리적 상대주의를 극렬히 혐오했지만, 그의 관점에서 종교는 합리적 상대주의를 부정하는 것일 뿐 정반대편에 있는 것이 아니다. 이런 비합리주의는 심리학이나 철학, 민족학이나 정치학 등 어떤 용어로 포장되더라도 진보가 아니라 반동(反動)이다. 18세기와 19세기의 합리주의는 이성을 지나치게 신뢰해서가 아니라, 이성이라는 개념을 좁게 보았기 때문에 실패했다. 이성이란 개념을 확대하고 진리를 꾸준히 추구할 때 한쪽으로 치우친 합리주의의 오류를 교정할 수 있지만, 사이비 종교 같은 반계몽주의로는 그런 결과를 기대하기 힘들다.

심리학은 철학이나 윤리학과 떼어놓고 생각할 수 없듯이, 사회학이나 경제학과도 떼어놓고 생각할 수 없다. 이 책에서 심리학의 철학적인 문제를 강조했다고 심리학의 사회경제학적 요인들이 덜 중요하다는 뜻은 아니다. 철학적인 측면만을 강조한 것은 글쓰기의 편의성을 고려한 것에 불과하다. 따라서 가능하다면 사회심리학적 관점에서 심리적 요인과 사회경제학적 요인의 상호작용을 집중적으로 다룬 또 한 권의 책을 쓰고 싶다.

정신분석학자는 집요하고 고집스레 계속되는 불합리한 행동을 관찰하는 위치에 있다. 그런 이유로 인해 절제하고 자제하며 불합리한 욕구의 구속으로부터 벗어나는 인간의 능력에 대해 비관적인 견해를 취할 것이라 여겨질 수 있다. 하지만 나는 환자의 치료를 위해 분석하는 과정에서 정반대의 현상에 감동받는 경우가 많다. 따라서 행복과 건강을 얻으려고 애쓰는 힘이 인간의 자연스런 성향일지 모른다고 더욱 확신하게 되었다. '치유'는 행복과 건강을 추구하는 힘을 방해하는 장애물을 효과적으로 제거한다는 뜻이다. 신경과민에 시달리는 사람이 많다는 사실보다, 주변의 여러 불리한 영향에도 불구하고 대부분의 사람이 상대적으로 건강하게 살아가는 현상이 오히려 어리둥절하게 여겨지는 실정이다.

이쯤에서 미리 주의할 것들을 말해두고자 한다. 사람들은 심리학 책이 '행복'이나 '마음의 평안'을 성취하는 법을 가르쳐줄 것이라 기대한다. 이 책에는 그런 비법이 없다. 이 책은 윤리학과 심리학의 문제를 명확히 하려는 이론적인 시도다. 다시 말해, 독자에게 마음의 평화를 주려는 것이 아니라 자신에 대해 의문을 품도록 유도하는 데 목적이 있다.

이 책을 쓰는 데 다양한 형태의 제안과 자극으로 도움을 준 동료들과 제자들 및 친구에게 감사의 뜻을 전한다. 그중에서도 이 책을 완성하는 데 직접적으로 기여한 사람들에게는 특별히 감사의 말을 전하고 싶다. 패트릭 멀라히는 말로 표현하기 힘들 정도로 소중한 도움을 주었다. 멀라히와 알프레드

자이더만 박사는 이 책에서 제기된 철학적 쟁점들에 관련해 유익한 제안과 비판을 아끼지 않았다. 건설적인 의견을 제시한 데이비드 리스먼 교수와 원고의 가독성을 높이는 데 도움을 준 도널드 슐레징거에게도 크게 빚진 기분이다. 무엇보다 내 아내에게 감사의 말을 전하고 싶다. 아내는 원고를 수정하는 데 도움을 주었을 뿐만 아니라 책의 목차를 구성하는 데도 소중한 의견을 제시해주었다. 특히 비생산적인 성향을 긍정적인 면과 부정적인 면으로 구분한 것도 아내의 도움이 컸다.

기존에 발표된 내 논문들인 〈이기심과 자기애〉, 〈성격 특성으로서의 신앙〉, 〈신경증의 개인적 기원과 사회적 기원〉을 여기에 재수록하는 걸 흔쾌히 허락해준 잡지 《정신의학(Psychiatry)》과 《미국사회학평론(American Sociological Review)》의 편집진에게도 감사하고 싶다.

이 책에서는 장 칼뱅의 《기독교 강요》, 헨리크 입센의 《11편의 희곡집》, 프란츠 카프카의 《심판》, 존 와일드가 편집한 《스피노자 선집》, 아리스토텔레스의 《니코마코스 윤리학》, 윌리엄 제임스의 《심리학의 원리》, 허버트 스펜서의 《윤리학 원리》에서 여러 구절을 포괄적으로 인용했다. 이런 인용을 허락해준 관련 출판사들에도 감사의 뜻을 전하고 싶다.

01

문제의 제기

물론 내가 이미 말했듯이 지식은 영혼의 양식이야. 하지만 친구, 소피스트는 도매로든 소매로든 육신의 양식을 파는 장사꾼처럼 자신이 파는 걸 그럴듯하게 포장할 때 그 말에 속아 넘어가지 않도록 조심해야 할 거야. 장사꾼들은 자기가 파는 물건이 실제로 유익한 것인지 해로운 것인지도 모른 채 무작정 팔려고 하지 않는가. 트레이너나 의사는 예외겠지만 소비자도 모르는 건 똑같아. 이런 점에서는 지식이란 상품을 갖고 온 도시를 돌아다니며 자랑해대고, 그 지식을 원하는 사람이면 누구에게나 도매나 소매로 파는 사람도 다를 바가 없지. 하지만 친구, 지식을 파는 장사꾼들도 대다수가 자신의 지식이 사람들의 영혼에 어떤 영향을 미치는지 모를 거야. 혹시 그 지식을 사는 사람이 영혼의 의사라면 모를까, 그 지식을 사는 사람도 모르는 건 똑같지. 따라서 자네가 좋은 것이 무엇이고 나쁜 것이 무엇인지 판단할 수 있다면, 프로타고라스는 물론이고 어떤 사람의 지식도 안전하게 살 수 있을 거네. 하지만 친구, 그런 판단력이 없다면, 자네에게 가장 소중한 것을 요행수에 내맡기는 무모한 짓을 하지 말게. 지식을 사는 게 먹을거리와 마실 거리를 사는 것보다 훨씬 더 위험하거든….

— 플라톤, 《프로타고라스》

지난 수세기 동안 서양 문화는 자부심과 낙관주의가 지배했다. 자연을 이해하고 정복하기 위한 도구로 이성을 받아들였다는 자부심과 최대 다수의 최대 행복의 성취라는 인류의 가장 허황된 희망을 이루어낼 수 있을 거라는 낙관주의였다.

　인간은 자부심을 가질 만한 성취를 남겼다. 이성의 힘으로 인간이 이루어낸 물리적 세계는 동화와 유토피아로 꿈꾸고 상상하던 세계를 훌쩍 넘어섰다. 지금도 인간은 물리적 에너지를 활용해 품위 있고 생산적인 삶을 위해 필요한 물질적 조건들을 확보해나가고 있다. 아직 많은 목표가 성취되지 못했지만 대부분의 목표가 머잖아 달성될 것이다. 과거에는 심난한 문제였던 '생산의 문제'가 원칙적으로 해결되었다는 데는 의심할 여지가 없다. 이제 인류 역사상 처음으로 온 인류가 하나가 된다는 생각과 인간을 위한 자연의 정복이 더 이상 꿈이 아니라 현실적으로 가능하다는 걸 인식할 수 있게 되었다. 그렇다면 인간이 자부심을 느끼고 인류의 미래에 확신을 갖는 것이 당연하지 않을까?

하지만 현대인은 여전히 불안감을 느끼고, 점점 더 큰 당혹감에 사로잡힌다. 끊임없이 일하고 노력하지만 자신의 행위가 헛되고 무익한 짓이란 자괴감을 어렴풋이 느낀다. 사물에 대한 지배력은 커져가지만 개인적인 삶에서나 사회적인 삶에서는 무력감에 시달린다. 또한 자연을 정복하기 위한 새로운 수단을 끊임없이 구상해내지만 우리 현대인은 무수한 수단들의 틈에서 갈피를 잡지 못하는 지경에 이르고 말았다. 그 수단들에 존재 의미를 부여하는 궁극적인 목적, 즉 '인간 자신(man himself)'을 상실했기 때문이다. 우리는 자연의 주인이 되었지만 자신의 손으로 만들어낸 기계의 노예로 전락했다. 결국 물질에 대해서는 많이 알지만 인간다운 삶과 관련된 근본적이고 가장 중요한 의문에 대해서는 무지한 실정이다. 인간이란 무엇이고, 어떻게 살아야 하며, 우리 내면에 존재하는 엄청난 에너지를 생산적으로 방출하고 활용하는 방법에 대해서는 제대로 모른다.

현대인에게 닥친 위기로 말미암아 정치와 경제의 진보를

위한 발판을 놓았던 계몽 시대의 희망과 신념마저 퇴색되고 말았다. '진보'라는 개념 자체가 유치한 환상이라 일컬어지며, 그 대신 인간에 대한 믿음을 완전히 포기한 듯한 '현실주의(realism)'가 대두되었다. 인간의 존엄과 능력이란 개념에서 얻은 기운과 용기 덕분에 우리는 지난 수세기 동안 경이로운 성취를 이루어냈다. 하지만 인간은 궁극적으로 무력하고 무의미한 존재라는 사실을 받아들여야 한다는 주장이 등장하면서 인간의 존엄과 능력이 다시 도전받고 있는 실정이다. 그 주장은 우리 문화가 싹튼 뿌리까지 파헤칠 듯한 태세다.

계몽 시대의 사상가들은 우리에게 타당한 윤리적 규범을 설정하는 지표로 인간의 이성을 믿고 신뢰할 수 있어야 한다고 가르쳤다. 다시 말하면, 교회의 계시나 권위가 아니라 인간의 이성적 판단을 믿고 선악을 구분하면 된다는 것이다. 계몽 시대의 모토는 '감히 알기를 힘쓰라(dare to know)'였다. '너희가 아는 것을 믿어라'라는 뜻을 담고 있는 이 모토는 현대인에게 노력과 성취를 유도하는 자극제가 되었다. 인간의 자율성과 이성에 대한 의혹이 커져가자, 인간이 계시나 이성에 의해 인도받지 못하는 도덕적 혼란 상태가 빚어졌다. 그 결과로 가치 판단과 윤리적 규범은 전적으로 취향의 문제, 즉 자의적인 기호(嗜好)의 문제이므로 객관적으로 타당한 기준의 존재를 부정하는 상대주의적인 입장을 받아들일 수밖에 없었다.

그러나 인간은 가치관과 규범 없이 살아갈 수 없다. 상대주의에 의해 인간은 비합리적인 가치 체계의 손쉬운 먹잇감으로 전락하며 고대 그리스의 계몽사상, 기독교 신앙과 르네상스, 18세기 계몽운동으로 극복했던 상황으로 되돌아갔다. 달리 말하면 국가의 요구, 강력한 지도자의 초인적인 능력에 대한 열광, 효율적인 기계, 물질적인 성공이 다시 규범과 가치 판단의 기준이 된 것이다.

이런 상황을 인정하며 그냥 방치할 것인가? 결국 종교와 상대주의 중 하나를 선택해야만 하는 것인가? 윤리의 문제에서는 이성의 개입을 포기해야 하는가? 자유와 종속, 사랑과 증오, 진실과 거짓, 성실함과 기회주의적 행동, 삶과 죽음 중 어느 쪽을 선택하느냐는 수많은 주관적 기호에 불과하다고 믿어야 하는 것일까?

하지만 또 다른 대안이 실질적으로 존재한다. 타당한 윤리적 규범은 오직 인간의 이성에 의해서 형성될 수 있다는 것이다. 이성을 근거로 한 모든 판단이 그렇듯이 인간은 가치 판단에서도 분별력을 발휘하며 타당한 결론을 끌어낼 수 있다. 인본주의적 윤리 사상이 면면히 이어지며 그 전통이 인간의 자율성과 이성에 근거한 가치 체계들을 위한 기초를 놓았다. 그런 가치 체계들은 인간에게 무엇이 좋은 것이고 무엇이 나쁜 것인지를 알기 위해서는 인간의 본성을 먼저 알아야 한다는 전제 위에 세워졌다는 점에서 기본적으로 심리학적 탐구이기도 했다.

인본주의적 윤리학이 인간의 본성에 대한 지식에 근거를 둔다면, 현대 심리학, 특히 정신분석학은 인본주의적 윤리학을 발전시키는 가장 강력한 자극제 중 하나가 되어야 마땅했다. 그러나 정신분석학이 발달하면서 인간에 대한 지식이 눈에 띄게 증대했지만, 인간이 어떻게 살아야 하고 어떻게 행동해야 하는지에 대한 우리의 지식은 늘어나지 않았다. 지금까지 정신분석학은 가치 판단과 윤리적 규범이 비합리적이고 때로는 무의식적인 욕망과 두려움의 합리화된 표현이므로 객관적 타당성이라 할 만한 것이 없다는 걸 '폭로'하고 입증하는 기능을 했기 때문이다. 이런 폭로가 그 자체로는 무척 가치 있는 행동이었지만 단순한 비판을 넘어서지 못했기 때문에 아무런 결실을 거두지 못했다.

정신분석학은 심리학을 자연과학의 하나로 설정하려고 시도함으로써 철학적이고 윤리학적인 문제를 심리학에서 떼어놓는 잘못을 저질렀다. 또한 정신분석학은 인간을 총체적으로 분석하지 않으면 인간의 성격을 제대로 이해할 수 없다는 사실도 간과했다. 인간에게는 존재의 의미에 제기되는 의문에 대한 답을 구하고 삶의 기준으로 삼을 만한 규범을 찾아내려는 욕구가 있다. 하지만 프로이트의 '호모 프시콜로지쿠스

(homo psychologicus; 심리학적 인간)'는 고전 경제학의 '호모 에코노미쿠스(homo economicus; 경제적 인간)'만큼 비현실적인 존재에 불과하다. 가치관과 도덕적 갈등의 근원을 이해하지 않고는 인간과 인간의 정서적이고 정신적인 장애를 이해할 수 없다. 심리학은 '자연적'인 영역을 '정신적'인 영역과 분리하며 '자연적'인 영역에만 주목함으로써 발전한 것이 아니다. 인간을 심신 통합체(physico-spiritual totality)로 파악하던 인본주의적 윤리학의 위대한 전통으로 되돌아가 인간의 목표는 '본연의 자신이 되는 것'이고 그 목표를 달성하기 위해서는 인간이 '자신을 위해' 존재해야 한다고 믿는 데서부터 출발한다고 보는 것이다.

나는 이 책에서 인본주의적 윤리학의 타당성을 재확인해보고자 한다. 또한 인간 본성을 알게 되면 윤리적 상대주의로 귀결되기는커녕 윤리적 행동 규범의 근원을 인간의 본성 자체에서 찾아낼 수 있다는 걸 입증하고도 싶다. 도덕적 규범들은 인간의 내재된 특성에 바탕을 두며, 그 규범들을 위반하는 경우에 정서적이고 정신적인 붕괴로 이어진다는 것도 입증하고 싶다. 아울러 성숙하고 원만한 인격, 즉 생산적인 성격이 '미덕'의 원천이며 근원이고, '악덕'은 궁극적으로 자아에 대한 무관심이며 자기 훼손이라는 것도 입증해보려고 한다.

인본주의 윤리학에서 최고의 가치는 자기 포기나 이기심

이 아니라 자신을 사랑하는 '자기애(self-love)'며, 독립적인 개인을 부정하는 것이 아니라 진정으로 인간적인 자아를 인정하는 것이다. 우리가 그런 가치의 중요성을 확신하고 신뢰하려면 자신을 알아야 할 것이고 미덕과 생산력을 포용하는 인간의 본성에 대해서도 알아야 하지 않겠는가.

인본주의적 윤리학

삶의 기술을 위한 응용과학

Man for Himself

언젠가 수시아는 하느님에게 이렇게 기도했다.

"주님, 주님을 사랑하고 또 사랑하지만 주님이 그다지 두렵지는 않습니다. 주님, 주님을 사랑하고 또 사랑하지만 주님이 그렇게 두렵지는 않습니다. 주님, 경외감으로 가득한 주님의 이름을 마음속까지 받아들인 천사들처럼 주님을 경외하게 해주옵소서."

하느님은 그 기도를 들었고, 주님의 이름이 수시아의 마음속에 파고들며 천사들의 경우처럼 기적을 일으켰다. 그 결과 수시아는 어린 강아지처럼 두려움에 사로잡혀 침대 밑을 기어다녔고, 마침내 이렇게 울부짖었다.

"주님, 다시 수시아처럼 주님을 사랑하게 해주옵소서!"
이번에도 하느님은 수시아의 기도에 응답해주었다.[1]

01 인본주의적 윤리와 권위주의적 윤리

윤리적 상대주의와 달리 우리가 객관적으로 타당한 행동 규범에 대한 탐구를 포기하지 않는다면, 우리가 찾아낼 수 있는 규범의 기준은 무엇일까? 그 기준은 우리가 연구하려는 규범과 관련된 윤리 체계의 유형에 따라 다르다. 예컨대 권위주의적 윤리(authoritarian ethics)의 기준은 인본주의적 윤리(humanistic ethics)의 기준과 근본적으로 다를 수밖에 없다.

권위주의적 윤리에서는 인간에게 좋은 것이 무엇인지 권위체가 선포하고 행동 법칙과 규범을 정하는 반면, 인본주의적 윤리에서는 인간 자신이 규범의 결정자인 동시에 대상자다. 달리 말하면, 인본주의적 윤리에서 인간은 규범을 실질적으로 만들어내는 주체이자 그 규범을 적용받는 대상이 된다.

'권위주의적'이란 단어를 사용하려면 권위라는 개념을 명확히 해둘 필요가 있다. 흔히 독재적이고 비합리적인 권위나 아니면 권위가 완전히 배제된 상태를 선택할 수밖에 없다고 여겨지기 때문이다. 하지만 이런 양자택일은 잘못된 것이다. 진짜 문제는 우리가 어떤 유형의 권위를 갖느냐는 것이다.

권위라는 단어를 언급할 때 합리적인 권위를 뜻하는가, 아니면 비합리적인 권위를 뜻하는가? '합리적인 권위(rational authority)'는 능력에서 비롯된다. 권위를 부여받은 사람은 자신에게 맡겨진 일을 능수능란하게 처리한다. 그는 마법적인 속성을 발휘하며, 자신에게 일을 맡긴 사람들을 겁박하지도 않고, 그들의 공경심을 강요하지도 않는다. 주변 사람들을 착취하거나 악용하지 않고 생산적인 방향으로 돕고 지원하는 한, 그의 권위는 합리적인 근거를 갖기 때문에 권위의 유지를 위해 비합리적인 공포를 불러일으킬 필요가 없다. 합리적인 권위는 그 권위에 따르는 사람들이 끊임없이 감시하고 비판하는 것을 허용할 뿐만 아니라 필수 조건으로 받아들여야 한다. 따라서 합리적인 권위는 그 결과에 따라 수용 여부가 변하기 때문에 항상 일시적일 수밖에 없다.

한편 '비합리적인 권위(irrational authority)'는 사람들을 지배하는 힘에서 생겨난다. 그 힘은 물리적인 힘일 수도 있고 정신적인 힘일 수도 있다. 권위에 따르는 사람의 불안감과 무력감을 고려하면 상대적인 힘에 불과할 수도 있지만 실질적인 힘일 수도 있다. 힘과 두려움이 비합리적인 권위를 지탱해주는 지지대라 할 수 있다. 비합리적인 권위에 대한 비판은 필요하지도 않을뿐더러 금지된다.

합리적인 권위는 권위체와 대상자의 평등에 기초하며, 권위체와 대상자는 특정한 분야에 대한 지식과 역량의 정도만 다를 뿐이다. 비합리적인 권위는 본질적으로 불평등에 기초하기 때문에, 권위체와 대상자 사이에 가치의 차이가 있다는 걸 의미한다. 또한 '권위주의적'이란 표현이 요즘에는 전체주의적이고 반민주적인 시스템과 동의어로 쓰인다. 즉, '권위주의적 윤리'라는 용어는 비합리적인 권위를 뜻하는 데 사용된다. 반면에 인본주의적 윤리는 합리적인 권위와 호환된다.

권위주의적 윤리는 두 가지 기준에서 인본주의적 윤리와 구분된다. 하나는 선험적인 기준이고, 다른 하나는 실질적인 기준이다. 권위주의적 윤리는 선험적으로 선악을 구분하는 인간의 능력을 인정하지 않는다. 또한 규범을 결정하는 자가 개인을 초월하는 권위를 갖는다고 전제한다. 따라서 권위주의적 윤리 체제는 이성과 지식에 기반을 두지 않고, 권위에 대한 경외심에 기반을 두기 마련이다. 달리 말하면 권위를 따르는 대상들의 유약함과 의존성을 이용한다. 사람들은 권위체의 마법 같은 힘에 압도되어 의사 결정권을 권위체에 양도하고, 권위체가 내린 결정에는 의문을 제기할 수도 없고 의문을 제기해서도 안 된다. 권위주의적 윤리는 실질적인 기준에서, 즉 내용적인 면에서 선악이 무엇이냐는 의문에 주로 권위체의 관점에서 응답할 뿐, 종속자의 이익을 고려하지 않는다. 따라서 종속자가 그 관계에서 정신적으로나 물질적으로 상당한 이익을 거두더라도 권위주의적 윤리는 착취적인 성격을 띤다.

어린아이가 윤리적 판단을 내리거나 일반 성인이 사려 깊지 못한 가치 판단을 내릴 때 권위주의적 윤리의 선험적인 면과 실질적인 면이 뚜렷이 드러난다. 우리는 선악을 구분하는 능력의 기초를 어린 시절에 형성한다. 처음에는 생리적인 기능과 관련이 있고, 그 후에는 한층 복잡해지는 행동 문제와 관련이 있다. 달리 말하면 어린아이는 감각적으로 선악을 구분하는 방법을 터득한 후에 이성적인 추론을 통해 선과 악의 차이를 배우게 된다.

어린아이는 자기 주변의 사람들이 자신의 행동에 어떻게 반응하느냐에 따라 가치 판단의 기준을 형성해간다. 예컨대 우호적으로 반응하느냐 아니면 쌀쌀맞게 반응하느냐에 따라 기준이 달라진다. 어른의 배려와 사랑에 완전히 의존할 수밖에 없다는 상황을 고려하면, 어린아이에게 선악의 차이를 가르치기에는 어머니의 얼굴 표정으로도 충분하다. 학교와 사회에서도 유사한 요인들이 작동한다. 예컨대 칭찬받는 행동은

'좋은 것'이고, 사회적 권위체나 대다수 동료의 눈살을 찌푸리게 하거나 그들로부터 비판받는 행동은 '나쁜 것'이다. 실제로 반감을 불러일으킬지도 모른다는 두려움과 인정받고 싶은 욕구는 윤리적 판단에서 가장 강력하고 거의 배타적인 동기인 듯하다.

이런 강렬한 정서적 압력 때문에 어린 시절에는 물론이고 어른이 된 후에도 우리는 '좋은 것'이 자신에게 좋은 것인지 권위체에게 좋은 것인지에 대한 비판적 의문을 제기하지 못한다. 가치 판단이 사물에 적용되는 경우, 좋은 것과 나쁜 것의 구분은 더욱 명확해진다. 가령 내가 어떤 자동차를 다른 어떤 자동차보다 '좋다'라고 말한다면, 그 자동차가 다른 자동차보다 나에게는 여러 점에서 편리하기 때문에 '더 좋다'라고 말한 것이 분명하다. 이 경우에 좋고 나쁨이라는 가치 판단의 기준은 자동차의 유용성이다. 또한 어떤 개를 소유한 주인이 그 개를 '좋다'라고 말한다면, 그에게 유용한 개의 특성 때문에 좋다고 말하는 것이다. 구체적으로 말하면, 경비견이든 사냥개든 귀여운 반려견이든 주인이 원하는 역할을 그 개가 충실히 해내고 있다는 뜻이다. 결국 "어떤 사물이 그것을 사용하는 사람에게 이익을 준다면 그 사물은 좋은 것이다".

인간에 대해서도 똑같은 판단 기준이 적용될 수 있다. 예컨대 어떤 직원이 회사에 이익을 제공한다면 고용주는 그 직원을 훌륭하다고 생각할 것이고, 어떤 학생이 순종적이고 분란을 일으키지 않는다면 교사는 그 학생을 착하다고 판단할 것이다. 어떤 아이가 고분고분하고 말을 잘 듣는다면 착하다는 평가를 받을 가능성이 크다. 예컨대 겁먹고 불안에 떨더라도 오로지 부모를 즐겁게 해주려는 마음에서 부모의 뜻에 따르는 아이는 '착하다'라고 평가받는 반면, 자신의 의지와 관심사는 뚜렷하지만 부모를 즐겁게 해주지 못하는 아이는 '나쁘다'라고 평가받을 것이다.

물론 권위주의적 윤리의 선험적인 면과 실질적인 면은 명확히 구분되지 않는다. 권위체가 종속자를 착취하려고 하지 않는다면 경외감을 자극하고 정서적 순종을 강요하며 지배할 필요가 없을 것이다. 권위체가 합리적인 판단과 비판을 장려할 수 있겠지만, 그럴 경우에는 무능함이 드러나는 위험도 각오해야 한다. 그러나 권위체는 자칫하면 자신의 이익이 위협받기 때문에 "순종은 중요한 미덕이고 불순종은 큰 죄악"이라고 규정한다. 권위주의적 윤리에서 용서할 수 없는 죄는 반항이다. 요컨대 규범을 제정하는 권위체의 권리에 의문을 제기하고, 권위체가 만든 규범이 종속자의 이익을 최대한으로 반영하는 것이라는 원칙에 의문을 제기하는 저항은 용서할 수 없는 죄에 속한다. 물론 죄를 범하더라도 그에 따른 벌을 받아들이고 죄책감을 느낀다면 권위체의 우월성을 인정한다는 뜻이므로 '선한' 성품을 회복한 것이 된다.

구약성서는 인류의 기원을 설명하는 부분에서 권위주의적 윤리의 한 사례를 구체적으로 보여주고 있다. 아담과 하와의 죄는 행위 자체의 잘잘못으로 설명되지 않는다. 선악을 알게 하는 나무의 열매를 먹는 행위 자체가 나쁜 짓은 아니었다. 오히려 유대교와 기독교는 선악을 구분하는 능력을 기본적인 미덕으로 인정한다. 결국 하느님의 명령에 순종하지 않고, 하느님의 권위에 도전한 것이 죄였다. 인간이 이미 "선악을 아는 일에 우리 중 하나같이 되었으니 그가 그의 손을 들어 생명나무 열매도 따먹고 영생할지도 모른다."는 두려움을 하느님에게 안겼기 때문이다(창세기 3:22).

인본주의적 윤리는 권위주의적 윤리의 반대편에 있지만, 선험적 기준과 실질적 기준으로 구분된다는 점에서는 거의 비슷하다. 인본주의적 윤리는 선험적으로 오직 인간만이 선악의 기준을 결정할 수 있다는 원칙에서 출발한다. 인간을 초월하는 어떤 권위체에 대해서도 결정권을 인정하지 않는다. 한편 실질적인 기준에서 '선'은 인간에게 좋은 것이고 '악'은 인간에게 해로운 것이란 원칙이 인본주의적 윤리의 출발점이다. 요컨대 "윤리적 가치의 유일한 기준은 인간의 행복"이란 뜻이다.

권위주의적 윤리와 인본주의적 윤리의 차이는 '미덕(virtue)'이란 단어에 부여된 다양한 의미에서 분명히 드러난다.

아리스토텔레스는 '미덕'이라는 단어를 '우수함' — 인간에게만 잠재된 능력을 구체적으로 드러내보이는 행위의 우수함 — 이라는 뜻으로 사용했다. 한편 파라켈수스는 미덕을 각 사물의 고유한 특징들, 즉 '특이성(peculiarity)'과 동의어로 사용했다. 돌멩이 하나, 꽃송이 하나 등 모든 것이 고유한 미덕을 가지며, 그 미덕은 특이한 특징들의 결합물이다. 이런 점에서 인간의 미덕은 인간이라는 종의 특유한 특징들이 일정한 방법으로 조합된 결과물인 반면, 개개인의 미덕은 각자의 고유한 개성이라 할 수 있다. 따라서 어떤 사람이 자신의 '미덕'을 펼쳐 보이면 그는 '도덕적'인 사람이 된다. 그런데 현대적 의미에서 '미덕'은 권위주의적 윤리에 속하는 개념이다. 따라서 도덕적인 사람이 된다는 것은 자제하고 순종하는 사람, 자신의 개성을 표현하기보다 억누르는 사람을 뜻한다.

인본주의적 윤리는 인간 중심적이다. 그렇다고 인간이 우주의 중심이라는 뜻은 아니다. 가치 판단을 비롯해 어떤 식으로든 판단을 내릴 때는 물론이고 심지어 감각적으로 지각하는 경우에도 인간은 자신의 특이성을 반영한다는 점에서, 또한 오직 그런 이유에서만 개개인의 가치 판단은 유의미하다는 점에서 인간 중심적이란 것이다. 요컨대 인간은 '만물의 척도'다. 인본주의는 기본적으로 인간이라는 존재보다 소중한 것은 없고 고귀한 것도 없다고 전제한다. 하지만 이런 관점을 끊임없이 반박하는 사람들은 본질적으로 윤리적 행동은 인간을 초월하는 무엇, 즉 초자연적인 힘과 관련이 있기 때문에 인간과 인간의 관심사만을 인정하는 시스템은 진정으로 도덕적일 수 없다고 주장한다. 즉, 그런 시스템의 대상은 고립되고 자기중심적인 개인에 불과하다는 것이다.

이런 주장은 자신의 삶에 필요한 규범을 상정하고 판단하는 능력과 권리가 인간에게 있다는 가정을 부정하기 위해 제기되지만, 잘못된 생각에서 비롯된 것이다. 원칙적으로 인간에게 좋은 것이 좋은 것이라 전제하더라도 인간의 본성에 비추어 보면 자기중심주의와 고립된 삶이 인간에게 좋은 것이라 단정할 수 없기 때문이다. 달리 말하면, 외부 세계와 관계를 끊은 상태에서는 인간의 목적이 성취될 수 없다는 뜻이다. 인본주의적 윤리를 옹호하는 많은 사람의 주장이 맞다면, 인간은 주변 사람들과 관계를 맺고 결속하는 경우에만 성취감과 행복감을 느낀다는 게 인간 본성의 특징 중 하나다. 하지만 이웃을 사랑하는 게 인간다움을 초월하는 현상은 아니다. 이웃을 향한 사랑은 인간에게 내재되고 인간으로부터 발산되는 본성이다. 사랑은 저 위에서 내려와 인간을 감싸는 초월적인 힘도 아니고, 인간에게 부과되는 의무도 아니다. 사랑은 인간이 자신을 외부 세계와 관련지으며, 그 세계를 자신의 것으로 만들어가는 인간 본연의 힘이다.

02   주관주의적 윤리와
객관주의적 윤리

우리가 인본주의적 윤리의 원칙을 받아들인다면, 객관적
으로 타당한 규범적 원칙을 찾아가는 인간의 능력을 원천적으
로 부정하는 사람들에게 어떻게 대응해야 할까?

인본주의적 윤리를 옹호하는 한 학파는 이런 의문의 제기
를 인정하며, 가치 판단에는 객관적 타당성이 없다는 것을 인
정한다. 요컨대 가치 판단은 개개인의 자의적인 선호에 불과
하다는 것이다. 이런 관점에서 보면 "자유가 예속보다 낫다."
라는 주장은 기호에 불과할 뿐이지 객관적으로 어떤 타당성도
없다. 또한 이런 관점에서 접근하면 가치는 '누구나 원하는 선
(善)'으로 정의된다. 따라서 욕망은 가치의 시금석인 반면, 가
치는 욕망의 시금석이 아니다. 이런 주관주의는 지나치게 급

진적인 데다 윤리적 규범은 보편적이고 모든 인간에게 적용되는 것이어야 한다는 생각과 본질적으로 양립되지 않는다. 이런 급진적 주관주의가 유일한 형태의 인본주의적 윤리라면, 우리는 권위주의적 윤리를 선택하든지 아니면 보편타당한 규범의 요구를 완전히 포기하든지, 둘 중 하나를 선택해야 할 것이다.

'윤리적 쾌락주의(ethical hedonism)'는 객관적 원칙을 향한 첫걸음이다. 쾌락은 인간에게 좋은 것이고 고통은 나쁜 것이라 가정하며 욕망을 평가하는 기준이 제시되기 때문이다. 예컨대 쾌락과 직결되는 욕망은 소중한 것이고 그렇지 않은 욕망은 소중하지 않은 것으로 가정된다고 생각해보라. 영국의 사회학자 허버트 스펜서(Herbert Spencer, 1820~1903)는 쾌락이 생물학적 진화 과정에서 객관적인 기능을 수행한다고 주장했지만, 쾌락은 가치 기준이 될 수 없다. 자유보다 굴복을 즐기는 사람들, 사랑보다 증오에서 쾌락을 얻고 생산적인 활동보다 착취에서 즐거움을 끌어내는 사람들이 있기 때문이다. 이처럼 객관적으로 볼 때 해로운 것에서부터 쾌락을 끌어내는 현상은 신경증적 성격을 지닌 사람들의 전형이며 정신분석학에서 광범위하게 연구되고 있다. 이 문제는 성격 구조를 다루고 행복과 쾌락을 분석하는 장에서 다시 살펴보기로 하자.

상대적으로 객관적인 가치 기준을 결정하려는 중대한 첫

걸음은 그리스의 철학자 에피쿠로스(Epikuros, B.C 341~270)가 시도한 '쾌락 원칙(hedonistic principle)의 수정'이었다. 에피쿠로스는 상대적으로 '더 높은' 차원의 쾌락과 '더 낮은' 차원의 쾌락을 구분함으로써 문제를 해결하려 했다. 그러나 쾌락주의에 내재된 본질적인 문제가 그렇게 상대적으로 인식되더라도 문제 해결을 위해 시도되는 해법은 여전히 추상적이고 독단적인 수준을 벗어나지 못했다. 그렇지만 쾌락주의에는 하나의 커다란 장점이 있다. 인간이 직접 경험한 쾌락과 행복을 유일한 가치 기준으로 삼기 때문에 '인간에게 가장 좋은 것'이라고 말할 수 있는 것을 직접 경험하고 판단할 기회를 주지 않은 채 '인간에게 가장 좋은 것'을 결정하는 권한을 권위체가 가지려는 다양한 시도를 단호히 거부한다는 것이다. 따라서 고대 그리스와 로마 및 현대 유럽과 미국 문화에서 인간의 행복을 진심으로 바라는 진보적 사상가들이 쾌락주의적 윤리(hedonistic ethics)를 꾸준히 옹호해왔다는 사실이 조금도 놀랍지 않다.

그러나 이런 장점에도 불구하고 쾌락주의는 객관적으로 타당한 윤리적 판단을 위한 기초를 마련할 수 없었다. 그러면 인본주의를 선택하는 한 우리는 객관성을 포기해야 하는 것일까? 아니면 모든 인간에게 객관적으로 타당하면서도 인간을 초월하는 권위체가 아닌 인간 자신이 행동 규범과 가치 판단 규범을 설정하는 게 가능할까? 나는 이런 가능성을 굳게 믿고, 그것을 입증해보려 한다.

먼저 '객관적으로 타당하다'라는 말이 '절대적'이란 뜻과 동일하지 않다는 걸 알아야 한다. 예컨대 개연성이나 근사치에 근거한 주장이나 가정은 타당할 수 있지만, 제한된 증거를 바탕으로 설정된 것이므로 향후에 설득력 있는 새로운 사실이나 방법이 제시되면 수정되어야 한다는 점에서 '상대적'이기도 하다. '상대성'과 '절대성'이라는 개념의 대립은 신학 사상에 뿌리를 두고 있다. 신학 사상에서 신의 영역은 절대적인 것이며 불완전한 인간의 영역과 뚜렷이 구분된다. 이런 신학적인 맥락을 배제하면 '절대성'이란 개념은 무의미한 것이 되고, 전체적으로 과학적 사고에서나 윤리학에서나 별다른 위치를 차지하지 못한다.

절대성과 상대성의 대립 관계에 대한 위의 설명에는 모두가 동의한다. 하지만 '사실(fact)'과 '가치(value)'는 확실히 구분되어야 한다며 윤리학에서 객관적으로 타당한 주장의 가능성에 의문을 제기하는 반론에는 여전히 설득력 있게 대답을 못하고 있다. 칸트 이후로 폭넓게 인정된 이론에 따르면 사실에 대해서만 객관적으로 타당한 주장이 제시될 수 있을 뿐, 가치에 대해서는 그런 주장이 불가능하다. 그 결과로 과학성을 판단하는 기준 중 하나도 가치 판단을 배제하는 것이 되었다.

하지만 경험과 학습과 관찰 등을 통해 습득하는 기술(art)

분야에서 우리는 현상들을 사실대로 관찰하고, 수학적이고 연역적으로 폭넓게 추론한 결과로 얻어낸 과학적 원리들로부터 객관적으로 타당한 규범을 끌어내고 규정하는 데 길들여져 있다. 순수과학, 즉 이론과학도 사실과 원리의 발견에 관심을 갖지만, 물리학과 생물학에서도 객관성을 해치지 않는 범위 내에서 규범적 요소를 도입한다. 이런 응용과학들은 실질적으로 적용되는 규범, 즉 어떤 것이 마땅히 행해져야 하는 방법에 주로 관심을 가진다. 이때 '마땅히 행해져야 하는 방법'은 사실과 원리를 과학적으로 알아낼 때 결정된다.

기술은 특별한 지식과 능력이 요구되는 행위다. 상식 수준에 불과한 지식을 요구하는 기술 분야도 있지만, 공학이나 의학과 같은 분야에는 광범위한 이론적 지식이 필요하다. 가령 내가 철도를 건설하려 한다면 물리학의 몇몇 원칙을 준수하며 철도를 놓아야 할 것이다.

"어떤 기술 분야에서나 똑같겠지만, 객관적으로 타당한 규범들은 이론과학에 근거하여 실질적으로 확인된 이론(응용과학)으로 이루어진다."

어떤 기술에서든 탁월한 결과를 얻어내는 방법은 다양하고 많지만, 규범은 결코 자의적으로 결정되지 않는다. 규범을 위반하면 형편없는 결과, 혹은 바라던 결과를 전혀 얻지 못하는 참담한 실패를 감당해야 한다.

그러나 의학과 공학과 회화만이 기술은 아니다. 삶 자체도 일종의 기술이다.[2] 삶은 인간이 행하는 기술 중 가장 중요하면서도 까다롭다. 삶의 기술은 몇몇 전문화된 과제의 수행이 아니라 삶 자체의 수행에 적용된다. 삶은 우리가 잠재된 능력을 발휘하는 개체로 성장해가는 과정이기 때문이다. 삶의 기술에서 인간은 기술자인 동시에 그 기술이 발휘되는 대상이다. 구체적으로 말하면, 인간은 조각가인 동시에 대리석이고, 의사인 동시에 환자다.

인본주의적 윤리에서 '선'은 인간에게 좋은 것을 가리키고 '악'은 인간에게 나쁜 것을 뜻한다. 따라서 무엇이 인간에게 좋은 것인지 알려면 인간의 본성에 대해 먼저 알아야 한다. 인본주의적 윤리는 이론적인 '인간 과학'에 바탕을 둔 '삶의 기술'이라는 응용과학이다. 인본주의적 윤리학의 경우에도 다른 응용과학 분야와 마찬가지로 '미덕'의 성취도는 인간 과학에 대한 이론적 지식뿐만 아니라 그 지식을 실질적으로 실천하는 기량에도 비례한다. 그러나 어떤 행위가 선택되고 어떤 목표가 지향된다고 전제하는 경우에만 이론으로부터 규범이 추론될 수 있다. 의학이라는 행위는 질병을 치료하고 생명을 연장하는 게 바람직하다는 전제가 뒷받침하고 있다. 이런 전제가 없다면 의학의 모든 법칙이 무의미해질 것이다. 모든 응용과학은 "선택이라는 행위로부터 비롯되는 결과는 언제나 바람직한 것"이라는 공리에서 시작된다.

하지만 윤리학의 기저를 이루는 공리는 다른 응용과학의 바탕을 이루는 공리와 다르다. 예컨대 구성원들이 그림이나 다리를 원하지 않는 가상의 문화는 상상할 수 있지만, 구성원들이 삶 자체를 바라지 않는 문화는 상상조차 할 수 없을 것이다. 삶의 욕망은 모든 생명체에 내재하는 것이며, 삶에 대해 어떻게 생각하든 간에 삶 자체를 원하지 않는 사람은 없다.[3] 결국 삶과 죽음 중 어느 하나의 선택은 이론적으로나 가능할 뿐이며 현실적으로는 존재하지 않는다. 우리는 좋은 삶이냐 나쁜 삶이냐, 둘 중 하나를 실질적으로 선택할 뿐이다.

이쯤에서 우리 시대에 '삶의 기술'이라는 개념이 사라진 이유에 대해 생각해보는 것도 흥미로울 듯하다. 현대인은 글 읽기와 글쓰기를 배우고 익혀야 할 기술로 생각한다. 또한 건축가나 공학자 혹은 숙련공이 되기 위해서는 상당한 학습이 필요하지만, 삶은 무척 단순한 것이어서 살아가는 방법을 배우는 데 특별한 노력이 필요하지 않다고 생각하는 듯하다. 누구나 어떤 식으로든 살아가고 있기 때문에 삶이라는 영역에서 모두 전문가라 여긴다. 그러나 우리가 어려움을 느끼지 않을 정도로 삶의 기술을 터득했다는 뜻은 결코 아니다. 오히려 삶의 과정에서 진정한 기쁨과 행복을 느끼지 못하는 현상이 확대되고 있는 편이다.

현대사회에서는 행복과 개성과 개인의 이익이 유난히 강조되지만, 이상하게도 삶의 목표는 줄곧 행복(신학적으로는 구원)이 아니라 노동에서 얻는 성취감, 즉 성공이라고 가르쳤다. 돈과 명성과 권력은 우리에게 동기를 부여하는 자극제인 동시에 목적이 되었다. 우리는 각자의 행동이 자신에게 이익이 될 거라는 착각에서 행동하지만, 실제로는 자신의 이익을 배제한 채 다른 모든 것을 위해 행동하고 있을 뿐이다. 결국 우리 자신의 삶과 삶을 살아가는 기술을 제외하고 모든 것이 우리에게 중요하다. 달리 말하면, 우리는 자신을 제외하고 다른 모든 것을 위해 존재할 뿐이다.

윤리가 삶의 기술을 탁월하게 수행하는 데 반드시 필요한 규범의 핵심이라면, 윤리의 일반 원리는 크게는 삶의 본질로부터 도출되고, 좁게는 인간의 본성에서 끌어내야 할 것이다. 일반적으로 말하면, 삶 자체의 본질은 자신의 존재를 보존하고 확인하는 것이다. 모든 생명체는 자신의 존재를 보존하려는 생득적 성향을 띤다. 심리학자들은 이런 사실에 근거해 자기 보존이라는 '본능'을 당연한 것으로 가정했다. 결국 생명체의 제1의무는 살아 있는 것이다.

'살아 있음'은 동적인 개념이지 정적인 개념이 아니다. 어떤 생명체가 존재한다는 것은 그 생명체가 특정한 힘을 발휘한다는 뜻이다. 모든 생명체에는 자기만의 고유한 잠재력을 드러내려는 생득적 성향이 있다. 따라서 인간에게 삶의 목적은 "인간 본성의 법칙에 따라 자신의 능력을 펼쳐 보이는 것"이라 이해되어야 마땅하다.

인간은 '보편적인 존재로서' 존재하지 않는다. 이른바 인간적 특성들을 다른 모든 인간과 공유하지만, 항상 독립된 개인이며, 그 밖의 모든 존재와 다른 유일무이한 개체다. 지문이 다른 것처럼 성격과 기질, 재능과 성향의 결합도 제각각이다. 자기만의 개성을 드러내는 경우에만 인간으로서 자신의 잠재력이 확인된다. 살아 있어야 한다는 책무는 본래의 자신이 된다는 뜻이며, 결국 잠재된 능력을 발휘하는 개체로 성장한다는 뜻이다.

요약하면, 인본주의적 윤리에서는 살아 있음을 확인하고 인간으로서의 능력을 발휘하는 게 좋은 것이다. 자신의 존재에 대해 책임지는 행위는 미덕이고, 인간의 능력을 해치는 행위는 악이며, 자신의 존재를 책임지지 않는 행위는 악덕이다.

지금까지 우리는 객관주의적인 인본주의적 윤리의 기본 원칙들을 대략적으로 살펴보았다. 이 원칙들에 대해서는 4장에서 자세히 다루기로 하고, 여기에서는 윤리학이라는 응용과학의 이론적인 토대로서 '인간 과학'이라는 것이 정말 가능한 것인지에 대해 따져보기로 하자.

인간 과학

인간 과학(science of man)[4]이라는 개념은 연구 대상인 인간이 존재한다는 전제, 또 인간에게만 고유한 본성이 있다는 전제에서 시작된다. 사상사를 꼼꼼히 추적하면 이 쟁점에 대한 특유의 모순과 부조화를 발견할 수 있다.

권위주의적 사상가들은 편의상 인간 본성의 존재를 가정하며, 인간 본성이 고정되고 변하지 않는 것이라 생각했다. 이런 가정은 권위주의적 윤리 체계와 사회 제도가 인간의 본성 위에 구축된 것이기 때문에 반드시 필요하고 변할 수 없는 것임을 입증하는 데 적잖은 도움을 주었다. 하지만 권위주의적 사상가들이 인간의 본성이라 생각했던 것은 그들이 결정한 규범과 이익을 반영한 것이었지, 객관적인 연구의 결과물이 아니었다. 따라서 진보적인 사상가들이 인류학과 심리학의 연구 성과를 대대적으로 환영하며 받아들인 이유는 충분히 이해된다. 그들은 권위주의적 사상가들의 주장에 반박하며, 인간 본성의 무한한 유연성을 내세우고 있었기 때문이다. 규범과 제도가 인간 본성의 결과보다 원인으로 가정되더라도 그것들 역시 유연하게 변할 수 있다는 뜻이었다.

그러나 인간 본성은 무한히 변할 수 있다는 이론을 받아들임으로써 문제가 발생했다. 역사적으로 어떤 문화적 유형은 고정되어 결코 변하지 않는 인간 본성의 반영이라는 가정을 잘못된 것이라며 반박할 수 있었지만, 결국에는 이 이론을 옹호하는 사람들도 똑같은 처지로 전락하고 말았다. 첫째로, '무한히 유연한 인간 본성'이라는 개념도 고정되고 변하지 않는 인간 본성이라는 개념만큼 만족스럽지 못한 결론에 쉽게 도달했다. 인간이 주변 상황에 영향을 받아 무한히 변한다면, 인간의 행복에 불리하게 작용하는 규범과 제도가 인간을 현재 상태에 만족하도록 바꿔버릴 수 있고, 인간 본성에 내재된 힘이 동원되어 현재 상태를 변화시키는 가능성도 사라질 것이다. 그렇게 되면 인간은 사회적 제도에 순응하는 꼭두각시로 전락하고 말 것이다. 하지만 인간은 자신에게 불리한 사회적이고 문화적인 제도의 강력한 압력에 격렬히 반발하는 내재적 속성을 지닌 존재라는 게 이미 역사적으로 입증되지 않았는가. 인간 본성이 문화 양식의 반영에 불과하다면, '인간'이라는 개념 자체가 독자적으로 존재하지 않을 것이기 때문에 인간의 행복이라는 관점에서 어떤 사회 제도도 비판하거나 판단할 수 없을 것이다.

인간 본성이 무한히 변할 수 있다는 이론의 정치적이고 도덕적인 영향만큼 그 이론에 함축된 의미도 중요하다. 기본적인 생리적 욕구를 제외할 경우에 인간 본성이라 할 만한 것이 없다고 가정해보자. 그렇다면 인간의 무한한 행동 유형을 묘사하는 것으로 만족하는 급진적인 행동주의, 즉 인간 행동을 계량적으로 보여주는 극단적인 행동주의가 유일하게 가능한 심리학일 것이다. 또한 심리학과 인류학은 사회 제도와 문화 유형이 인간을 빚어내는 다양한 방법들을 서술하는 학문에 지나지 않을 것이다. 그렇게 되면 인간이 겉으로 드러내는 고유한 모습은 사회 제도가 인간에게 덧씌운 각인에 지나지 않을 것이기 때문에 인간 과학도 하나밖에 있을 수 없다. 이른바 비교사회학(comparative sociology)이라는 것이다. 하지만 심리학과 인류학이 인간 행동을 지배하는 법칙들에 대해 타당한 제안을 내놓으려 한다면, 예컨대 "X는 그 속성에서 비롯되며 언제라도 확인 가능한 방법으로 환경적 영향에 반응한다는 전제"에서 출발해야 한다.

인간 본성은 고정된 것이 아니다. 따라서 문화는 인간의 고정된 본능으로부터 형성된 결과물이 아니다. 또한 문화는 인간 본성이 수동적으로 완벽하게 순응해야 하는 고정된 요소도 아니다. 인간은 불만스런 환경에도 적응할 수 있지만, 그 적응 과정에서 자신의 본성에 내재된 고유한 속성에 따라 정신적으로나 정서적으로 명확히 반응한다.

예컨대 인간은 굴종의 상황에도 적응할 수 있지만, 이런 상황에서는 지적인 수준과 도덕적인 품성이 동시에 떨어진다. 인간은 상호적인 불신과 적대감이 팽배한 문화에도 적응할 수 있지만, 이런 상황에서 유약해지고 비생산적인 존재로 추락한다. 인간은 성욕의 억압을 요구하는 문화에도 적응할 수 있지만, 지그문트 프로이트(Sigmund Freud, 1856~1939)가 입증한 것처럼 이런 적응 과정에서 신경증적 징후를 드러내는 경우가 많다. 인간은 거의 모든 문화유형에 적응할 수 있지만, 그 문화유형이 자신의 본성과 모순되고 충돌하면 정신 질환과 정서 장애를 일으키기 쉽다. 이런 결과가 닥치면, 인간이 본성을 바꿀 수 없기 때문에 결국 주변 환경을 바꿀 수밖에 없다.

인간은 문화에 의해 내용을 마음대로 채울 수 있는 백지가 아니다. 인간은 에너지로 충만하고, 특별한 방식으로 구조화된 독립된 개체다. 인간은 외적인 조건에 고유하고 확인 가능한 방법으로 반응하며 주변 상황에 적응한다. 인간이 동물처럼 본성까지 바꿔가며 외적인 조건에 자발적으로 적응(autoplastic adaptation)했고, 특정한 방향으로 적응할 수밖에 없는 일련의 조건들에서만 적절히 살아갔다면, 인간은 모든 동물종이 맞닥뜨린 '특수화(specialization)'라는 막다른 골목에 다다라 역사를 상실하고 말았을 것이다. 반대로 인간이 본성에 어긋나는 것들과 다투지 않고 어떤 조건에나 순응하고 적응한 경우에도 역사를 갖지 못했을 것이다. 인간의 진화는 인간의 적응성에 뿌리를 두고 있다. 구체적으로 말하면, 본능적 욕구를 채우는 데 더 적합한 환경을 끊임없이 추구하도록 우리에게 강요하는 인간 본성, 그중에서도 결코 지워버릴 수 없는 특성 덕분에 인간은 진화할 수 있는 것이다.

인간 과학의 연구 대상은 인간 본성이다. 그러나 인간 과학은 인간 본성이 무엇인지 충분히 모르는 상태에서 시작된다. 따라서 인간 과학의 목표는 연구 대상에 대한 만족스런 정의를 내리는 것이다. 또한 인간 과학의 연구 방법론은 개인적이고 사회적인 다양한 조건에 대한 인간의 반응을 관찰하고, 그 결과를 바탕으로 인간의 본성을 추론하는 것이다.

역사학과 인류학이 현재와 다른 문화적이고 사회적인 조건에 대한 인간의 반응을 연구하는 학문이라면, 사회심리학은 현재 문화의 다양한 사회적 상황에 대한 인간의 반응을 연구하는 학문이다. 아동심리학은 성장하는 아동이 다양한 상황에 대해 보이는 반응을 연구하고, 정신병리학은 병적인 조건에 인간 본성이 어떻게 왜곡되는지를 연구함으로써 인간 본성에 대한 결론을 끌어내려는 학문이다.

인간 본성은 결코 그 자체로는 관찰되지 않고, 구체적인 상황에서 구체적인 모습으로만 관찰된다. 따라서 인간 본성은 인간의 행동을 경험적으로 관찰하고 연구함으로써 추론되는 이론적인 구조물이라 할 수 있다. 인간 과학은 '인간 본성' 자체가 아니라 '인간 본성의 한 모델'을 구축하려는 학문이다. 결국 직접 관찰되는 대상 자체를 연구하는 게 아니라, 관찰된 자료를 바탕으로 추론되고 통제되는 개체들을 분석해 결론을 유도한다는 점에서 인간 과학도 여러 학문과 다를 바가 없다.

인류학과 심리학이 풍부한 자료를 제공하지만 인간 본성이 어떤 것이라고 확실히 말할 수는 없다. 대체 인간 본성은 무엇으로 이루어질까? 셰익스피어의 희곡《베니스의 상인》중 샤일록의 독백에서 인간 본성에 대한 경험적이고 객관적인 진술을 확인할 수 있다. 이 독백에서 유대인과 기독교인을 인류의 대표로 이해하면 된다.

그래, 나는 유대인이다. 유대인은 눈이 없나? 유대인은 손이 없나, 오장육부가 없나? 몸뚱이도 없고 감각도 없고 애정도 없고 정열도 없단 말인가? 기독교인과 똑같은 음식을 먹고 똑같은 무기에 상처를 입고 똑같은 질병에 걸리고 똑같은 약으로 치료되며, 똑같이 여름에는 덥고 겨울에는 춥지 않은가? 우리도 가시에 찔리면 피가 나지 않는가? 간지럼을 태우면 우리도 어찌 웃지 않을 수 있겠는가? 우리에게 독을 먹이면 우리가 어떻게 죽음을 피하겠는가? 우리를 부당하게 대하면 우리도 복수를 꿈꾸지 않겠는가? 다른 모든 점에서 우리가 당신들과 같다면, 이번 일에서도 당신들과 뭐가 다르겠는가?

04 인본주의적 윤리의 전통

　전통적으로 인본주의적 윤리학에서는 인간에 대한 지식이 규범과 가치를 결정하는 기초가 된다는 의견이 주를 이루었다. 따라서 여기에서 개략적으로 살펴보려는 대표적인 사상가들, 즉 아리스토텔레스와 스피노자와 존 듀이의 윤리에 관한 논문들은 심리학에 대한 논문이기도 하다. 그렇다고 여기에서 인본주의적 윤리의 역사를 되짚어보려는 것은 아니다. 다만 인본주의적 윤리학을 대표하는 몇몇 학자의 이론을 통해 인본주의적 윤리의 기본 원칙을 설명해보려는 것이다.

　아리스토텔레스의 이론에서 윤리학은 인간 과학의 토대 위에 세워진 것이다. 심리학이 인간의 본성을 탐구하는 학문이므로 윤리학은 응용심리학이 된다. 정치를 연구하는 학자와 마찬가지로 윤리를 연구하는 학자도 "어떤 식으로든 영혼에 대해 많은 것을 알아야 한다. 눈이나 몸 전체를 치료하려는 사람이 눈이나 몸에 대해 알아야 하는 것과 다를 바가 없다. … 하지만 의사들 중에서 가장 많은 것을 배운 의사조차 몸에 대해 더 많은 것을 알아내려고 많은 노력을 기울이고 있는 실정"[5]이다.

인간의 본성으로부터 아리스토텔레스는 "미덕(탁월함)은 곧 행위"라는 규범을 추론해냈다. 여기에서 '행위'는 인간에게만 존재하는 능력과 기능의 행사를 뜻한다. 인간이 추구하는 행복은 '행위', 즉 능력과 기능을 행사한 결과로 얻는 것이지, 정적인 소유물이나 편안한 마음 상태를 뜻하는 게 아니다. 아리스토텔레스는 '행위'라는 개념을 설명하려고 올림피아 경기를 비유로 들었다. "올림피아 경기에서 그렇듯이 가장 아름다운 사람이나 가장 강한 사람이 월계관을 쓰는 게 아니다. 경쟁하는 사람들 중 승리자가 있기 마련이므로 경쟁하는 사람들이 월계관을 차지한다. 따라서 행동하는 사람이 승리하며, 삶에서 고결하고 선한 일을 올바로 이루어낸다."[6]

자유롭고 합리적이며 활동적이고 사색하는 사람이 선한 사람이며, 따라서 행복한 사람이다. 이때 우리는 인간 중심적이고 인본주의적이며, 인간의 본성과 기능에 대한 깊은 이해를 바탕으로 추론해낼 수 있는 객관적인 가치를 제시하게 된다.

아리스토텔레스와 마찬가지로 스피노자(Baruch de Spinoza, 1632~1677)도 인간의 고유한 기능에 대해 연구했다. 먼저 스피노자는 자연계에 존재하는 온갖 것의 고유한 기능과 목적에 대해 고찰한 후 "모든 것이 그 자체로 존재하는 한 원래의 모습을 유지하려고 한다."라는 결론을 내놓았다.[7] 인간은 그 기능과 목적에서 다른 생명체와 조금도 다를 바가 없어, 자신을 보호하고 자신의 존재를 유지하려고 한다. 스피노자가 이렇게 찾아낸 미덕의 개념은 일반적인 규범을 인간이란 존재에 적용하는 것에 불과하다. "미덕의 원칙을 절대적으로 따르는 행동은 이성이 우리에게 이익이 되는 것을 추구할 것이라는 믿음으로 이성의 지시대로 행동하고 살아가며 우리 존재를 보호하는 행위에 불과하다."[8] 궁극적으로 이성의 지시에 따른 행동과 삶과 보존은 똑같은 것을 뜻한다.

스피노자는 '우리 존재의 보호 혹은 보존'을 '잠재력을 발휘하는 존재로 성장'하는 것이라 생각했다. 이런 해석은 모든 생명체에 그대로 적용된다. 예컨대 스피노자는 "말의 관점에서는 벌레로 변하는 것이나 인간으로 변하는 것이나 똑같은 정도로 자신을 파괴하는 것이다."라고 말했다. 그의 논리에 따르면, 인간의 관점에서는 말로 변하는 경우나 천사로 변하는 경우나 똑같은 정도로 자신을 파괴해야 한다고 말할 수 있을 것이다. 미덕은 각 생명체가 고유한 잠재력을 펼쳐 보이는 상태이며 인간의 경우에는 인간이 가장 인간다운 상태가 된다.

이로써 스피노자는 '선'을 "신이 우리에게 설정해놓은 인간 본성의 모델에 점점 가까이 접근해갈 수 있는 수단이라고 확신하는 모든 것"이라 이해했고, '악'을 "우리가 그 모델에 다가가는 걸 방해하는 것이 분명한 모든 것"으로 이해했다.[9] 따라서 미덕은 인간 본성에 대한 깨달음과 같은 것이며, 인간 과학은 윤리학이 기초를 두기에 충분한 이론과학이 된다.

인간에게 진정한 자아가 되기 위해 어떻게 행동해야 하고, 궁극적으로 무엇이 좋은 것인지 가르쳐주는 것은 이성이지만, 미덕을 성취하려면 자신에게 주어진 힘을 능동적으로 사용해야 한다. 따라서 성적 능력은 미덕이지만, 성적 불능은 악덕과 같은 것이다. 행복은 그 자체로 목표가 아니라 성적 능력이 향상될 때 동반되는 심리적 상태다. 한편 성적 불능에는 우울한 기분이 뒤따른다. 성적 능력과 성적 불능의 차이는 인간과 관련된 모든 유형의 힘에 적용된다. 예컨대 가치 판단은 인간과 인간의 관심사에만 적용된다. 하지만 이런 가치 판단은 단순히 개개인의 좋고 싫음에 대한 선언이 아니다. 인간의 속성은 인간이란 종에 내재된 것이어서 모든 인간에게 공통된 특성이기 때문이다.

스피노자가 말한 윤리의 객관적 특징은 인간 본성 모델의 객관성에 기초를 두고 있다. 그의 주장에 따르면, 인간 본성은 개인적으로 많은 편차를 보이지만 본질적으로는 모든 인간이 똑같기 때문이다. 스피노자는 권위주의적 윤리를 극렬히 반대한다. 그의 이론에서 인간은 그 자체로 목적인 존재이지, 인간을 초월하는 권위체를 위한 수단이 아니다. 또한 가치는 인간의 실질적인 이익과 관련되는 경우에만 결정될 수 있다. 실질적인 이익은 인간이 자신의 힘을 자유롭고 생산적으로 사용할 때 얻는 성과기 때문이다.[10]

과학적 윤리학을 옹호한 근대적인 학자로 대표적인 인물은 존 듀이(John Dewey, 1859~1952)다. 듀이는 권위주의적 윤리는 물론이고 상대주의적 윤리에도 강력히 반대하는 의견을 줄곧 피력해왔다. 또한 권위주의를 비판하면서 신의 계시와 율법, 국가의 명령, 관습과 전통 등의 힘을 빌리려는 호소에는 탐구욕을 억압하고 배제할 정도의 권위적인 목소리가 공통적으로 담겨 있다고 말했다.[11] 상대주의에 관련해서는 "뭔가를 즐긴다는 사실은 그 자체로 존재하는 게 아니라, 즐겨지는 것에 대한 가치 판단"이라고 하면서 상대주의를 경계했다.[12] 뭔가를 즐긴다는 것 자체가 기본적인 자료지만, 상대주의가 개입되면 그런 자료조차 '증거가 될 만한 사실에 의해 입증'되어야만 한다.[13] 스피노자처럼 듀이도 인간에게는 이성의 힘이 있기 때문에 객관적으로 타당한 가치의 제안이 가능하다고 가정했다. 또한 인간에게 삶의 목표는 본성과 기질에서 인간다움의 성장과 발전이 되어야 한다고도 생각했다.

그러나 듀이는 고정된 목표라는 개념에 반대한 까닭에 스피노자가 제시한 핵심적인 이론, 즉 과학적 개념으로 '인간 본성의 모델'을 포기할 수밖에 없었다. 대신 듀이는 규범의 타당성을 규정하는 경험론적 근거로서 수단과 목적(혹은 결과)의 관계를 강조했다. 그는 "뭔가 중요한 일이 발생한 경우에만 가치평가가 이루어진다. 예컨대 해결해야 할 문젯거리가 발생하거나, 올바로 바로잡아야 할 궁핍과 결핍 및 결여가 있을 때, 어떤 갈등을 해결하기 위해서라도 기존의 상황에 변화를 도입해야 하는 경우에 가치 평가가 이루어진다. 결국 이런 사실에서 가치 평가가 이루어질 때마다 '연구'라는 지적인 요소가 개입한다는 게 입증된다. 마음속에 어떤 목표를 세우고, 그 목표에 의거해 행동을 하면 그 목표가 기존의 부족함을 채워주고 기존의 갈등을 해소해주는 것으로 투영되기 때문이다."[14]라고 말했다.

또한 그 이론에 비추어 보면 "목적은 멀리 떨어진 곳에서 바라본 일련의 행위에 불과하고, 수단은 가까운 곳에서 바라본 일련의 행위에 불과하다. 예정된 일련의 행위를 시간의 연속이란 관점에서 살펴보면 수단과 목적이 구분된다. 이렇게 생각하면 '목적'은 최종적 행위가 되고, 수단은 시간적으로 앞서 행해지는 행위들이 된다. … 수단과 목적은 동일한 현실을 가리키는 두 개의 명칭에 불과하다. 따라서 수단과 목적은 현실적으로 구분되는 게 아니라, 판단으로 구분되는 것이다.”[15]라고 설명할 수 있다.

　듀이는 수단과 목적의 상관관계를 강조했고, 이 사실은 합리주의적 윤리학의 발전에서 상당히 중요한 위치를 차지한다. 특히 목적과 수단을 분리함으로써 무용하게 전락해버린 이론들을 멀리하라는 경각심을 우리에게 일깨워주었다. 그러나 “어떤 행위 과정이 머릿속에서 완료된 후에야 우리가 실제로 무엇을 추구하고 있는지 알게 된다.”라는 주장은 맞지 않는 듯하다.[16] 목적은 전체 현상, 즉 인간을 경험적으로 분석함으로써 얼마든지 확인할 수 있다. 그 목적을 성취하기 위한 수단이 적절히 알려지지 않는 상태에서도 마찬가지다. 달리 말하면, 지금 이 순간에는 어떤 목적을 성취하는 데 필요한 손과 발이 없더라도 그 목적에 합당한 제안은 얼마든지 제시될 수 있다는 뜻이다. 따라서 인간 과학은 ‘인간 본성에 합당한 모델’을 우리에게 제시할 수 있으며, 목적을 성취하는 데 적합한 수단이 갖추어지지 않았더라도 그 모델을 근거로 관련된 목적을 얼마든지 추론해낼 수 있다.[17]

05

윤리학과
정신분석학

　앞에서 보았듯이 인본주의적이고 객관주의적인 윤리학이 응용과학으로 발전할 수 있는지의 여부는 심리학이 이론과학으로 발전할 수 있는지의 여부와 밀접한 관계가 있는 게 분명한 듯하다. 또한 아리스토텔레스의 윤리학에서 스피노자의 윤리학으로 발전한 주된 이유는 스피노자의 동적인 심리학이 아리스토텔레스의 정적인 심리학보다 우월하기 때문이다. 스피노자는 무의식적 동기와 연합의 법칙이란 개념을 제시했고, 어린 시절의 경험이 평생 지속된다는 사실도 알아냈다. 또한 스피노자가 말하는 '욕망'은 동적인 개념이며 아리스토텔레스의 '습관(habit)'보다 우위에 있다. 그러나 스피노자의 심리학은 19세기까지 등장한 모든 심리학적 사상과 마찬가지로 추상적인 수준을 넘어서지 못한 까닭에, 인간에 관련된 새로운 자료들을 경험적으로 조사하고 탐구함으로써 심리학 이론들을 검증하는 방법론을 제시하지도 못했다.

경험적 조사(empirical inquiry)는 존 듀이의 윤리학과 심리학에서 핵심적인 개념이다. 듀이는 무의식적인 동기를 인정하지만, 그가 말하는 '습관'은 전통적인 행동주의에서 말하는 습관과는 다른 것이다. 그는 "요즘의 임상심리학은 외적으로 표현되는 행위뿐만 아니라 욕망과 판단, 믿음과 이상 등을 결정하는 데 무의식의 힘이 중요하다는 걸 강조한다는 점에서 현실을 제대로 반영하고 있다."라고 말했다.[18] 따라서 듀이가 무의식적 요인들을 상당히 중요하게 여긴 것은 분명하지만, 자신의 윤리학 이론에서 무의식과 관련된 모든 가능성을 철저히 다루지는 않았다.

지금까지 철학계와 심리학계에서 정신분석학의 성과를 윤리학 이론에 적용해보려는 시도는 거의 없었다.[19] 특히 정신분석학 이론이 윤리학 이론에 상당한 기여를 했다는 사실을 고려하면 놀라운 사실이 아닐 수 없다.

그중에서도 가장 중요한 공헌을 꼽는다면, 정신분석학이 현대 심리학의 일부로서 인간이란 대상을 단절된 부분들로 다루지 않고 총체적인 인격체로 접근했다는 사실일 것이다. 프로이트는 연구 대상을 실험적으로 관찰할 수 있을 정도까지 분리하고 제한했던 전통적인 심리학적 연구 방법을 버리고 인격체를 총체적으로 연구함으로써 인간이 특정하게 행동하는 이유까지 이해할 수 있는 새로운 방법론을 찾아냈다. 프로이트의 방법론이 자유연상, 꿈, 오류, 감정전이 등을 활용한 까닭에 그때까지 자기분석과 자기관찰로만 파악되었던 '사적(private)'인 자료가 의사와 환자의 대화라는 형태로 구체화되고 '공개(public)'되었다. 따라서 정신분석학적 방법은 과거에는 관찰하려는 엄두조차 내지 않았을 현상에도 접근할 수 있었고, 깊숙이 억압되어 의식과 완전히 결별한 까닭에 자기관찰을 통해서도 쉽게 인지되지 않던 정서적 경험까지 드러낼 수 있었다.[20]

초기에 프로이트는 주로 신경증적 징후에 관심을 기울였다. 그러나 정신분석학이 발전함에 따라 신경증적 징후를 제대로 이해하려면 그 징후가 내재된 성격 구조를 올바로 파악해야만 가능하다는 것이 더욱 명확해졌다. 따라서 신경증적 징후보다 신경증적 성격이 정신분석학 이론과 치료에서 주된 과제가 되었다. 프로이트는 신경증적 성격을 연구하는 과정에서 당시 심리학에서 오랫동안 등한시되며 소설가와 극작가의 몫으로 넘겨졌던 성격학(characterology)의 새로운 토대를 놓았다.

정신분석학적 성격학은 아직 유아기 단계에 있지만, 윤리학 이론의 발전에 반드시 필요하다. 전통 윤리학에서 다루는 미덕과 악덕의 경계가 여전히 모호하게 여겨지는 이유는, 확연히 다르고 부분적으로는 모순되는 태도와 마음가짐이 동일한 단어로 표현되는 경우가 적지 않기 때문이다. 이런 모호함을 없애려면 사람의 성격 구조와 연계하여 이해해야 한다. 미덕이 성격이라는 맥락으로부터 동떨어진 채 파악되면 무가치한 것으로 전락할 수 있다. 예컨대 두려움에서 비롯된 겸손과, 교만을 억누른 보상으로 나타나는 겸손을 생각해보라. 물론 악덕도 성격 전체와 관련해 분석하면 전혀 다른 것으로 보일 수 있다. 예를 들어 교만을 불안과 자기비하를 표현하는 한 방법으로 생각해보라. 이런 식의 접근은 윤리학과 밀접한 관계가 있으며, 주변을 고려하지 않고 미덕과 악덕을 독립된 특성으로 다루는 방법은 잘못된 결론을 유도할 수 있어 부적절하다. 윤리학의 연구 대상은 성격이다. 따라서 하나의 특성이나 행동에 대해 가치 판단을 내릴 때에도 성격 구조 전체를 고려해야 한다. 요컨대 윤리학의 진정한 연구 대상은 개별적인 미덕이나 악덕이 아니라 도덕적이든 포악하든 성격이 되어야 한다.

무의식적 동기(unconscious motivation)라는 정신분석학적 개념은 윤리학에서도 매우 중요하다. 이 개념은 일반적인 의미에서는 고트프리트 빌헬름 폰 라이프니츠(Gottfried Wilhelm von Leibniz, 1646~1716)와 스피노자까지 거슬러 올라가지만, 프로이트가 최초로 무의식의 분투를 경험론적으로 자세히 연구하며 인간동기이론(theory of human motivation)의 기초를 놓았다. 윤리적 사상의 진화에서 찾을 수 있는 뚜렷한 특징은, 인간 행동에 대한 가치 판단이 행동 자체보다 행동에 내재된 동기와 관련해서 내려진다는 사실이다. 따라서 무의식적 동기를 이해하면 윤리의 연구에 새로운 지평이 열리는 셈이다. 프로이트가 "자아(ego)에서 가장 깊이 감추어진 것만이 아니라 표면에 가장 가까운 것도 무의식일 수 있다."라고 말했듯이,[21] 윤리의 연구에서 결코 무시할 수 없는 행동의 가장 강력한 동기도 무의식적인 것일 수 있다.

정신분석이 가치에 대한 과학적 연구의 가능성을 한껏 높였지만, 프로이트와 그 학파는 윤리적 문제의 연구에 정신분석학적 방법을 생산적으로 활용하지 못했다. 오히려 그들은 윤리적 쟁점을 혼란에 빠뜨렸다. 혼란의 근본 원인은 프로이트의 상대주의적 입장, 즉 심리학이 가치 판단의 동기를 이해하는 데 도움을 줄 수 있지만 가치 판단 자체의 타당성을 결정하는 데는 어떤 도움도 줄 수 없다는 견해였다.

프로이트의 상대주의는 '초자아(super-ego; 양심)' 이론에서 가장 뚜렷이 드러난다. 이 이론에 따르면, 어떤 것이든 아버지의 초자아와 문화적 전통으로 구현된 명령과 금지 체계의 일부가 되면 양심의 내용이 될 수 있다. 이렇게 생각하면 양심은 내면화된 권위에 불과하다. 그렇다면 초자아에 대한 프로이트의 분석은 '권위주의적 양심(authoritarian conscience)'의 분석에 지나지 않는다.[22]

시어도어 슈뢰더(Theodore Schroeder, 1864~1953)가 발표한 〈도덕적 관념이 없는 한 심리학자의 태도〉라는 논문에서 이런 상대주의적 관점을 잘 설명하고 있다.[23] 슈뢰더는 "모든 도덕적 가치 평가는 과거의 정서적 경험에서 비롯되는 정서적 병적 상태─충동이 서로 강력히 충돌하는 상태─의 산물이다."라고 하면서 "그 도덕적 관념이 없는 정신의학자는 도덕적 충동과 지적인 방법을 정신의학적이고 진화심리론적으로 분류함으로써 도덕적 기준과 가치와 판단을 대체하려 할 것"이라고 결론지었다. 게다가 슈뢰더는 "도덕적 관념이 없는 진화심리학자들에게는 뭔가의 옳고 그름을 판단할 만한 절대적이고 항구적인 법칙이 없다."라고 주장함으로써 윤리적 쟁점에 대한 혼란을 계속 부추겼고, 과학이 절대적이고 항구적인 법칙을 주장해온 것처럼 꾸미기도 했다.

도덕은 인간에게 내재된 사악함에 대한 '반동 형성(reaction formation; 사회적으로 부정적인 욕구를 억제하기 위하여 반대 방향의 독단적 행동을 취하는 무의식적 행위)'이라는 프로이트의 의견은 그의 초자아 이론과 약간 다르다. 프로이트의 주장에 따르면, 어린아이의 성적 욕구는 이성(異性)의 부모를 향한다. 그 결과 어린아이는 동성의 부모를 경쟁자라 생각하며 증오하기 때문에 적대감과 두려움과 죄책감이 어린 시절부터 필연적으로 형성된다(오이디푸스 콤플렉스). 이 이론은 '원죄'라는 개념을 세속적으로 해석한 것이다. 이런 근친상간적 충동과 살인 충동은 인간 본성의 일부기 때문에 인간은 사회적 삶을 유지하기 위해서라도 윤리적 규범을 개발하는 수밖에 없었다고 프로이트는 추론했다. 인간은 개인과 사회를 그런 비도덕적인 충동들로부터 보호하기 위해 사회적 행동 규범을 원시사회에서는 금기의 형태로, 나중에는 윤리 체계의 형태로 구축해냈다는 것이다.

하지만 프로이트가 매번 상대주의적 견해를 보였던 것은 아니다. 그는 인간이 반드시 추구해야 할 목표가 진실이라고 굳게 믿었고, 인간에게는 선천적으로 이성이 주어졌기 때문에 진실을 끝까지 추구할 능력이 있다고도 믿었다. 이런 반(反)상대주의적 태도는 '삶의 철학'을 다룬 그의 책에서도 명확히 드러난다.[24] 프로이트는 "우리 자신의 욕구와 욕망은 변덕스런 외적인 환경에서 형성되며, 진실은 그런 욕구와 욕망의 산물에 불과하다."라는 이론에 반대하며 "그처럼 무원칙적인 이론은 현실과 만나면 여지없이 무너진다."라고 주장했다.

또한 프로이트는 이성의 힘을 믿었고, 특히 이성에는 인류를 미신이라는 족쇄로부터 해방시키며 하나로 뭉치게 해주는 힘이 있다고 믿었다. 이런 믿음에는 계몽 시대 철학의 분위기가 물씬 풍긴다. 진실에 대한 이런 굳은 믿음은 그의 정신분석학적 치료에서 밑바탕을 이룬다. 이런 점에서 정신분석은 자아에 대한 진실을 밝히려는 시도며, 프로이트는 석가모니와 소크라테스로부터 시작된 사상─진실에는 인간을 도덕적이고 자유롭게, 프로이트의 용어를 빌리면 '건강하게' 만드는 힘이 있다고 믿는 사상─의 전통을 이어받은 학자라 할 수 있다. 분석적 치료의 목적은 비합리적인 것(id; 원초아)을 이성적인 것(ego; 자아)으로 바꿔놓는 데 있다. 이런 관점에서 보면 분석적 상황은 두 사람, 즉 분석가와 환자가 진실을 찾는 데 주력하는 상황이라 할 수 있다. 치료의 목적은 당연히 건강의 회복이며, 치료약은 진실과 이성이다. 정직함이 거의 사라진 문화에서 철저한 정직성에 기반을 둔 상황을 가정했다는 사실이 프로이트의 천재성을 가장 명확히 보여주는 듯하다.

프로이트는 성격학에서도 비상대주의적인 견해를 함축적으로 드러냈다. 그는 리비도가 구강기부터 시작해 항문기를 거쳐 생식기 단계까지 연속적으로 발전하며, 건강한 사람의 경우에는 생식기 지향(genital orientation)이 뚜렷하다고 가정했다. 윤리적 가치를 명시적으로 언급하지는 않았지만, 의존적이고 탐욕스러우며 인색한 태도의 특징인 전(前)생식기적(pregenital) 지향이 생식기적 지향, 즉 생산적이고 성숙한 성격보다 윤리적으로 뒤떨어진다는 점에서 단계별 지향과 도덕성을 암묵적으로 관련시키고 있는 것이다. 따라서 프로이트의 성격학에는 미덕이 인간의 발달에서 자연스런 목표라는 게 함축되어 있다. 인간의 이런 발달은 특이한 외적 환경에 의해 방해받을 수 있으며, 그 때문에 신경증적 성격이 형성되는 경우가 많다. 하지만 정상적으로 성장하면 사랑과 노동을 동시에 해낼 수 있는 독립적이며 생산적인 성격이 형성된다. 결국 프로이트의 관점에서 건강과 미덕은 똑같은 것이다.

그러나 프로이트가 성격과 윤리의 이런 관련성을 명확히 언급한 적은 없었다. 프로이트의 상대주의와 인본주의적 윤리적 가치의 암묵적 인정은 양립할 수 없기 때문이기도 하지만, 프로이트는 신경증적 성격에 깊은 관심을 보였던 반면 생식기적인 성숙한 성격을 분석하고 기술하는 데는 거의 관심을 기울이지 않았다. 그런 이유로 성격과 윤리의 관련성은 혼란스런 상태로 방치될 수밖에 없었다.

따라서 다음 장에서는 먼저 '인간의 조건(human situation)'이 성격 발달에 미치는 중요성을 살펴보고, 그 후에는 생식기적 성격(genital character)과 동등한 것으로 '생산적 지향'을 자세히 분석해보려 한다.

03

인간의 본성과 성격

Man for Himself

나는 하나의 인간,

내가 다른 사람들과 함께하는 조건이다.

나는 보고 듣고

먹고 마신다.

모든 동물이 똑같이 하는 것이다.

하지만 나는 나라는 사실은 오직 나의 것이고

나에게 속한 것이지

다른 누구에게도 속하지 않는다.

다른 어떤 사람의 소유도 아니고

천사의 소유도 아니고 하느님의 소유도 아니라는 뜻이다.

내가 하느님과 하나라는 사실을

고려하지 않는다면.

— 마이스터 에크하르트(Meister Eckhart, 1260~1327)

01   인간의 존재 조건

한 개인이 인류 전체를 대신한다. 그는 사람, 다시 말해서 인간종을 대표하는 구체적인 표본이다. 그는 '그'인 동시에 '전부'인 것이다.

그는 자기만의 특이성을 지닌 개인이라는 점에서 유일무이하지만, 동시에 인류의 모든 특징을 한 몸에 지닌 존재기도 하다. 개체적 존재로서 그의 인격(individual personality)은 모든 인간들이 공통으로 가지고 있는 특이성에 의해 결정된다. 따라서 인간의 존재 조건에 대한 연구가 인격에 대한 연구보다 선행되어야 한다.

1. 인간의 생물학적 약점

인간과 동물을 구분 짓는 첫 번째 요소는 부정적인 성격을 띤다. 즉, 인간은 주변 세계와 적응하는 과정에서 본능적인 조절 능력이 상대적으로 떨어진다는 점이다. 동물이 주변 세계와 적응하는 방식은 어디에서나 똑같다. 본능에 따라 움직이는 장치가 유동적으로 작용한다. 환경의 변화에 성공적으로 대처하지 못하면 그 종은 절멸할 것이다. 동물은 주변 환경을 바꾸지 않고(alloplasty; 이물성형방식), 스스로 변하는 자가성형방식(autoplasty)을 택함으로써 변화무쌍한 조건에 적응할 수도 있다. 쉽게 말해 동물은 주변 환경과 조화롭게 살아간다. 그렇다고 환경에 맞서 투쟁하지 않는다는 뜻은 아니다. 유전적으로 물려받은 장치를 활용해 주변 세계의 확고하고 변하지 않는 일부가 된다는 뜻에서 조화롭게 살아간다는 것이다. 적응하지 못하면 절멸하는 적자생존의 법칙이 적용되기 때문이다.

동물은 본능적인 장치가 완벽하고 확고한 수준에 이르지 못하면, 뇌를 발달시켜 학습 능력을 키운다. 따라서 진화 과정에서 본능적인 적응이 최소한의 수준에 이르렀을 때 인간이 출현했다고 말할 수 있다. 그러나 인간에게는 동물과 자신을 구분 짓는 새로운 자질들이 있었다. 자신을 독립된 개체로 생각하는 자각력, 과거를 기억하고 미래를 상상하는 능력, 물체와 행위를 상징적 기호로 표현하는 능력, 세상을 인지하고 이해하는 이성, 감각으로 파악할 수 있는 범위를 넘어서는 상상력 등의 자질이다. 인간은 모든 동물 중에서 가장 무력하지만, 생물학적인 약점을 강점으로 확대하는 기반, 즉 인간에게만 허락된 고유한 자질들을 개발했다.

2. 인간의 실존적 이분법과 역사적 이분법

자각(self-awareness)과 이성과 상상력이 동물의 삶을 특징 짓는 '조화'를 깨뜨렸다. 그런 능력들을 부여받은 덕분에 인간은 우주의 괴짜, 즉 비정상이 되었다. 자연의 일부인 인간은 자연의 물리적 법칙에 따르며 그 법칙을 바꿀 수 없지만, 자연의 그 밖의 부분을 초월하는 존재기도 하다. 예컨대 인간은 부분이면서도 독립된 존재고, 일정한 거처가 없지만 모든 피조물과 공유하는 보금자리에 얽매여 지내기도 한다. 인간은 우연히 이 땅에 내던져진 까닭에 다시 우연히 이 땅에서 쫓겨날 수 있다. 자신의 존재를 의식함과 동시에 자신의 무력함과 한계를 깨닫는다. 인간은 자신의 종말, 즉 죽음을 예상하며 마음속에 그릴 수 있다. 머릿속의 생각을 떨쳐내고 싶어도 떨쳐낼 수 없고, 살아 있는 한 몸뚱이라는 굴레를 벗어날 수 없다. 몸뚱이가 인간에게 살아 있기를 바라기 때문이다. 이처럼 인간은 존재론적 이분법에서 벗어날 수 없다.

이성은 인간에게 주어진 축복이지만 저주기도 하다. 인간은 결코 해결할 수 없는 이분법적 조건을 해결하려고 끊임없이 투쟁한다. 다시 말하면 항상 불가피하게 불균형 상태에 있다는 점에서 인간은 존재론적으로 다른 모든 생명체와 다르다. 인간은 과거의 조상이 살았던 삶의 방식을 그대로 되풀이하며 살아가지 않는다. 어떻게든 인간도 살아남아야 한다. 인간은 지루함을 느끼는 유일한 동물이며, 불만에 사로잡혀 낙원에서 쫓겨났다고 생각할 수 있는 유일한 동물이다. 또한 자신의 존재 조건을 어떻게든 해결해야 하지만 결코 벗어날 수 없는 문젯거리로 여기는 유일한 동물이기도 하다. 그렇다고 자연과 조화롭게 살아가던 인간 이전의 상태로 돌아갈 수는 없다. 따라서 인간은 자연의 지배자, 더 나아가 자신의 지배자가 될 때까지 이성을 꾸준히 개발하는 수밖에 없다.

이성이 출현하면서 인간의 내면에서는 새로운 이분법이 나타났다. 그로 인해 인간은 새로운 해결책을 찾기 위해 끝없이 노력할 수밖에 없다. 이성은 인간에게 끊임없는 발전을 유도하고, 그런 발전을 통해 자신을 비롯해 다른 사람들이 조화롭게 지낼 수 있는 세계를 만들어간다. 하지만 인간의 역사를 끌어가는 역동성에는 이성의 존재가 있다. 인간은 어떤 단계에 도달하든 결국에는 만족하지 못하고 당혹감에 사로잡히며, 이런 당혹감이 인간에게 새로운 해결책을 모색하도록 부추긴다. 인간에게 선천적으로 '진보를 위한 욕망(drive for progress)'이 있었던 것이 아니다. 인간은 이런 모순에 자극을 받아 기왕에 시작한 과정을 계속 끌어간다.

자연과 하나로 지내던 낙원의 시절을 상실한 후에 인간은 영원한 방랑자가 되었다(오디세우스, 오이디푸스, 아브라함, 파우스트). 어쩔 수 없이 앞으로 전진하고, 어떻게든 지식의 공백을 대답으로 채워가며 미지의 것을 알아내기 위해 끝없이 노력해야 한다. 게다가 자신에 대해, 더 나아가 자신의 존재가 갖는 의미에 대해서도 자신에게 설명해야 한다. 인간은 이런 내적인 분열을 극복하려 애쓴다. 요컨대 인간을 자연으로부터 떼어놓고 다른 인간과 자신으로부터도 떼어놓은 저주를 풀어낼 수 있는 또 다른 종류의 조화, 즉 '절대성'을 열망하며 끝없이 가슴앓이를 한다.

이런 내적인 분열은 인간이란 존재 자체에 근거를 두고 있기 때문에, 내가 '실존적(existential)'이라 칭하는 이분법으로 이어진다.[1] 실존적 이분법은 인간이 폐기할 수 없지만, 성격과 문화에 따라 다양하게 대응할 수 있는 모순된 현상을 가리킨다.

가장 근본적인 실존적 이분법은 삶과 죽음의 구분이다. 우리가 죽음을 피할 수 없다는 사실은 누구도 부인할 수 없다. 누구나 그 사실을 알고 있으며, 그런 자각이 우리 삶에 크게 영향을 준다. 그러나 죽음은 여전히 삶의 반대쪽에 있는 것이며, 삶이란 경험과는 관계가 없고 양립할 수도 없는 것이다. 우리가 죽음에 대해 아무리 깊이 알더라도 죽음은 삶에서 중요한 부분이 아니라는 사실, 또 우리는 죽음을 받아들이고 인정하는 것 외에 달리 할 수 있는 게 없다는 사실은 조금도 달라지지 않는다. 구약성서에서 "사람은 자기 생명을 지키기 위해서는 자기가 가진 모든 것을 버립니다."(욥기 2:4)라고 말하듯이, 우리는 삶을 위해 무엇이든 한다. 스피노자도 "현명한 사람은 죽음보다 삶을 먼저 생각한다."라고 말했다. 인간은 온갖 이념을 동원해 이런 이분법을 극복하려고 애썼다. 영원히 죽지 않는 불멸의 영혼을 가정함으로써 인간의 삶은 죽음으로 끝난다는 비극적인 사실을 부정하는 기독교의 '영생'이 대표적인 예다.

인간이 죽음을 피할 수 없다는 사실은 또 다른 이분법을 낳는다. 인간이라면 누구나 인간에게 잠재된 모든 능력을 보유하고 있지만, 삶의 시간이 너무 짧아 최적의 환경에서도 그 잠재력을 모두 펼쳐낼 수 없다는 것이다. 물론 한 개인의 수명이 인류의 수명과 동일하다면, 그는 역사 과정에서 일어나는 인간 발전(human development)에 참여할 수 있을 것이다. 하지만 인간의 삶은 인류의 진화 과정에서 우연한 시기에 시작해 우연한 시기에 끝나기 때문에 자신의 잠재력을 모두 펼쳐내고 싶은 개개인의 욕구와 비극적으로 충돌하기 마련이다. 따라서 인간이라면 누구나 자신이 실현할 수 있는 것과 실제로 실현하는 것 사이의 모순된 충돌을 어렴풋이나마 인지하고 있다. 이 경우에도 삶은 죽음 후에야 완성되는 것이라는 생각과 지금이 역사적으로 인류가 가장 찬란한 성취를 이루어낸 시대라고 상정하는 이념들이 끼어들면서 그런 모순을 받아들이거나 부정하는 경향을 띤다. 하지만 몇몇 학자들은 삶의 의미는 잠재력을 완전히 펼친 상태에서 찾을 수 있는 게 아니라 사회적 봉사와 사회적 의무를 통해 찾을 수 있는 것이라고 주장한다. 또한 개인의 발전과 자유와 행복은 국가나 공동체 혹은 개인을 초월하는 불멸의 힘을 상징하는 것의 안녕에 종속될 뿐만 아니라 그런 것에 비교하면 하잘것없는 것에 불과하다고도 주장한다.

　인간은 혼자인 동시에 누군가와 연결된 존재다. 인간은 유일무이한 개체고 누구와도 같지 않으며 또 자신을 독립된 개체로 인식한다는 점에서 혼자인 존재다. 인간은 오직 이성의 힘으로만 판단하고 결정을 내려야 할 때에도 혼자여야 한다. 하지만 인간이 항상 다른 사람들과 담을 쌓은 채 혼자일 수는 없다. 인간의 행복은 또래의 사람이나 과거 세대나 미래 세대와 함께할 때 느끼는 연대감에 좌우된다.

개인적으로나 사회적으로 인간의 삶에서 필수적이지는 않지만 인간이 저지르고 언제 어떻게든 해결되는 사건들의 모순된 관계는 실존적 이분법과 완전히 다르다. 예컨대 물질적 만족을 가져다주는 풍부한 기술적 수단들과, 그 수단들을 순전히 인류의 평화와 행복을 위해서만 사용할 수는 없다는 현실 간의 모순은 어떻게든 해결될 수 있다. 따라서 이 역사적 모순은 필연적인 모순이 아니라 용기와 지혜의 부족에서 비롯된 모순이다. 반면에 고대 그리스의 노예제도는 상대적으로 해결하기 힘든 모순이었지만 역사적으로 먼 훗날, 즉 인간의 평등을 위한 물질적 토대가 확립된 후 어렵지 않게 해결되었다.

실존적 이분법과 역사적 이분법을 혼동하면 엄청난 악영향이 있기 때문에 둘을 명확하게 구분해야 한다. 역사적 모순을 옹호하며 확정하려던 사람들은 역사적 모순이 실존적 이분법에 속하므로 바뀔 수 없는 것임을 증명하려 애썼다. 또 그들은 "존재해서는 안 되는 것은 존재할 수 없는 것"이며, 인간의 비극적인 숙명을 체념하며 받아들여야 한다는 걸 강조했다. 그러나 실존적인 모순과 역사적인 모순을 혼동하며 뒤섞는 시도에도 불구하고 인간은 두 모순을 해결하기 위해 끊임없이 노력했다. 인간은 어떤 모순에 부딪히면 소극적으로 방관하지 못하는 고유한 정신적 특징을 지닌 듯하다. 그 모순을 해결하기 위해 자신의 정신을 쏟아붓는다. 인간이 이루어낸 모든 진보가 이 때문에 가능했다.

인간이 모순을 인지하고 행동으로 반응하는 것을 방해받는다면, 모순의 존재 자체가 부인되어야 한다. 조화를 회복하고 모순을 없애는 게 개인적 삶에서는 합리화의 역할이고, 사회적 삶에서는 이념(사회적으로 정형화된 합리화)의 역할이다. 인간의 정신이 합리적인 대답과 진실에만 만족한다면 사회적 이념은 별다른 효과가 없을 것이다. 그러나 동일한 문화권에 속한 구성원의 대부분이 공유하는 생각, 혹은 강력한 영향력을 지닌 권위체가 제시하는 생각을 진실로 받아들이는 것도 인간의 고유한 특징 중 하나다. 따라서 이념들이 조화를 모색하며 구성원의 합의나 권위체에 의해 지지받는다면 인간 정신은 크게 진정되겠지만, 인간 자신까지 완전히 안정되지는 않는다.

인간은 직접적인 행동을 통해 역사적 모순을 제거하는 방식으로 역사적 모순에 대응할 수 있다. 그러나 실존적 이분법에는 다양한 방식으로 대응할 수 있어도 실존적 이분법 자체를 제거할 수는 없다. 인간은 마음을 달래주고 조화를 모색하는 이념을 통해 정신을 차분히 가라앉히고, 즐거움을 추구하거나 일이라는 끝없는 행위를 통해 내면의 불안으로부터 탈출을 시도할 수 있다. 또한 개인적인 자유를 포기하고 외부 권력의 도구로 변신함으로써 자아를 외부 권력에 깊이 감추려 할 수도 있다. 그렇게 하더라도 인간은 불만과 불안과 걱정에서 벗어나지 못한다.

이런 문제를 해결할 방법은 하나밖에 없다. 진실을 직시하고, 인간은 자신의 운명과 무관한 우주에서 근본적으로 외톨이고 고독한 존재라는 걸 인정하며, 인간을 대신해 인간의 문제를 해결해줄 수 있는 초월적 존재는 없음을 깨닫는 것이다. 인간은 자신에 대한 책임을 인정하고 자신에게 내재된 능력을 활용하는 경우에만 자신의 삶에 의미를 부여할 수 있다는 사실도 받아들여야 한다.

그러나 의미가 확실성을 뜻하지는 않는다. 오히려 확실성의 추구가 의미의 탐구를 방해하며, 불확실성으로 인해 인간은 잠재된 힘을 발휘할 수 있다. 아무런 두려움 없이 진실을 직시하면, 인간은 "자신의 힘을 발휘하고 생산적으로 살아가며 자신의 삶에 부여하는 의미 이외에 삶에는 어떤 의미도 없다."는 것을 깨닫게 된다. 또한 잠시도 방심하지 않고 움직이고 노력해야만 중요한 과제—인간에게 주어진 존재의 법칙에 따라 결정된 한계 내에서 잠재력을 온전히 발휘하는 과제—를 실패하지 않는다는 것도 깨닫게 된다. 인간은 항상 당혹감에 시달리고 방황하며 새로운 의문을 제기하기 마련이다. 인간의 존재 조건, 즉 인간이란 존재뿐만 아니라 잠재력을 발휘하는 역량에 내재된 이분법적 모순을 깨닫는 경우에만 인간은 자신에게 주어진 과제—인간에게만 특별히 주어진 능력, 즉 이성과 사랑과 생산적인 노동을 완전히 실행함으로써 독립적인 자아가 되고 행복을 성취하는 과제—를 성공적으로 이루어낼 수 있을 것이다.

지금까지 우리는 인간의 존재에 내재된 실존적 이분법에 대해 대략적으로 살펴보았다. 따라서 이 장을 시작하며 언급한 "인간의 조건에 대한 연구가 인격에 대한 연구보다 선행되어야 한다."는 결론으로 다시 돌아갈 수 있다. 이 결론에 담긴 의미를 더욱 명확히 풀어보면, "심리학은 인류학적이고 철학적인 개념에서의 인간 존재에 기반을 두어야 한다."는 뜻이 된다.

인간 행동에서 가장 뚜렷한 특징은 인간이 치열하게 드러내는 열정과 열망이다. 프로이트는 이 사실을 누구보다 분명히 깨닫고, 기계론적 자연관으로 설명해보려 했다. 프로이트는 그런 열정과 열망이 자기보존 본능과 성 본능(혹은 훗날 명확히 제시한 용어를 빌리면, 에로스와 죽음의 본능)을 명백히 드러낸 것이 아니더라도 본능적이고 생물학적인 충동을 간접적이고 복잡하게 표현한 것이라 가정했다. 프로이트의 이런 가정은 무척 훌륭하지만, 인간의 열망 중 대부분이 본능의 힘으로는 설명되지 않는다는 사실을 부정한다는 점에서는 설득력이 떨어진다. 인간은 굶주림과 갈증과 성욕이 완전히 채워지더라도 만족하지 않는다. 동물과 달리 인간은 기본적인 욕망이 채워지면 흥미를 자극하는 문제가 해결되기는커녕 그때부터 시작된다. 인간은 권력과 사랑, 심지어 파괴 수단까지 얻으려고 애쓰고, 종교적인 이상이나 정치적인 이상 혹은 인본주의적 이상을 위해 목숨을 건다. 이런 열망들이 인간의 특유한 삶을 이루고 특징짓는 것이다. "인간은 빵만으로 살지 않는다."라는 말은 부인할 수 없는 사실이다.

기계론적 자연관에 기초한 프로이트의 설명과 대조되는 "인간은 빵만으로 살지 않는다."라는 가정은 인간에게 원천적으로 종교적인 욕구가 있다는 뜻으로 해석되어 왔다. 물론 그 종교적 욕구는 인간의 존재 자체로는 설명되지 않기 때문에 인간을 초월하는 무엇, 결국 초자연적인 힘으로부터 생겨나는 것에 의해 설명되어야 한다. 하지만 인간 조건을 완전히 이해하게 되면 그 가정과 관련된 현상은 자연스레 설명되기 때문에 굳이 그렇게 가정할 필요가 없다.

인간의 삶은 부조화의 연속이기 때문에 동물적 욕구를 훨씬 초월하는 욕구가 생겨난다. 그렇게 생겨난 욕구는 결국 자신과 자연계 사이의 균형을 회복하고 자연과 하나가 되려는 중대한 욕망으로 발전한다. 인간은 자신이 지금 어디에 있고 무엇을 해야 하는지에 대한 대답을 끌어내기 위해 포괄적인 세계를 마음속으로 구상하며, 그런 일체감과 균형을 먼저 생각을 통해 회복하려 한다. 그러나 그런 사고 체계로는 충분하지 않다. 인간이 육체 없이 지적 능력만 지닌 존재라면, 포괄적인 사고 체계로 인간의 목적은 성취될 수 있을 것이다. 그러나 인간은 육체와 정신을 동시에 지닌 존재기 때문에 생각과 삶의 과정에서, 또 감정과 행동에서 겪는 이분법적 모순에 어떻게든 대응해야 한다. 요컨대 인간은 존재의 모든 영역에서 하나가 되도록 노력하며 새로운 균형을 찾아가야 한다. 따라서 어떤 유형이든 만족스러운 지향에서는 지적인 요소뿐만 아니라 감정이나 감각과 관련된 요소까지 인간 활동의 모든 방면에서 행동으로 구체화된다. 한편 어떤 목표나 이상, 혹은 하느님처럼 인간을 초월하는 절대자를 향한 헌신은 삶의 과정에서 완전을 향한 욕망의 표현이다.

어떤 목표를 지향하고 무엇인가에 헌신하려는 인간의 욕구에 주어지는 다양한 응답들은 내용과 형식 면에서 모두 크게 다르다. 첫째로는 애니미즘과 토테미즘처럼 자연계의 사물이나 조상으로부터 의미를 찾으려는 인간의 요구에 대한 응답이 되는 원시 신앙이 있다. 또 처음에는 신이란 개념이 없었지만 이제는 종교로 분류되는 불교처럼 특정한 신을 믿지 않는 체계도 있다. 스토아주의 같은 철학도 있고, 의미를 찾아보려는 인간의 노력에 유일신 하느님을 중심으로 응답하려는 유일신교적 종교도 있다. 이처럼 다양한 형태의 체계를 다루면 필연적으로 용어의 문제에서 부딪힌다. 역사적인 이유로 '종교'라는 단어가 신과 관련된 체계, 즉 하느님을 중심으로 한 체계와 동일시되었다는 사실을 무시한다면, 모든 체계를 '종교적'이라 칭할 수 있을 것이다. 하지만 우리 언어에는 신과 관련된 체계와 그렇지 않은 체계에 공통된 단어가 없다. 달리 말하면 의미를 탐구하고 자신의 존재를 이해하려는 인간의 노력에 응답하려는 모든 사상 체계를 아우르는 하나의 단어가 없다. 게다가 더 나은 단어도 찾아낼 수 없어 나는 이런 체계를 '지향과 헌신의 기준틀(frame of orientation and devotion)'이라 칭하려고 한다.

하지만 내가 여기에서 강조하고 싶은 것은 종교적이고 철학적인 체계와 똑같은 욕구에 뿌리를 두고 잉태되었지만 순전히 세속적인 것으로 여겨지는 열망도 많다는 것이다. 우리 시대에 눈에 띄는 현상을 예로 들어보자. 우리 문화에는 성공과 명예를 탐내는 사람이 무수히 많다. 과거에도 여러 문화권에서 정복과 지배로 얼룩진 독재 체제를 지지하며 광적으로 헌신하는 사람들이 있었고, 지금도 마찬가지다. 이런 열정은 때때로 자기보존을 위한 충동보다 강하게 나타나서 우리를 놀라게 한다. 우리는 이런 열망으로 이뤄진 목표의 세속적 유혹에 쉽게 속아 넘어가고, 그런 목표를 성적 욕망이나 생물학적 욕망에 버금가는 욕망의 배출구라고 설명한다. 그러나 이런 세속적 목표가 추구되는 강도와 광기는 종교에서 흔히 목격되는 현상과 똑같은 것이 아닐까? '지향과 헌신'을 위한 이런 세속적인 기준틀들은 서로 다른 내용일지라도 인간의 기본적인 욕구에 응답하려는 시도라는 점에서는 똑같은 것이 아닐까? 이런 이유에서 우리 문화의 모습이 특히 기만적인 듯하다. 대부분의 사람이 유일신을 '믿는다'라고 말하지만, 실제로는 토테미즘에 훨씬 더 가깝고 기독교 교리보다 우상을 섬기는 체제에 헌신하고 있기 때문이다.

그러나 한 걸음 더 깊이 내디뎌보자. 이렇게 문화적으로 정형화된 세속적 열망들에 감추어진 '종교적' 특성을 이해할 때 우리는 신경증과 비합리적인 열망을 정확히 이해할 수 있다. 우선, 신경증과 비합리적인 열망을 지향과 헌신을 추구하려는 인간의 욕망에 대한 응답—물론 개별적인 응답—으로 여겨야 한다. '가족에 대한 집착'으로 경험을 제한하고 독립적으로 행동하지 않는 사람이 있다면, 그는 원시적인 조상 숭배를 추종하는 사람일 가능성이 크다. 그가 추구하는 체계는 개인적이고 문화적으로 정형화되지 않았다는 점에서 수많은 조상 숭배자와 다를 뿐이다. 프로이트는 종교와 신경증 사이에 관련성이 있다는 걸 알아냈고 종교를 신경증의 한 형태로 설명했지만, 우리가 내리는 결론은 정반대다. 신경증이 개인적이고 정형화되지 않는 특징을 띤다는 점에서 다르므로 특별한 형태의 종교로 설명되어야 한다는 게 우리의 결론이다. 인간의 동기라는 일반적인 문제에 관련해 우리가 내린 결론에 따르면, 지향과 헌신의 기준틀을 가지려는 욕망은 모든 인간에게 공통된 현상이지만 이런 욕구를 만족시키는 기준틀의 내용은 각각 다르다. 그 차이는 가치의 차이다. 따라서 성숙하고 생산적이며 합리적인 사람은 자신에게 성숙하고 생산적이고 합리적으로 행동하도록 허용하는 기준틀을 선택할 것이다. 반면에 개인적인 발전이 차단된 사람은 원시적이고 비합리적인 기준틀로 되돌아가며, 의존성과 비합리성이 연장되고 증가하는 악순환의 고리에 빠질 것이다. 따라서 그는 가장 앞선 인류가 이미 수천 년 전에 극복한 수준에서 벗어나지 못할 것이다.

지향과 헌신의 기준틀을 마련하려는 욕망은 인간 존재에게 본질적인 부분이기 때문에 이 욕망의 강렬함은 충분히 이해된다. 인간의 내면에 이보다 강력한 에너지원은 없다고 말해도 과언이 아니다. 인간은 이상을 갖느냐 갖지 않느냐의 선택에서 자유로운 것이 아니다. 다양한 이상 중에서 무엇을 선택할 것인가에서 자유로울 뿐이다. 예컨대 힘과 파괴를 숭배하는 데 헌신할 것인가 아니면 이성과 사랑에 헌신할 것인가를 두고 자유롭게 선택할 수 있다. 모든 인간은 '이상주의자'여서 물리적 만족감을 넘어서는 것을 얻으려고 애쓴다. 물론 인간이 신봉하는 이상의 유형은 저마다 다르다. 인간의 마음을 가장 적절하게, 그러나 가장 악마적으로 드러내는 경우는 이런 '이상주의', 즉 정신성을 표현하는 때다. 육욕을 표현하는 때가 아니다. 따라서 어떤 이상이나 종교적 감정을 가지려는 것 자체로 가치 있다고 주장하는 상대주의적 관점은 위험하고 잘못된 것이다. 어떤 이상이든 세속적인 이념들에는 인간의 동일한 욕구를 표현하는 것이 포함된다는 사실을 알아야 한다. 따라서 세속적인 이념들을 판단할 때 진실성, 인간이 능력을 펼치는 데 도움을 주는 정도, 이 세상에서 균형과 조화를 추구하려는 인간의 욕망에 실질적으로 부응하는 정도를 기준으로 삼아야 할 것이다. 거듭 말하지만, 인간의 존재 조건을 이해할 때 인간의 동기에 대한 이해도 가능하다는 사실을 잊지 않아야 한다.

02 인격

인간의 존재 조건을 공유하고 태생적으로 실존적인 이분법에 시달린다는 점에서 모든 인간은 비슷하다. 한편 자신에게 주어진 문제를 해결하는 방법에서는 저마다 다르고 독특하다. 인격(personality)의 무한한 다양성은 그 자체로 인간 존재의 특징이다.

여기에서 '인격'은 한 개인을 유일무이한 존재로 만들어주는 심리적 자질이며 태생적으로 획득한 자질과 후천적으로 획득한 자질을 합한 것이다. 한마디로 한 개인의 특징을 뜻한다. 태생적 자질과 후천적 자질의 차이는 대체로 기질과 재능을 비롯해 체질적으로 부여받은 심리적 자질과 후천적으로 형성된 성격(character)의 차이라 할 수 있다. 기질의 차이는 윤리적으로 크게 중요하지 않지만 성격의 차이는 윤리에서 실질적인 문젯거리다. 성격은 한 개인이 삶을 살아가는 기술을 적용하는 데 성공한 정도를 표현하는 방법이기도 하다. '기질'과 '성격'이란 용어의 사용에서 비롯되는 혼동을 피하기 위해서라도 '기질'이 무엇인지부터 간략히 살펴보기로 하자.

1. 기질

히포크라테스는 인간의 기질(temperament)을 네 가지 체액—담즙질, 다혈질, 우울질, 점액질—으로 분류했다. 다혈질과 담즙질은 어떤 관심사에 쉽게 흥분하지만 금세 식어버리는 반응 유형이다. 다혈질은 어떤 것에도 관심을 크게 두지 않는 반면, 담즙질은 관심의 정도가 깊고 강렬하다. 한편 점액질과 우울질은 쉽게 흥분하지도 않지만 관심을 꾸준히 지속하는 편이다. 다만 점액질은 관심의 깊이가 얕지만 우울질은 관심의 정도가 깊고 강렬하다.[2] 히포크라테스의 견해에 따르면, 이처럼 다양한 유형의 반응은 다양한 신체적 상태와 밀접한 관계가 있다. 그런데 흥미롭게도 대중적으로는 이런 기질의 부정적인 면만 기억되고 있을 뿐이다. 예컨대 담즙질은 쉽게 화를 내는 기질을 뜻하고, 우울질은 우울증에 시달리는 기질, 다혈질은 지나치게 낙관적인 기질, 점액질은 지나치게 느릿한 기질을 뜻한다. 기질을 연구하던 학자들은 빌헬름 분트(Willhelm Wundt, 1832~1920; 근대 심리학의 시조로 여겨지는 독일 심리학자)의 시대까지 이런 식으로 분류했다. 한편 융, 에른스트 크레치머(Ernst Kretschmer, 1888~1964), 윌리엄 허버트 셸던(William Herbert Sheldon, 1898~1977)은 현대적인 관점에서 기질의 유형을 분류했다.[3]

기질과 신체 과정의 상관관계에 비추어 보면, 이 분야의 심도 있는 연구가 중요하다는 건 의심할 여지가 없다. 하지만 성격과 기질은 명확히 구분되어야 한다. 성격과 기질, 두 개념을 혼동하면 성격학의 발전뿐만 아니라 기질에 대한 연구도 혼동될 게 분명하기 때문이다.

기질은 반응 유형을 가리키며, 타고난 체질과 관계가 있어 변하지 않는다. 반면에 성격은 기본적으로 어린 시절의 경험에 의해 형성된다. 하지만 성격은 깨달음과 새로운 경험을 통해 어느 정도까지 변할 수 있다. 예컨대 담즙질을 지닌 사람의 반응 유형은 '빠르고 강하다'. 그러나 그의 관련성, 즉 성격에 의해 빠르고 강하게 반응하는 대상이 결정된다. 따라서 그가 생산적이고 공정하며 다정한 사람이라면, 사랑할 때, 부당한 행위에 분노할 때, 새로운 아이디어에 깊은 인상을 받을 때 신속하고 강하게 반응할 것이다. 반면에 그가 파괴적이고 가학적인 성격이라면 파괴하고 잔혹 행위를 범하는 데 신속하고 강할 것이다.

기질과 성격을 혼동한 결과는 윤리학 이론에 중대한 영향을 미쳤다. 어느 기질에 대한 선호성은 순전히 주관적인 취향의 문제일 뿐이다. 그러나 성격의 차이는 윤리적으로 무척 중요하다. 예를 들어 설명해보자. 히틀러의 오른팔이던 헤르만 괴링과 하인리히 히믈러는 각각 다른 기질의 소유자였다. 괴링은 순환성 기질이었던 반면, 히믈러는 분열성 기질이었다. 따라서 주관적 선호성이란 관점에서 보면, 순환성 기질을 선호하는 사람은 히믈러보다 괴링을 더 '좋아할 것'이다. 하지만 성격이란 관점에서 보면, 두 사람에게는 한 가지 공통점이 있었다. 요컨대 둘 다 야심적인 사디스트였다. 따라서 윤리적 관점에서 보면 괴링과 히믈러는 똑같이 사악한 사람이었다. 반대로 생산적인 성격의 소유자의 경우에는 다혈질보다 담즙질이 주관적으로 더 사랑받을 가능성이 크다. 그러나 이런 판단이 두 사람의 개별적인 가치에 대한 판단은 아니다.[4]

융이 분류한 기질들, 특히 '내향성'과 '외향성'이란 개념을 적용하는 경우에도 똑같이 혼동하는 경우가 많다. 외향성을 선호하는 사람들은 내향적인 사람을 신경증적이고 감정 표현을 억제하는 사람으로 묘사하는 경향을 띠고, 내향성을 선호하는 사람들은 외향적인 사람을 피상적이어서 인내심과 깊이가 부족하다고 묘사하는 경향을 띤다. 하지만 어떤 기질을 지닌 '좋은' 사람과 다른 기질을 지닌 '나쁜' 사람을 비교하며, 가치의 차이를 기질 탓으로 생각하는 자체가 심각한 오류다.

기질과 성격의 혼동이 윤리학에 영향을 미친 것은 분명한 듯하다. 둘을 혼동한 탓에 우리는 다른 기질을 가진 종족 전체를 비난하는 잘못을 저지른 반면, 성격의 차이는 취향의 차이만큼이나 기질의 차이로 연결된다고 가정하며 상대주의를 옹호해왔기 때문이다.

윤리 이론을 논의해보기 위해서라도 성격이란 개념을 자세히 살펴봐야 할 필요가 있다. 성격은 윤리적 판단의 내용인 동시에 인간의 윤리의식 발달을 평가하는 대상이기 때문이다. 또한 여기에서는 성격의 역동적인 개념과 행동주의적 개념을 두고 전통적으로 혼동을 범해온 이유도 명확히 정리해야 할 것이다.

2. 성격

성격의 역동적 개념

행동주의 지향적 심리학자들은 성격 특성(character trait)을 행동 특성과 동일한 것으로 보았다. 이런 관점에서 보면 성격은 "어떤 개인을 특징짓는 행동 유형"으로 정의되지만, 윌리엄 맥두걸(William McDougall, 1871~1938)과 로널드 그레이 고든(Ronald Gray Gordon)과 에른스트 크레치머 같은 심리학자들은 성격 특성의 능동적이고 역동적인 요소를 강조해왔다.[5]

최초로 성격에 대해 가장 일관되고 통찰력 있게 제시한 프로이트의 이론에 따르면, 성격은 일종의 열망 체계로 행동의 밑바탕을 이루지만 행동과 동일한 것은 아니다. 프로이트가 제시한 성격의 역동적 개념을 올바로 이해하려면 행동 특성과 성격 특성을 비교해봐야 할 것이다. 행동 특성은 제3자에 의해 관찰되는 행위들로 설명된다. 예컨대 '용감하다'라는 행동 특성은 개인적인 안위와 자유, 심지어 생명이 위험해지더라도 어떤 목표를 달성하기 위해 멈추지 않는 행동으로 정의된다. '인색함'의 행동 특성은 돈이나 그 밖의 물질을 절약하는 목표를 지향하는 행동으로 정의될 것이다.

하지만 행동 특성의 동기, 특히 무의식적 동기를 연구해보면 그 행동 특성에 완전히 다른 다수의 성격 특성이 감춰져 있다는 걸 알게 된다. 용기 있는 행동은 남들에게 존경받고 싶은 욕망을 채우기 위해 어떤 상황에서 죽음을 각오할 정도의 야심에 자극받았을 수 있다. 의식적으로든 무의식적으로든 자신의 목숨을 하찮게 여기며 자신의 존재를 지워버리고 싶었기 때문에 스스로 위험을 자초하도록 몰아가는 자살 충동에 자극 받았을 수도 있다. 한편 눈앞의 위험을 전혀 인지하기 못했기 때문에 용기 있게 행동할 정도로 상상력이 부족한 것이 동기였을 수 있고, 전통적으로 용기의 기준이라 여겨지는 동기, 즉 어떤 목표나 이상을 위한 순수한 헌신으로 그렇게 행동했을 수도 있다.

겉으로 보면 동기는 제각각이지만 행동은 똑같다. 여기에서 '겉으로 보면'이라고 말한 이유는 그런 행동을 자세히 관찰하면 동기의 차이가 행동에서 미묘한 차이로 이어지기 때문이다. 예컨대 전쟁터에서 어떤 장교가 개인적인 야심보다 이상을 향한 헌신을 동기로 삼아 용기 있게 행동한다면 다른 상황에서는 다른 식으로 행동할 것이다. 예컨대 추구하는 전략적인 목적에 비해 위험이 터무니없이 크다면 장교는 무모하게 공격하지 않을 것이다. 반면에 허영심에 휘둘린다면 자신과 병사들을 위협하는 위험을 냉정하게 파악하지 못할 것이다. 이런 경우 장교의 '용기'라는 행동 특성은 무척 모호한 자산이 된다.

이번에는 '인색함'을 예로 들어보자. 경제적 상황 때문에 알뜰하게 살 수밖에 없는 사람도 있겠지만, 현실적인 필요성에 상관없이 꼼바른 성격 때문에 절약을 목표를 위한 목표로 삼아 인색하게 사는 사람도 있을 것이다. 이 경우에도 동기에 따라 행동 자체가 달라진다. 전자에 해당하는 사람은 돈을 저축하는 게 현명한 상황과 돈을 쓰는 게 현명한 상황을 명확히 구분할 수 있을 것이다. 반면에 후자에 해당하는 사람은 객관적인 필요성과 상관없이 돈을 무작정 저축할 것이다.

동기의 차이에 의해 결정되는 또 하나의 요인은 행동의 예측과 관계가 있다. 예컨대 개인적인 야심을 동기로 삼은 '용감한' 군인이라면, 용감하게 행동해서 보상받을 수 있을 때에만 용감하게 행동할 것이란 예측이 가능하다. 한편 대의를 위한 헌신 때문에 용감하게 행동하는 군인의 경우에는 그의 용기가 인정받는지의 여부는 행동에 거의 영향을 미치지 않을 것이란 예측이 가능하다.

성격 특성의 능동성을 주장한 프로이트의 이론은 그의 '무의식적 동기'라는 개념과 밀접한 관계가 있다. 프로이트는 위대한 소설가와 극작가라면 누구나 알았던 것을 밝혀냈다. 프랑스 소설가 오노레 드 발자크(Honoré de Balzac, 1799~1850)의 표현을 빌리면, 성격 연구는 "인간에게 동기를 부여하는 힘"을 다루는 것이다. 한 인간이 행동하고 느끼고 생각하는 방법은 고유한 성격에 의해 대체로 결정되는 것이지, 눈앞의 상황에 대한 합리적인 반응의 결과만은 아니라는 것이다. 한마디로 "인간의 운명은 자신의 성격이다". 프로이트는 성격 특성의 역동적인 특성을 알아냈고, 한 사람의 성격 구조는 삶의 과정에서 에너지가 흐르는 특정한 형태라고 생각했다.

프로이트는 자신의 성격학과 리비도 이론을 결합해 성격 특성의 역동적인 속성을 설명해보려 했다. 19세기 말 자연과학계에 팽배하던 유물론적 사상은 자연현상이나 심리 현상에서 언급되는 에너지를 상대적인 것이 아니라 실체적인 것으로 가정했다. 이런 사상에 발맞추어 그는 성적 충동이 성격의 에너지원이라고 믿었다. 그는 복잡하지만 기발한 가정들을 제시하며 다양한 성격 특성을 다양한 형태로 나타나는 성적 충동의 '승화(sublimation)', 혹은 그런 성적 충동에 대한 '반동 형성'으로 설명했다. 요컨대 성격 특성의 '역동적인 속성'을 '리비도적 근원'이 외부적으로 표현된 결과로 해석했다.

정신분석학 이론이 발전하고, 아울러 자연과학과 사회과학도 발전함에 따라 새로운 개념이 잉태되었다. 고립된 개인이란 생각에 기초하지 않고, 타인과 자연 및 자신과의 '관계'에 기반을 둔 새로운 개념이었다. 이런 관계가 인간의 열정적인 노력에서 드러나는 에너지를 지배하고 규제한다고 가정되었다. 따라서 이런 새로운 이론을 개척한 선구자 중 하나인 해리 스택 설리번(Harry Stack Sullivan, 1892~1949)은 정신분석학을 '인간관계에 대한 연구'라고 정의하기도 했다.

여기에서 제시된 이론은 기본적인 부분에서 프로이트의 성격학을 받아들였다. 성격 특성은 행동의 밑바탕을 이루므로 행동을 통해 추론되고, 누구도 전혀 의식할 수 없지만 무척 강력한 힘이라고 가정한 것이 대표적인 예다. 또한 성격에서 기본적인 단위는 단일한 성격 특성이 아니라 다수의 성격 특성으로 이루어지는 총체적인 성격 조직(character organization)이라고 가정한 것도 프로이트의 이론을 받아들인 것이다. 이런 성격 특성들은 특정한 성격 조직, 즉 내가 '성격 지향(character orientation)'이라 칭하는 것으로부터 비롯되는 일정한 행동 양식으로 이해되어야 한다. 여기에서 나는 근원적인 지향에서부터 직접적으로 나타나는 제한된 수의 성격 특성만을 다룰 것이다. 하지만 상당수의 다른 성격 특성들도 비슷하게 다루어질 수 있을 것이고, 그렇게 분석하면 그 특성들이 근원적인 지향의 직접적인 산물인지 아니면 기본적인 성격 특성과 기질의 특성이 결합된 결과인지를 밝혀낼 수 있을 것이다. 하지만 전통적으로 성격 특성이라고 분류되던 많은 특성이 실제로는 성격 특성이 아니라 순전한 기질이거나 행동 특성에 불과하다는 것도 밝혀질 것이다.

그럼 여기에서 제시되는 성격 이론은 프로이트의 성격론과 어떤 점에서 다른 것일까? 주된 차이는 성격 형성의 근본은 다양한 유형의 리비도 조직에 있는 게 아니라 삶의 과정에서 한 사람이 세상과 맺은 구체적인 관계에 있다는 것이다.

우리는 ① 뭔가를 습득하고 동화시킴으로써, ② 주변 사람(또는 자기 자신)과 관계를 맺음으로써 세상과 관계를 맺는다. 나는 ①을 '동화 과정(assimilation)'이라 칭하고, ②를 '사회화 과정(socialization)'이라 칭할 것이다. 두 유형의 관계는 모두 '개방적'이며, 동물처럼 본능적으로 결정되는 게 아니다. 인간이 뭔가를 얻으려면 외부로부터 그것을 받거나 빼앗아야 한다. 또는 개인적인 노력으로 그것을 생산해야 한다. 그러나 인간은 개인적인 욕구를 채우기 위해서라도 어떻게든 뭔가를 습득하고 동화시켜야 한다. 또한 인간은 다른 사람과 관계를 맺지 않고 혼자 살 수 없다. 방어, 노동과 놀이, 성적 만족, 자녀 양육, 지식과 소유물의 전수를 위해서라도 다른 사람들과 연대해야 한다. 그러나 인간은 그 이상으로 다른 사람들과 관계를 맺고 그들과 하나가 되어 집단의 일원이 되어야 한다.

온전한 정신 상태에서 완전한 고립은 견디기도 힘들지만 용납되지도 않는다. 거듭 말하지만, 인간은 다른 사람들과 무척 다양한 방식으로 관계를 맺는다. 예컨대 사랑할 수도 있고 증오할 수도 있으며, 경쟁할 수도 있고, 협력할 수도 있다. 평등과 자유에 기초해 사회 체계를 건설할 수도 있지만, 권위와 억압에 기초해 사회 체계를 세울 수도 있다. 여하튼 인간은 어떤 식으로든 관계를 맺어야 하고, 그 관계의 형태에서 그의 성격이 드러난다.

한 개인이 세상과 관계를 맺는 지향성이 그의 성격을 이루는 핵심이다. 따라서 성격은 "동화 과정과 사회화 과정에서 인간의 에너지가 흐르는 (비교적 변하지 않는) 형태"라 정의될 수 있다. 심적 에너지의 흐름은 생물학적으로 무척 중요한 기능을 한다. 인간의 행위는 타고난 본능에 의해 결정되는 게 아니기 때문에 어떤 행위를 수행할 때마다, 또 한 걸음을 내디딜 때마다 신중한 결정을 내려야 한다면 삶이 불안정하고 고단할 것이다. 하지만 많은 행위들이 의식적인 결정이 허용하는 시간보다 훨씬 신속하게 수행되어야 한다. 게다가 의식적인 결정을 한 후에야 모든 행위가 뒤따른다면, 적절한 기능 작용에 어울리는 행동보다 모순되는 행동이 훨씬 자주 일어날 것이다.

행동주의 이론에 따르면, 인간은 행동과 생각을 조건반사처럼 습관화함으로써 거의 자동적으로 반응하는 법을 배운다. 이런 이론은 일정 정도까지는 타당하다고 볼 수 있지만, 내면에 깊이 뿌리내려 좀처럼 바뀌지 않아 당사자의 특징으로 여겨지는 습관과 생각은 그의 성격 구조에서 비롯된다는 사실을 망각한 것이다. 결국 성격 구조에서 에너지가 흐르는 특정한 방법이 겉으로 표현된 결과가 습관과 생각이다.

성격 구조는 동물의 본능적인 장치를 대신하는 것으로 여겨질 수 있다. 에너지가 특정한 방식으로 흐르기 시작하면, 행동은 '성격에 충실하게' 따르기 마련이다. 어떤 성격이 윤리적으로 바람직하지 않더라도 그 성격이 습관화됨으로써 당사자는 상당히 일관되게 행동하며 매번 의식적으로 새로운 결정을 내려야 한다는 부담을 덜어낼 수 있다. 또한 우리는 자신의 성격에 적합한 방법으로 삶을 처리하며, 내면의 상황과 외적인 상황 간의 화합을 그럭저럭 이루어낼 수 있다. 게다가 성격에는 의견과 가치를 선택하는 기능도 있다. 대부분의 사람은 자신의 의견이 감정이나 바람에 크게 영향을 받지 않는 논리적 추론의 결과라고 생각한다. 또한 자신의 세계관이 각자의 의견과 판단으로 확인된다고 믿는다. 하지만 실제로 그들의 세계관은 그들의 행동만큼 성격에 의해 결정된다. 이런 사실이 확인될 때마다 자신의 성격 구조가 합리적으로 올바른 것으로 보이기 때문에 그 성격 구조가 안정적으로 자리 잡게 된다.

성격에는 우리가 일관되고 '합리적으로' 행동하도록 유도하는 기능만 있는 게 아니다. 성격은 우리가 사회에 적응하도록 해주는 토대기도 하다. 어린아이의 성격은 성장하는 과정에서 부모의 성격에 의해 형성된다. 한편 부모의 성격과 부모의 양육 방식은 소속된 문화권의 사회구조에 의해 결정된다. 일반적으로 가정은 사회의 '정신적 중재자'다. 어린아이는 자신이 속한 가정에 적응하는 과정에서 성격을 형성하게 되고, 훗날 성격을 발판으로 삼아 사회에서 수행해야 하는 일에 적응하게 된다. 이런 과정을 통해 우리는 반드시 해야 하는 일을 자발적으로 해내는 성격을 형성하고, 동일한 사회 계급이나 문화의 구성원들과 그 성격의 핵심적인 부분을 공유하게 된다.

어떤 사회 계급이나 문화에 속한 구성원에게는 대부분 어떤 성격의 중요한 부분들을 공유하고, 그 문화권에 속한 대부분의 구성원에게 공통된 성격 구조를 핵심적으로 보여주는 '사회적 성격(social character)'이 존재한다. 이를 통해 성격이 사회·문화적 유형에 의해 형성되는 정도를 짐작할 수 있다. 그러나 사회적 성격과 개인의 성격은 구분되어야 한다. 개인의 성격은 동일한 문화 내에서 개개인이 갖는 고유한 성격을 뜻한다. 둘의 차이는 부분적으로 부모의 인격 차이에서 비롯되지만, 어린 시절을 보낸 사회적 환경의 정신적이고 물질적인 차이도 부분적인 원인이다. 물론 개개인의 체질적인 차이, 특히 기질의 차이도 원인이 된다. 유전적으로 보면, 개개인의 성격 형성은 삶의 경험 ─ 개인적인 경험과 문화적인 경험 ─ 이 기질과 체질에 미친 영향에 의해 결정된다. 체질의 차이에 따라 동일한 환경도 다소 다른 식으로 경험하기 때문에 환경은 사람마다 다르다. 행동과 생각의 습관은 문화에 적응하는 결과로서 형성되는 것이지 개인의 성격에 뿌리를 두고 있지 않기 때문에 새로운 사회 환경에 영향을 받으면 쉽게 변할 수 있다.

한편 행동은 성격에 뿌리를 두기 때문에 성격에서 근본적인 변화가 일어나는 경우에만 힘을 얻어 변할 수 있다.

이후의 분석에서는 '비생산적 지향'과 '생산적 지향'이 엄격히 구분된다.[6] 이 개념들은 특정한 개인의 성격에 대한 표현이 아니라 '이상형(ideal-type)'이란 점을 분명히 해두고 싶다. 게다가 이 지향들이 여기에서는 설명을 위해 편의상 별개로 다루어지지만, 한 사람의 성격은 이 지향들의 일부나 전부가 결합된 결과며, 그중 하나가 두드러지게 나타나는 경우가 많다. 끝으로, 여기에서 비생산적 지향을 설명할 때 부정적인 면만 소개되지만 긍정적인 면은 이 장의 뒷부분에서 간략하게 다루어진다는 걸 미리 언급해둔다.[7]

비생산적 지향

수용 지향receptive orientation

수용 지향형 성격은 '모든 선의 근원'이 외부에 있다고 믿기 때문에, 물질이든 감정이든 사랑이든 지식이든 즐거움이든 자신이 원하는 걸 얻으려면 외부에서 받는 수밖에 없다고 생각한다. 수용 지향형에게 사랑의 문제는 거의 언제나 '사랑을 받는 문제'지 '사랑을 주는 문제'가 아니다. 수용 지향형 성격을 지닌 사람은 사랑의 대상을 선택할 때 신중하지 못한 경향을 띤다. 누군가에게 사랑받는다는 자체가 그들에게는 거역하기 힘든 경험이어서, 사랑이나 사랑처럼 보이는 것을 그들에게 주는 사람을 '완전히 믿기' 때문이다.

그들은 배척되고 퇴짜 맞을 가능성을 무척 염려한다. 이런 성향은 생각의 영역에서도 똑같이 나타난다. 지적인 사람이라면 상대의 말을 주로 경청한다. 수용 지향형은 자신의 의견을 제시하는 쪽이 아니라 상대의 의견을 받아들이는 쪽이기 때문이다. 이런 유형은 혼자 남겨지면 무력감에 사로잡힌다. 따라서 혼자서라도 작은 노력을 해보려고 시도하지 않고, 자신에게 필요한 정보를 알려줄 만한 사람을 찾으려는 생각부터 시작한다.

종교를 믿는 경우에는 자신이 직접 행동해서 뭔가를 얻으려고 하지 않고, 하느님에게 모든 것을 기대하는 편이다. 종교를 믿지 않은 경우에도 그들이 다른 사람이나 제도로부터 기대하는 관계는 거의 똑같다. 요컨대 그들은 항상 '마법의 도우미'를 찾아 헤맨다. 그들에게는 특수한 유형의 충성심이 공통적으로 발견되며, 그 충성심의 밑바탕에는 그들에게 도움을 주는 사람이나 조직에게 감사하는 마음과 그 도움을 상실할지도 모른다는 두려움이 있다. 그들은 안전감을 느끼려면 많은 도움이 필요하기 때문에 다수의 사람에게 충성해야 한다. 또한 그들은 남들의 부탁을 거절하지 못하기 때문에 충성과 약속이 충돌하는 경우가 많다. 그들은 누구에게나 어떤 부탁에도 '알겠습니다'라고 대답한다. 결국 비판하는 능력이 마비되고 다른 사람에게 더욱더 의존하게 된다.

수용 지향형 성격은 권위체에 의존해 지식을 얻고 도움을 받는 데 그치지 않고, 보통 사람들에게 의지하며 온갖 형태의 지원을 받는다. 그들이 혼자 있을 때 갈팡질팡하는 이유는 외부의 도움이 없으면 아무것도 할 수 없다고 생각하기 때문이다. 이런 무력감은 결정을 내리고 책임을 떠맡는 경우처럼 본질적으로 혼자 해내야 하는 행위에서 특히 중요한 의미를 갖는다. 예컨대 인간관계와 관련된 결정을 내려야 하는 상황에서 오히려 당사자에게 조언을 구하는 어처구니없는 상황이 벌어질 수 있기 때문이다.

수용 지향형 유형의 사람들은 먹고 마시는 걸 무척 좋아한다. 불안감과 우울증을 먹고 마시는 걸로 극복하려 한다. 뭔가를 먹여주기를 기대하는 듯 약간 벌어진 입술 모양이 수용 지향형 성격의 상징적 특징이며, 그들의 속마음을 가장 분명히 보여주는 듯하다. 그들의 꿈에서 뭔가를 받아먹는 꿈은 현실에서 사랑받는다는 상징적 의미며, 굶주림은 좌절과 실망을 뜻한다.

일반적으로 수용 지향형 성격의 세계관은 낙천적이고 우

호적이다. 삶은 좋은 것이라고 어느 정도 확신하지만, 그들의 '공급원'이 위협받으면 불안감과 당혹감에 사로잡혀 갈팡질팡 한다. 또한 그들은 다른 사람을 진정으로 따뜻하게 대하며 돕고 싶어 하지만, 다른 사람을 도우면 그의 호의를 확보하게 될 것이란 속내도 깔려 있다.

착취 지향exploitative orientation

수용 지향형과 같이 착취 지향형도 모든 좋은 것의 근원은 외부에 있다는 믿음을 기본 전제로 한다. 따라서 무엇을 원하더라도 외부에서 찾아야 하고, 어떤 것도 직접 만들어낼 수 없다. 하지만 착취 지향형은 다른 사람으로부터 뭔가를 선물로 받기를 기대하지 않고, 무력이나 속임수로 빼앗으려 한다는 점에서 수용 지향형과 다르다. 게다가 착취 지향형은 모든 영역의 행위에 똑같이 나타난다.

착취 지향형 성격을 띤 사람들은 사랑과 애정마저도 훔치고 빼앗으려는 경향을 띤다. 그들은 다른 누군가로부터 빼앗을 만한 사람에게만 매력을 느낀다. 요컨대 그들은 다른 사람에게 얽매인 사람에게만 매력을 느끼며, 사귀는 사람이 없는 사람에게는 애정을 느끼지 않는다.

그들은 생각과 지적 탐구가 필요한 과제에도 똑같은 태도를 보인다. 요컨대 착취 지향형은 아이디어를 생산하지 않고 훔치는 경향을 띤다. 이런 행위는 노골적인 표절의 형태로 나타날 수도 있지만, 다른 사람의 의견을 교묘하게 훔쳐 만든 결과물을 자신의 힘으로 만들어낸 새로운 것이라 주장하기도 한다. 더욱 놀라운 것은 탁월한 지능과 자신의 재능만을 활용해도 기발한 아이디어를 얼마든지 생산해낼 수 있는 사람들이 이런 행위를 한다. 결국 뛰어난 재능을 지닌 사람들이 독창적인 아이디어를 내놓거나 독자적인 결과를 만들어내지 못하는 이유는 선천적인 독창성의 결핍이 아니라 착취 지향형 성격에서 그 원인을 찾아야 할 듯하다.

물질적인 것에 대한 그들의 지향도 마찬가지다. 그들은 직접 생산한 것보다 남들로부터 빼앗을 수 있는 것을 항상 더 좋다고 생각하는 편이다. 그들은 뭔가를 짜낼 수 있다면 누구라도 또 무엇이라도 이용하고 착취한다. 쉽게 말해 그들은 "훔친 과일이 가장 달콤하다!"라는 믿음을 가지고 있다. 주변 사람을 이용하고 착취하고 싶어 하기 때문에 음으로나 양으로나 착취의 대상이 될 만한 사람을 '좋아하고', 이미 뭔가를 얻어낸 사람에게는 매몰차게 등을 돌린다. 무엇이든 살 수 있는 충분한 돈이 있지만 훔치는 걸 즐기는 '절도광'은 착취 지향형의 극단적인 사례라 할 수 있다.

착취 지향형을 상징적으로 표현하면 뭔가를 깨무는 입이 적당한 듯하며, 실제로 그런 태도가 그들의 특징이기도 하다.

달리 말하면, 그들은 다른 사람에 대해 '물어뜯을 듯이' 신랄하게 비판하고 지적한다는 뜻이다. 그들의 태도에는 적대감과 속임수가 교묘히 뒤섞여 있다. 그들은 모두를 착취의 대상으로 여기며 유용성의 정도로 점수를 매긴다. 수용 지향형은 자신감과 낙관주의가 특징이지만 착취 지향형은 의심과 냉소, 질투와 시샘이 특징이다. 또 다른 사람으로부터 빼앗는 것에서만 만족을 얻기 때문에 다른 사람이 가진 것을 과대평가하고 자신의 것을 과소평가하는 경향을 띤다.

저장 지향hoarding orientation

수용 지향형과 착취 지향형은 뭔가를 외부 세계로부터 얻으려고 하지만, 저장 지향형은 본질적으로 외부 세계로부터 얻을 수 있는 새로운 것을 거의 신뢰하지 않는다. 그들은 저장하고 비축하는 행위에서 안정감을 얻고, 지출을 위협이라 생각한다. 말하자면 그들은 방호벽을 사방에 세우고 있으며, 그들의 주된 목표는 그렇게 쌓아올린 성벽 안에 최대한 많은 것을 끌어넣고 최대한 적은 것을 성벽 밖으로 내놓는 것이다.

그들의 탐욕은 돈과 물질뿐만 아니라 감정과 생각에도 똑같이 적용된다. 기본적으로 사랑을 소유물이라 생각한다. 저장 지향형 성격을 가진 사람들은 사랑을 주지 않고, '사랑하는 사람'을 소유함으로써 사랑을 얻으려고 한다. 그들은 사람에게는 물론이고 심지어 기억에도 충실한 경우가 많다. 그들은 감상적인 성향인 까닭에 과거를 황금시대로 여긴다. 또 과거에 매달리고, 지나간 감정과 경험에 대한 기억에 탐닉한다. 그들은 박학다식하지만 상상력이 부족해서 생산적인 생각을 해내지 못한다.

저장 지향형은 얼굴 표정과 몸짓으로도 어렵지 않게 판별된다. 거의 언제나 입을 꽉 다문 표정이고, 위축된 태도를 자주 보인다. 수용 지향형 성격은 매력적이고 활달하고, 착취 지향형 성격은 공격적이고 날카로운 반면, 저장 지향형은 자신과 외부 세계 사이의 경계를 강조하려는 듯 딱딱하고 완고한 태도를 보인다.

저장 지향형 성격의 또 다른 특징은 지나칠 정도로 질서정연한다는 것이다. 사물뿐만 아니라 생각과 감정의 정리에도 능숙하다. 하지만 기억과 마찬가지로 그런 정리정돈은 생산적이지 않고 융통성이 없다. 그들은 물건이 제자리에 있지 않으면 견디지 못하고 자동적으로 재정리한다. 그리고 외부 세계가 자신의 철옹성으로 침입할 기회를 호시탐탐 엿본다고 생각한다. 따라서 질서정연한 그들의 의도는 침략의 위험을 피하려고 외부 세계를 적절한 위치에 놓고 유지하는 방식으로 지배하겠다는 뜻이다. 또한 강박적인 청결도 외부 세계와의 접촉을 끊고 싶은 욕구의 또 다른 표현으로 해석된다. 그들이 세운 경계 너머에 있는 것들은 위험하고 '불결한' 것으로 여겨진다. 따라서 강박적인 세정(洗淨)으로 위험한 접촉을 원천적으로 없애려 한다. 이런 세정은 종교에서 불결한 것이나 사람과 접촉한 후에 명령하는 정결 의식과 유사하다. 또한 물건은 항상 적정한 곳에 적정한 시간에 놓여 있어야 한다.

저장 지향형의 또 다른 특징인 강박적 시간관념도 외부 세계를 지배하려는 욕구의 또 다른 표현으로 여겨진다. 외부 세계를 자신의 철옹성에 대한 위협으로 인식하는 것처럼, 원칙에 충실하려는 완고함을 논리적인 반응으로 여긴다. 외부의 것에 일관되게 거부함으로써 침략에 대한 자동적인 방어 자세를 취하고 현 상황을 고수함으로써 위험에 대한 대응 자세를 취한다. 저장 지향형 성격은 자신들에게 일정한 양의 힘과 에너지와 정신력밖에 없기 때문에, 당연히 그 양이 줄어들거나 고갈되고 결코 보충되지 않는다고 생각한다. 모든 생명체에는 자기 보충 기능이 있다는 걸 이해하지 못하고 있는 것이다. 우리에게 내재된 힘을 적극적으로 사용하면 그 위력이 더욱 증가하지만, 사용하지 않고 억누르면 무력하게 변하는 법이다.

저장 지향형은 죽음과 파괴를 삶과 성장보다 더 현실적으로 여긴다. 창조 행위라는 기적을 수없이 들었어도 실제로는 믿지 않았다. 그들이 생각하는 최고의 가치는 질서와 안정이며, 그들의 신조는 "태양 아래에 새로운 것은 없다!"이다. 인간

관계에서 친밀함을 나타내는 말이나 행동을 일종의 위협으로 여긴다. 인간을 멀리하거나 아예 소유해야 안전하다고 생각한다. 저장 지향형은 모든 것을 의심하는 경향을 띠며, "나의 것은 나의 것, 너의 것은 너의 것"이란 독특한 정의관을 갖는다.

시장 지향market orientation

시장 지향형은 현대에 와서야 지배적인 유형으로 대두되었다. 시장 지향형의 특성을 이해하려면, 현대사회에서 시장의 경제적 기능을 살펴봐야 한다. 현대인에게서 이 성격 지향이 발달하게 된 근원이자 주된 조건이 바로 현대사회의 시장이기 때문이다.

물물교환은 가장 오래된 경제 제도 중 하나다. 하지만 전통적인 지역 시장은 현대 자본주의 체제하에서 발달한 시장과 근본적으로 다르다. 지역 시장은 물물교환을 통해 상품을 교환하려는 생산자와 소비자가 만나는 기회를 제공했고, 그런 만남을 통해 생산자와 소비자는 서로 알게 되었다. 소비자들은 상대적으로 작은 집단이었고, 수요는 어느 정도 알려진 것이어서 생산자는 그 수요에 맞추어 상품을 생산할 수 있었다.

현대 시장은 이제 만남의 장소가 아니라, 추상적이고 비인격적인 수요로 특징되는 제도다.[8] 생산자는 기존에 알려진 소비자를 위해 생산하는 게 아니라 시장을 위해 생산한다. 공급과 수요의 법칙에 따라 시장이 형성되고, 상품을 어떤 가격에 얼마나 파는지는 시장이 결정한다. 예컨대 구두의 사용가치가 아무리 크더라도 공급이 수요보다 많으면 적잖은 구두가 경제적 사망 선고를 받는다. 달리 말하면 생산되지 않는 게 나았다는 뜻이다. 결국 상품의 교환가치에 관한 한 장날은 '심판의 날'이다.

시장을 지나치게 단순화해서 설명했다고 반박할 독자도 있을 것이다. 생산자는 수요를 미리 예측하려고 애쓰며, 독점적 조건하에서는 수요를 어느 정도 통제하기도 한다. 하지만 지금도 마찬가지지만, 예부터 시장의 규제 기능은 도시 중산계급의 성격 형성에 지대한 영향을 미칠 정도로 막강했다. 또한 시장의 영향력은 중산계급의 사회문화적인 영향을 통해 국민 모두에게로 확대되었다. 사용가치보다 교환가치를 더욱 강조하는 시장적 가치 개념은 인간, 특히 자신에게도 적용되기에 이르렀다. 여기에서 시장 지향형이라 일컫는 성격 유형도 곧 자신을 하나의 상품으로, 자신의 가치를 교환가치로 생각하는 성격 지향이다.

우리 시대는 '인격 시장(personality market)'이란 새로운 시장이 확대되고 시장 지향형이 급속히 증가하는 추세다. 사무원과 판매원, 경영자와 의사, 변호사와 예술가 등 모두가 인격 시장에서 활동한다. 그들의 법적 지위와 경제적 위치는 제각각이다. 어떤 사람은 독립적 존재로서 자신이 제공하는 서비스에 대한 대가를 요구한다. 반면에 봉급을 받는 피고용인도 있다. 그러나 누구나 물질적으로 성공하려면 자신의 서비스를 원하는 사람이나 자신을 고용하는 사람에게 개인적인 인정을 받아야 한다.

평가 원칙은 인격 시장에서나 상품 시장에서나 똑같다. 인격 시장에서는 사람이 판매되고, 상품 시장에서는 상품이 거래된다. 두 시장 모두에서 가치는 교환가치일 뿐이고, 사용가치는 필요조건이지 충분조건이 아니다. 사람들이 특정한 일에 숙련되지 않고 상냥한 인격만을 지니고 있다면 우리 경제 시스템은 제대로 굴러갈 수 없을 것이다. 어떤 의사가 뉴욕의 중심지인 파크 애버뉴에 멋진 시설을 갖춘 진료실을 마련하고, 환자들을 무척 친절하게 대하더라도 최소한의 의학적 지식과 능력을 갖추고 있지 못하다면 결코 성공할 수 없을 것이다. 또 어떤 비서가 지극히 매력적인 인격을 갖추었더라도 타이핑을 신속하게 하지 못한다면 결국 일자리를 잃고 말 것이다. 성공의 조건으로 인격과 능력의 무게가 각각 어느 정도인지 추적하면, 능력을 비롯해 정직과 예절과 성실 같은 바람직한 자질이 성공의 주된 원인으로 손꼽히는 경우는 극히 예외적이란 걸 알게 된다.

성공의 전제 조건으로 능력과 자질이 차지하는 부분과 인격이 차지하는 부분이 사람마다 제각각이지만, 어떤 경우에나 '인격 요인(personality factor)'이 결정적인 역할을 한다. 자신을 시장에서 얼마나 잘 파느냐에 따라 성공이 좌우된다. 요컨대 자신의 인격을 잘 전달하고, 자신이 기막히게 멋진 '포장물'이라는 걸 알려야 성공을 향해 다가갈 수 있다. 자신이 '쾌활하고 건전하며 적극적이고 신뢰할 만하며 야심적'인 사람인 것도 알려야 한다. 또한 가정환경이 어떻고, 어떤 사교 클럽에 속해 있으며, 성공에 도움이 될 만한 사람을 알고 있다는 것도 알려야 한다. 하지만 성공에 필요한 인격 유형은 분야에 따라 조금씩 다르다. 증권 중개인, 영업사원, 비서, 철도회사 경영자, 대학 교수, 호텔 관리자 등은 성공하려면 제각각 다른 유형의 인격을 지녀야 하지만, 그런 차이와 상관없이 공통적으로 '수요가 있어야 한다'라는 조건을 충족시켜야 한다.

따라서 성공하려면 특정한 과제를 해내는 능력과 지식을 갖추는 것 외에도 많은 다른 사람들과 경쟁하며 자신의 인격을 올바로 전달하고 이해시켜야 한다. 이런 사실을 고려해 우리는 자신을 바라보는 태도를 결정한다. 예컨대 지금 알고 있는 것과 지금 할 수 있는 것에 의존해도 생계를 꾸리기에 충분하다면 우리 자존감은 우리 능력, 즉 사용가치에 비례할 것이다. 그러나 성공은 우리 인격을 어떻게 파느냐에 따라 크게 달라지기 때문에 우리는 자신을 상품으로 생각하게 된다. 더 정확히 말하면, 우리 자신을 판매자이자 팔아야 할 상품으로 인식하게 된다. 결국 인간은 자신의 삶과 행복에는 관심이 없고, 팔릴 수 있느냐에 관심을 쏟는다.

만약 상품이 느끼고 생각할 수 있다고 가정한다면 진열대의 핸드백은 소비자의 마음을 사로잡기 위해 최대한 매력적으로 보이려고 애쓸 것이고, 경쟁 관계에 있는 핸드백보다 높은 가격을 얻기 위해 최대한 값비싸게 보이려고 노력할 것이다. 최고가에 팔린 핸드백은 가장 '가치 있는' 핸드백으로 평가받았다는 뜻이므로 마냥 행복할 것이고, 팔리지 않은 핸드백은 슬픔에 사로잡히고 무가치한 존재라는 자괴감에 빠져들 것이다. 이런 운명은 겉모습과 유용성에서 탁월한 핸드백에도 일어날 수 있다. 유행이 지난 까닭에 구식으로 전락해버린 핸드백이라면!

핸드백처럼 우리도 인격 시장에서 유행을 따라야 한다. 유행에 뒤처지지 않으려면 어떤 유형의 인격에 수요가 많은지 알아야 한다. 유행을 알아내는 지식이 유치원부터 대학까지 교육의 전 과정에서 대체적으로 전달되고, 가족에 의해 보충되어야 한다. 하지만 초기 단계에 획득한 지식으로는 충분하지 않다. 이 지식은 적응성과 포부, 다른 사람들의 변덕스런 기대를 헤아리는 세심함과 같은 일반적인 자질을 강조할 뿐이다. 성공의 본보기에 대한 한층 명확한 모습은 다른 곳에서 찾을 수 있다. 화보와 신문, 뉴스와 영화는 성공한 사람의 모습과 삶을 무척 다양한 형태로 보여준다. 광고도 비슷한 역할을 한다. 예컨대 성공한 기업인을 등장시킨 양복점 광고는 현대 인격 시장에서 '큰돈'을 벌려는 사람은 어떤 모습이어야 하고, 어떤 모습으로 보여야 하는지를 상징적으로 보여준다.

바람직한 인격 유형을 보통 사람에 전달하는 가장 중요한 수단은 영화다. 젊은 여성은 성공한 여배우의 얼굴 표정과 머리 모양과 몸짓을 모방하려고 애쓰며, 그런 모방이 성공을 위한 가장 확실한 방법이라 생각한다. 물론 젊은 남자도 스크린에 비친 모델처럼 보이려고 애쓴다. 보통 시민은 눈부시게 성공한 사람들과 접촉할 기회가 거의 없지만, 유명한 영화배우와의 관계는 다르다. 물론 보통 시민이 유명 배우와 실제로 접촉할 기회가 없는 것은 사실이지만 영화를 통해 그를 몇 번이고 볼 수 있으며, 편지를 보내고 자필로 서명한 사진을 답례로 받을 수도 있다. 배우라는 직업이 인정받지 못하면서도 위대한 시인의 작품을 관객에게 전달하는 역할을 하던 시대와 달리, 요즘의 영화배우는 위대한 작품이나 사상을 전달하지 않지만 보통 사람을 '위대한 인물'의 세계로 이어주는 역할을 한다. 보통 사람은 영화배우만큼 성공하기를 기대하지 못하더라도 영화배우를 모방하려고 노력할 수는 있다. 요컨대 보통 사람에게 영화배우는 본받아야 할 성자며, 성공했기 때문에 삶의 규범을 상징해주는 존재다.

현대인은 자신을 시장에서 판매되어야 하는 상품이자 판매자로 생각하기 때문에, 자신이 통제할 수 없는 조건에 따라 자존감이 결정된다. 성공하면 소중한 존재가 되고, 성공하지 못하면 무가치한 존재가 된다. 시장 지향으로부터 비롯되는 불안은 어떤 식으로 표현해도 과장이 아니다. 우리 가치가 몸에 밴 인간적인 자질로 결정되지 않고, 끊임없이 조건이 변하는 시장에서의 성공 여부로 결정된다고 생각하는 순간, 우리의 자존감은 흔들릴 수밖에 없고, 다른 사람에게 끊임없이 확인받고 싶어 하게 된다. 따라서 우리는 성공하려고 억척스레 노력하고, 약간의 후퇴도 자존감을 꺾어야 하는 중대한 위협으로 느낀다. 무력감과 불안감과 열등감이 그 결과다. 시장의 흥망성쇠가 우리 가치를 평가하는 잣대라면, 인간으로서의 존엄성과 자존감은 허물어질 수밖에 없다.

그러나 자기평가와 자존감의 문제만이 아니다. 자신을 독립된 개체로 파악하고, 자아의 정체성을 인식하는 것도 문제다. 뒤에서 다시 보겠지만, 성숙하고 생산적인 사람은 자신이 독자적인 힘을 가진 행위자라는 걸 경험적으로 깨달을 때 정체성을 얻는다. 이런 자아감은 "나라는 존재는 내가 행하는 행위다."라는 뜻으로 간략히 정리될 수 있다. 그런데 시장 지향형은 자신의 힘을 자신과 별개인 상품으로 인식한다. 시장 지향형 인간은 독자적인 힘을 가진 존재가 아니며, 그 힘은 그로부터 감춰져 있다. 중요한 것은 그 힘을 사용하는 과정에서 성취하는 자기실현이 아니라, 그 힘을 판매하는 과정에서 이루어내는 개인적인 성공이기 때문이다. 그의 힘과 그 힘이 만들어내는 것은 점점 어긋나고, 결국에는 그 자신과 다른 것이 되고, 다른 사람들이 판단하고 사용하는 것이 된다. 따라서 그의 정체성은 자존감만큼 흔들리고 불안해진다. 정체성은 각자가 해낼 수 있는 역할의 총합으로 이루어지므로 "나는 당신이 나에게 바라는 것이다."라는 말로 요약된다.

노르웨이 극작가 헨리크 입센(Henrik Ibsen, 1828~1906)은 희곡《페르 귄트》에서 이런 상태의 자아를 묘사했다. 주인공 페르 귄트는 자아를 찾아내려 애쓰며, 마침내 자신이 양파처럼 한 겹씩 벗겨지지만 알맹이는 어디에서도 찾을 수 없는 존재라는 걸 깨닫는다. 인간은 자신의 정체성을 의심하며 살아갈 수 없는 존재다. 따라서 시장 지향형은 자신이란 존재와 자신의 힘에서는 정체성을 확신하지 못하지만, 그에 대한 다른 사람들의 의견에서 정체성을 확립한다. 그의 명성과 지위와 성공, 즉 그가 다른 사람들에게 어떤 존재라고 알려져 있는 사실이 그에게는 진정한 정체감을 대신하는 것이다. 이런 이유에서 그는 다른 사람들이 자신을 바라보는 시각에 전적으로 의존할 수밖에 없어, 과거에 성공했던 역할을 어쩔 수 없이 계속하게 된다. 결국 나와 내 힘이 서로 분리되면, 내 자아는 나에게 붙여진 가격표가 된다.

우리가 다른 사람을 경험하는 방법도 자신을 경험하는 방법과 크게 다르지 않다.[9] 다른 사람도 자신의 존재를 온전히 드러내지 않고 팔리는 부분만을 보여주기 때문에 우리 자신과 마찬가지로 그들도 상품으로 인식되고 경험된다. 사람과 사람의 차이가 성공의 크기, 매력의 정도, 요컨대 가치에 대한 양적인 차이로 귀결된다. 이 과정은 시장에서 상품을 두고 일어나는 과정과 다를 바가 없다. 그림과 구두는 교환가치, 즉 가격으로 표현되고 귀결된다. 따라서 교환가치의 면에서 구두의 총액이 한 편의 그림 가격과 '동일'할 수 있다. 사람과 사람의 차이도 이런 식으로 하나의 공통 요소, 즉 시장 가격으로 귀결된다. 각자의 고유하고 독특한 개성은 무가치하고, 하찮은 자갈에 지나지 않는다. '고유하고 독특하다'라는 단어에 함축된 의미에는 이런 사고방식이 담겨 있다. 인간의 가장 위대한 성취, 즉 자기만의 개성을 개발했다는 위대한 성취를 뜻하지 않고, '이상한 것'이란 단어와 거의 동의어가 되었다.

'평등'이란 단어의 의미도 변했다. 과거에는 모든 인간이 평등하게 태어났다는 생각을 인간에게 기본적인 권리가 있다는 뜻으로 해석했다. 그러한 권리는 그 자체로 목적일 뿐 수단으로 여기지 않았다. 하지만 오늘날 평등은 '교환 가능성'과 동등한 뜻이 되었고 개성을 철저히 부정한다. 평등은 개개인의 특유성을 개발하는 조건이 되기는커녕 개성의 멸절을 뜻하고, 시장 지향의 특징인 '몰아(selflessness)'를 뜻한다. 평등은 과거에 다름과 관계가 있었지만, 이제는 '무차별(indifference)'과 동의어가 되었다. 무차별은 현대인이 자신이나 다른 사람과 맺는 관계의 특징이기도 하다.

이런 조건들은 필연적으로 모든 인간관계에 영향을 미치기 마련이다. 개개인의 자아가 무시되면 인간과 인간의 관계는 피상적으로 변할 수밖에 없다. 인간 자체가 아니라 교환 가능한 상품에 모든 것이 관계되기 때문이다. 이런 상황에서는 누구도 상대의 특유하고 독특한 면에 관심을 가질 수 없고, 그럴 만한 여유도 없다. 하지만 시장은 자기 나름의 동료 관계를 만들어낸다. 시장에서는 모두가 경쟁이란 동일한 전쟁에 참여해 성공을 열망한다. 또한 모두가 시장이란 동등한 조건하에서 만난다(적어도 모두가 그렇게 믿고 있다). 따라서 모두가 동일한 상황에 있기 때문에 다른 사람이 어떤 기분인지도 알고 있다. 모두가 외로움을 견디고 실패를 두려워하며 다른 사람을 즐겁게 해주려고 애쓰지만, 이 전쟁터에서는 적에게 어떤 자비도 주어지지 않고, 그런 너그러움을 기대할 수도 없다.

인간관계가 이렇게 피상적인 면을 띠는 까닭에 많은 사람이 개별적인 사랑에서 깊고 강렬한 감정을 찾아낼 수 있기를 바란다. 그러나 한 사람을 향한 사랑과 이웃을 향한 사랑은 분리할 수 있는 게 아니다. 어떤 문화에서나 사랑이란 관계는 상대적으로 강렬한 인간관계의 표현이다. 따라서 시장 지향에서 비롯되는 인간의 외로움이 개별적인 사랑으로 치유될 수 있으리라는 기대는 환상에 불과하다.

감정과 마찬가지로 생각의 방향도 시장 지향형 성격에 의해 영향을 받는다. 사물들을 능수능란하게 다룰 만큼 사물들을 신속하게 파악하는 기능이 생각에 포함된다. 폭넓고 효율적인 교육 덕분에 생각은 지적 능력의 향상으로 이어지지만 이성적 능력까지 향상시키지는 않는다.[10] 사물을 능숙히 다루려면 표면적 특징, 즉 피상적인 것을 아는 것만으로도 충분하다. 진실은 현상의 본질까지 파고들어야 겨우 밝혀낼 수 있기 때문에 진부하고 쓸모없는 개념이 된다. 과학 시대 이전에 경험적 자료와 상관없이 주장되던 '절대적' 진실이라는 의미는 물론이고, 관찰의 결과에 이성을 적용하고 수정의 과정을 거쳐 도달한 진실이란 의미도 낡은 개념이 된다. 대부분의 지적 능력 테스트는 이런 식의 생각에 맞추어진 것이어서 추론하고 이해하는 능력을 측정하는 게 아니라 주어진 상황에 정신이 얼마나 신속히 적응하느냐를 측정할 뿐이다. 따라서 '정신 적응 테스트(mental adjustment test)'라 칭하는 게 더 적절한 듯하다.[11]

이런 식의 생각에서는 어떤 현상과 그 특징에 대한 철저한 분석보다 비교와 계량적 측정을 통한 분류가 필수적이다. 모든 문제가 똑같은 정도로 '흥미롭기' 때문에 중요성에서 별다른 차이가 없다. 지식 자체도 하나의 상품이 된다. 이 경우에도 인간은 자신의 힘과 분리된다. 생각과 지식은 결과를 생산하기 위한 도구로 여겨진다. 인간에 대한 지식, 즉 서구 사상의 위대한 전통에서 미덕과 올바른 삶과 행복을 위한 조건으로 여겨지던 심리학은 시장조사와 정치적 선전 및 광고 등에서 우리 자신과 다른 사람으로부터 더 큰 이익을 얻어내기 위해 사용되는 도구로 전락하고 말았다.

물론 이런 식의 생각은 교육제도에 엄청난 영향을 미쳤다. 초등학교부터 대학원까지, 학습의 목적은 시장에서 성공하기 위해 유용한 정보를 최대한 많이 수집하는 것이다. 학생들은 너무나 많은 것을 배워야 하기 때문에 생각하는 데 필요한 시간과 에너지가 남아 있지 않을 지경이다. 더 많은 교육과 더 나은 교육을 원하는 주된 동기는 교육되는 과목이나 엄밀한 의미에서의 지식과 통찰에 대한 관심보다 지식으로 인해 향상되는 교환가치 때문이다. 오늘날 지식과 교육을 향한 열의도 대단하지만, 오로지 진실과 관련이 있어 시장에서는 한 푼의 교환가치도 갖지 않아 '비현실적이고 무용하다'라고 여겨지는 생각에 대한 회의적이고 경멸적인 태도도 있다.

여기에서는 비생산적인 지향의 하나로 소개되고 있지만 시장 지향은 다른 비생산적 지향과 많은 점에서 다르기 때문에 그 자체로 독립된 범주를 이룬다고 말할 수 있다. 수용 지향과 착취 지향과 저장 지향에는 하나의 공통점이 있다. 세 지향 모두 인간관계의 한 형태며 어떤 지향이 지배적이냐에 따라 그 사람의 성격과 특징이 결정된다는 것이다(한편 뒤에서는 네 가지 지향이 지금까지 논의된 부정적인 특성을 반드시 갖는 것은 아니라는 것이 입증된다[12]). 하지만 시장 지향형에서는 인간에게 잠재적으로 존재하는 것이 발달하지 못한다. '무(無)'도 인간 능력 중 일부라는 부조리한 주장을 인정하지 않는 한 그렇다.

시장 지향형의 특성은 어떤 구체적인 관계도 항구적으로 형성하지 못한다는 것이다. 오직 변덕스럽게 변하는 태도가 영속적인 특성이다. 시장 지향형에서는 가장 잘 팔릴 수 있는 자질들이 발달한다. 따라서 시장 지향형의 두드러진 특징은 어떤 특정한 태도가 아니라 공허며, 그 공허는 그때그때 가장 바람직한 자질로 신속하게 채워진다. 하지만 이런 자질은 엄밀한 의미에서의 자질이 아니다. 겉으로만 어떤 자질로 보일 뿐이어서, 더 바람직한 자질이 나타나면 언제라도 교환되는 하나의 역할에 불과하다. 예컨대 '점잖은 태도'는 때때로 바람직한 자질로 인식된다. 영업사원들은 믿음직함, 냉정함, 점잖음 등과 같은 자질로 대중에게 좋은 인상을 주어야 한다. 19세기의 많은 기업인들에게서는 이런 자질들이 저절로 우러나는 듯했다. 그런데 요즘에는 대중에게 확신을 심어주는 사람이 영업사원으로 환영받는다. 그런 사람은 위에서 언급한 자질들을 지닌 것처럼 보이기 때문이다. 요컨대 그는 영업사원이라는 역할에 잘 어울리는 것처럼 보이는 자신의 능력을 인격 시장에서 판매하는 것이다. 그 역할 뒤에 어떤 종류의 사람이 있는지는 누구도 관심을 갖지 않는다. 그 자신도 자신의 정직성에는 관심이 없고, 그 역할을 통해 시장에서 무엇을 얻느냐에 관심이 있을 뿐이다.

시장 지향형의 전제는 공허, 즉 변하지 않는 어떤 특정한 자질이 없다는 것이다. 영속적인 성격 특성은 언제라도 시장의 요구와 충돌할 수 있기 때문이다. 그런데 어떤 사람의 고유한 특성에는 맞지 않는 역할이 있기 마련이다. 그런 경우에는 역할이 아니라 그 개인의 고유한 특성을 없애버려야 한다. 시장 지향형은 자유로워야 한다. 어떤 개성으로부터도 구속받지 않고 자유로워야 한다.

성격 지향과 사회구조의 관계

지금까지 살펴보았듯이 성격 지향들은 서로 별개로 존재하는 듯하지만, 실제로는 그렇지 않다. 예컨대 수용 지향이 어떤 사람에게 지배적으로 나타날 수 있지만, 나머지 다른 지향

중 하나나 전부와 뒤섞여 나타나는 경우가 일반적이다. 어떻게 뒤섞이느냐에 대해서는 뒤에서 다시 살펴보기로 하고, 여기에서는 모든 지향이 인간 성격의 일부고, 어떤 사람에게 어떤 지향이 지배적이냐는 그가 살아가는 문화권의 특성에 크게 좌우된다는 사실을 강조해두고 싶다. 다양한 지향과 사회 유형 간의 관계에 대한 자세한 분석은 주로 사회심리학의 문제를 다루는 연구의 몫으로 보류해두어야 하지만, 여기에서는 네 가지 비생산적인 성격 유형과 관련된 각각의 사회적 조건에 대해 잠정적인 가정을 제시하고 싶다. 요컨대 어떤 사회적 조건에서 어떤 비생산적 성격 유형이 지배적인지에 대한 가정을 제시해보려 한다. 성격 지향과 사회구조의 상관관계에 대한 연구는 성격 형성의 몇몇 중요한 요인들을 이해하는 데 도움이 된다는 점에서도 중요하지만, 특정한 지향이 어떤 문화 집단이나 사회 계급의 구성원에 공통으로 나타나는 경우에 강력한 정서적인 힘을 대변한다는 점에서도 중요하다. 우리가 사회의 기능 작용을 제대로 이해하려면 그런 정서적인 힘이 어떻게 작동하는지 알아야 하기 때문이다. 문화가 인격에 미치는 영향을 강조하는 요즘의 경향을 고려하면, 사회와 개인의 관계가 단순히 문화유형과 사회 제도가 개인에게 영향을 미친다는 뜻으로 이해되어서는 안 된다. 사회와 개인의 상호 작용은 훨씬 더 깊다. 일반적으로 한 사람의 전반적인 인격은 다른 사람들과 관계를 맺는 방법에 따라 형성되고, 사회의 사회경제적이고 정치적인 구조에 의해 상당한 정도로 결정되기 때문에, 이론적으로는 한 개인을 철저히 분석하면 그가 살고 있는 사회구조 전체를 추론해낼 수 있다.

수용 지향형은 한 집단이 다른 집단을 착취하는 권리가 확고히 확립된 사회에서 주로 눈에 띈다. 착취되는 집단은 상황을 바꿀 만한 힘도 없고, 상황을 바꿔보려고 생각조차 할 수 없기 때문에 착취하는 집단을 부양자, 즉 생명을 유지하는 데 필요한 모든 것을 그들에게 제공하는 존재로 떠받드는 경향을 띨 것이다. 노예는 쥐꼬리만 한 보상을 받더라도 자신의 힘만으로는 훨씬 더 적은 양을 획득할 수밖에 없었을 것이라고 생각한다. 사회구조가 그에게는 사회를 조직할 능력이 없고, 그의 활동과 이성은 믿고 의지할 만한 것이 아니라는 인상을 심어주기 때문이다. 현대 미국 문화를 얼핏 보면, 수용적 태도가 전혀 없는 것처럼 보인다. 미국의 전반적인 문화와 사상과 관습은 각자가 자신을 지키고 책임져야 하며, 무언가 성과를 거두고 싶다면 자신의 결단력을 활용해야 함을 강조한다는 점에서 수용 지향형에게는 적합하지 않은 듯하다. 수용 지향형이 격려받지 못한다고 해서 완전히 사라지지는 않는다. 앞에서 언급했듯이 사회적 관습에 순응하고 주변 사람들을 즐겁게 해주려는 욕구가 무력감으로 변한다. 현대인의 미묘한 수용성은 이런 적응성에 뿌리를 두고 있으며, 특히 '전문가'와 여론을 대하는 태도에서 두드러지게 나타난다. 어떤 분야에나 상황이 어떻게 전개되고, 구성원들은 어떻게 행동하고 반응해야 하는지 말해주는 전문가가 있다. 따라서 사람들은 전문가의 조언을 귀담아듣고 받아들이려고 노력해야 한다. 예컨대 과학 전문가가 있고 행복 전문가가 있다. 작가는 베스트셀러의 저자라는 사실만으로도 삶의 기술에 관한 한 전문가가 된다.

이런 미묘하지만 상당히 일반화된 수용 지향성은 현대의 '도시 전설'에서 다소 기괴한 형태를 띠며, 광고를 통해 확산된다. '벼락부자가 되는 법'은 현실적으로 불가능하다는 걸 모두 알고 있지만, 힘들이지 않고 살아가는 삶을 염원하는 백일몽이 끊이지 않는다. 편안한 삶은 작고 유용한 장치의 발명으로 조금이나마 실현된다. 변속기를 바꿀 필요가 없는 자동차, 매번 뚜껑을 열어야 하는 번거로움을 덜어주는 만년필은 편안한 삶이라는 환상과 관련된 몇몇 사례에 불과하다. 행복의 문제를 해결해준다는 비법들도 자주 눈에 띈다. 대표적인 예를 인용하면 다음과 같다. "이 책은 남녀를 불문하고 예전보다 두 배나 행복하게 살아가는 법, 또 에너지 넘치고 자신감에 충만하며 근심에서 해방된 삶을 살아가는 법을 당신에게 확실하게 알려준다. 정신적으로나 신체적으로 힘든 프로그램을 따르라고 강요하지도 않는다. 무척 간단한 프로그램이다. … 힘들이

지 않고 성과를 얻는다는 게 상상하기 힘들기 때문에 여기에
서 제시되는 방법이 이상하게 여겨질 수 있겠지만 … 이 책에
서 소개되는 방법은 정말 힘들이지 않고 행복하게 사는 법이
다."[13]

　"나에게 필요한 것은 빼앗아 갖는다."라는 신조를 지닌 착
취 지향형은 멀리 해적 시대와 봉건시대까지 거슬러 올라가
고, 그 후로는 19세기에 대륙의 천연자원을 착취하던 악덕 자
본가로 이어진다. 막스 베버(Max Weber, 1864~1920)의 용어를
빌리면, 이익이 되는 것을 찾아 세계 곳곳을 떠돌아다니던 '천
민' 자본주의자와 '모험' 자본주의자가 이 부류에 속한다. 즉,
싸게 사서 비싸게 팔며 권력과 부를 무자비하게 추구하는 사
람들이다. 18세기와 19세기에 자유시장이 경쟁적 조건에서
운영되면서 이 성격 유형을 키워냈다. 우리 시대에도 권위주
의적 체제에서 노골적인 착취가 다시 되살아나며, 자국의 자
원만이 아니라 무력으로 침략할 수 있는 다른 나라의 자연 자
원과 인간 자원까지 착취를 시도했다. 그들은 힘의 정의를 내
세웠고, 강자만이 살아남는 자연법칙에 빗대어 그런 주장을
합리화했다. 사랑과 관용은 약함의 증거였고, 심사숙고는 비
겁자와 타락자에게나 해당되는 짓이었다.

　저장 지향형은 18세기와 19세기에 착취 지향형과 함께 존
재했다. 저장 지향형은 보수적인 성향을 띤 까닭에 무자비한

획득보다 건전한 원칙에 근거한 체계적인 방식으로 경제적인 이익을 추구하며 기존에 획득한 것을 보존하고 확대하는 데 심혈을 기울였다. 저장 지향형에게 재산은 자아를 상징하는 것이었기 때문에, 재산의 보호가 최우선적인 가치였다. 그래도 저장 지향형은 성격 유형에서 상당한 안정감을 얻었다. 비교적 안정된 19세기의 사회적 조건에서 보호받은 까닭에, 그들이 소유한 땅과 가족은 안전하고 관리할 수 있는 세계였다. 더구나 청교도 윤리는 노동과 성공을 선함의 증거라 역설하고 안정감을 옹호하며, 삶에 종교적 성취감과 의미를 부여하는 경향을 띠었다. 안정된 세계와 안전한 재산 및 견실한 윤리의식이 결합되며 19세기의 중산계급에게 소속감과 자신감과 자부심을 안겨주었다.

시장 지향형은 18세기나 19세기에 나타나지 않았다. 시장 지향형은 현대의 산물인 게 분명하다. 상품에서나 사람에서나 포장과 상표가 중요해진 것은 최근의 현상이다. 이제 노동이란 복음은 중요성을 상실하고, 판매라는 복음이 무엇보다 중요한 것이 되었다. 중세 시대에는 사회적 이동이 지극히 제한적이어서 개인의 인격을 이용해서는 성공할 수 없었다. 한편 경쟁 시장의 시대에 들어서자 특히 미국을 시작으로 사회적 이동이 상대적으로 커졌다. 따라서 제 역할을 해내는 사람은 성공할 가능성이 커졌다. 과거에 비교하면 요즘에는 외로운 늑대처럼 순전히 혼자 힘으로 큰돈을 벌 수 있는 기회가 크게 줄어들었다. 성공을 원하는 사람이면 큰 조직에 들어가야 하고, 주변에서 기대하는 역할을 해내야 한다. 그런 능력이 그에게는 소중한 자산이기 때문이다.

인간은 비인격화와 공허함, 무의미한 삶과 기계화되는 개인으로 인해 불만이 커져간다. 따라서 한층 적절한 삶의 방식을 찾으려는 욕망이 뒤따르고, 우리를 그런 목표로 인도할 수 있는 규범도 바라게 된다. 내가 이제부터 살펴보려는 생산적 지향은 인간에게 내재한 모든 잠재력의 성장과 발전을 목표로 삼은 성격 유형이다. 이런 성격 유형은 인간의 모든 행위가 그 목표를 위해 종속되는 것이라 생각한다.

생산적 지향

일반적인 특징

고전 시대와 중세 시대의 문헌부터 19세기 말에 이르기까지 우리 조상들은 선한 인간과 선한 사회가 어떤 모습이어야 하는지 설명하는 데 엄청난 노력을 했다. 이와 관련된 생각은 때로는 철학이나 신학의 논문으로 발표되었고, 때로는 유토피아적 사상이란 형태로 소개되었다. 20세기에 들어서는 이상하게도 이와 관련된 고민이 사라졌다. 인간과 사회에 대한 비판은 강화되었지만, 그런 비판에는 인간이 어떠해야 한다는 당위적인 비전만이 함축되어 있을 뿐이다. 이런 비판이 무척 중요하고 더 나은 사회로 가기 위한 조건이라는 데는 의심의 여지가 없지만, '더 나은' 사람과 '더 나은' 사회에 대한 비전이 사라짐으로써 자신과 미래에 대한 인간의 믿음이 마비되는 결과를 낳았다. 얄궂게도 그런 비전의 상실은 인간과 미래에 대한 믿음이 마비된 결과기도 하다.

현대 심리학, 특히 정신분석학도 이 점에서는 예외가 아니다. 프로이트와 그 추종자들은 신경증적 성격을 훌륭하게 분석해냈다. 그들이 사용한 이론적인 개념들을 수정할 필요가 있지만, 신경증적 성격이란 비생산적인 성격—프로이트의 용어로는 전생식기적 성격—에 대한 그들의 분석은 철저하고 정확했다. 그러나 정상적이고 성숙하고 건강한 인격체의 성격에 대한 연구는 거의 없었다. 프로이트가 생식기적 성격이라 칭한 이런 성격은 그 후로도 막연하고 추상적인 개념의 수준을 벗어나지 못했다. 그의 정의에 따르면, 생식기적 성격은 구강기와 항문기의 리비도가 지배적인 위치를 상실한 뒤에 생식기의 성생활이 우월한 위치에 올라서며 이성(異性)과의 성교를 목표로 삼은 사람의 성격 구조를 가리킨다. 이런 설명은 생식기적 성격이 성적으로나 사회적으로 제대로 기능할 수 있는 사람의 성격 구조라고 나열하는 수준을 넘어서지 못한다.

'생산적 성격'을 살펴보기 위해 나는 비판적 분석을 넘어, 인간 발달의 최종적인 목표인 동시에 인본주의적 윤리의 이상이라 할 수 있는 완전히 발달한 성격의 본질을 따져보려 한다. 프로이트가 말하는 생식기적 성격과 생산적 지향의 관련성을 분석하기 전에 생산적 지향이란 개념을 먼저 살펴보려는 시도라고 생각하면 편할 것이다.

우리가 프로이트의 용어를 리비도 이론의 맥락에서 문자 그대로 사용하지 않고 상징적으로만 사용한다면, 생식기 단계는 정확히 '생산(productiveness)'이란 뜻을 가리킨다. 성적 성숙 단계는 인간이 자연 생식 능력을 갖는 단계기 때문이다. 정자와 난자가 결합하면 새로운 생명이 '생산'된다. 이런 유형의 생산은 인간과 동물에게 공통되지만, 물질을 생산하는 능력은 인간에게만 있다. 인간은 합리적이고 사회적인 동물이지만, 이성과 상상력을 동원해 눈앞에 있는 물질을 바꾸고 뭔가를 만들어낼 수 있는 동물로도 정의될 수 있다. 인간은 생산할 수 있지만, 살기 위해서라도 생산해야 한다. 하지만 물질의 생산은 성격과 생산의 관련성을 설명할 때 가장 흔히 사용되는 상징에 불과하다.

인격의 '생산적 지향'은 기본적인 태도, 즉 인간 경험의 모든 영역에서 확인되는 관계의 한 유형을 가리킨다.[14] 생산적 지향에는 자기 자신과 다른 사람 및 사물에 대한 정신적이고 정서적이며 감각적인 반응도 포함된다. 생산은 자신의 힘을 사용하고, 내재된 잠재력을 실현하는 인간의 능력이다. "인간이 자신의 힘을 사용해야 한다."라는 말은 "인간은 자유롭게 생각하고 행동하며, 그의 힘을 통제하는 사람에게 의존해서는 안 된다."라는 뜻이다. 인간은 자신의 힘이 무엇이고 그 힘을 어떻게 사용해야 하며 무엇을 위해 사용해야 하는지 정확히 아는 경우에만 그 힘을 제대로 사용할 수 있다. 즉, 인간은 이성의 인도를 받아야 한다는 뜻이기도 하다. 결국 생산이란 인간이 자신에게 내재된 힘을 행사하는 '행위자'로 경험한다는 뜻이다. 또한 자신이 힘을 가진 존재라고 인식하는 동시에 그 힘이 자신으로부터 차단되고 분리된 것이 아니라는 것도 알게 된다는 뜻이다.

'생산'이란 표현에서 곧잘 야기되는 오해를 피하려면, 생산이 뜻하지 않는 것을 간략히 살펴보는 것도 도움이 될 듯하다. 일반적으로 '생산'이란 단어는 '창조 활동(creativeness)', 특히 예술적 창조 활동과 관련이 있다. 실제로 진정한 예술가는 생산이란 활동을 가장 확실히 보여주는 대표자다. 그렇다고 모든 예술가가 생산적이지는 않다. 예컨대 판에 박힌 진부한 초상화는 캔버스에 어떤 인간의 모습을 사진처럼 비슷하게 재현해내는 기교만을 과시한 것에 불과하다. 그러나 인간은 어떤 것을 눈에 보이도록 또는 외부에 전달할 수 있도록 창조해내는 선천적 재능을 갖고 태어나지 못했더라도 생산적으로 보고 느끼며 경험하고 생각할 수 있다. 따라서 정신적으로나 정서적으로 무능하지 않는 한 인간이라면 누구나 생산이라는 태도를 취할 수 있다.

'생산적'이란 표현이 '활동적'이란 표현과 쉽게 헷갈리는 것처럼 '생산'은 '활동'이라는 단어와 혼동되어 쓰인다. 아리스토텔레스가 말하는 '활동'이란 개념에서 두 단어는 동의어일 수 있지만, 요즘 사용되는 활동은 오히려 생산의 반대말이다. 일반적으로 활동은 에너지를 소비함으로써 기존 상황에 변화를 가져오는 행위로 정의된다. 반면에 기존 상황에 변화를 주거나 확실한 영향력을 행사하지 못하고 거꾸로 외부의 힘에 영향을 받고 좌우되는 사람은 '수동적(passive)'이라 일컬어진다. 이렇게 사용되는 요즘의 '활동'이란 개념은 에너지의 실질적인 소비와 그로 인한 변화만을 고려한 것이며, 내면에서 활동을 지배하는 심리적 조건들의 차이를 구분하지 않는다.

최면 상태는 인위적인 상태지만, 사람이 활동하면서도 진정한 행위자가 아닌 상황을 보여주는 비생산적인 활동의 극단적이면서도 대표적인 예다. 최면 상태에 있는 사람의 활동은 그 자신이 통제할 수 없는 강력한 힘에서 비롯되기 때문이다. 깊은 최면에 빠진 상태에서도 두 눈을 뜨고 걸어 다니거나 말을 할 수 있다. 여하튼 뭔가를 한다. 따라서 에너지가 소비되고 어떤 변화가 일어난다는 점에서 활동의 일반적인 정의가 적용된다. 이런 활동의 특수한 면을 고려하면, 실질적인 행위자는 최면에 걸린 사람이 아니라 최면술사가 된다. 최면에 걸린 사람을 통해 최면술사가 행동하는 게 아닌가!

급성이든 만성이든 간에, 또 의식적이든 무의식적이든 간에 오늘날 광적인 집착이 주된 원인이라 할 수 있는 불안증에 대한 반응도 비생산적 활동의 대표적인 예다. 불안증에서 비롯된 활동은 권위에 대한 순종이나 의존에서 비롯된 활동과 다르지만, 두 활동이 뒤섞이는 경우도 적지 않다. 권위는 두려움이나 동경 혹은 사랑의 대상이고, 세 감정의 복합되는 대상이기도 하다. 그러나 형식과 내용으로 주어지는 권위의 명령에서 활동이 시작된다. 권위체가 우리에게 활동적이기를 원하기 때문에 우리는 활동하고, 권위체가 우리에게 바라는 것을 우리는 행한다. 이런 유형의 활동은 권위주의적 성격에서 흔히 눈에 띈다. 권위주의적 성격을 띤 사람에게 활동은 자신보다 더 높은 곳에 있는 존재의 이름으로 뭔가를 행한다는 뜻이다. 예컨대 하느님의 이름으로, 과거의 이름으로, 의무의 이름으로 뭔가를 행하지, 자신의 이름으로 행하지는 않는다. 권위주의적 성격은 공격할 수도 없고 바꿀 수도 없는 우월적인 힘으로부터 행동하라는 자극을 받기 때문에, 내면에서 비롯되는

자발적인 자극에는 주의를 기울이지 않는다.[15]

순종적인 활동과 자동화된 활동은 서로 닮은꼴이라 할 수 있다. 물론 자동화된 활동에는 명시적인 권위에 대한 의존성은 없지만, 여론과 문화유형, 상식과 과학으로 대변되는 익명의 권위에 대한 의존성이 눈에 띈다. 예컨대 우리는 어떤 식으로 행동하고 느껴야 한다는 관습 등을 따른다. 이런 활동은 정신적으로나 정서적으로 개인적인 경험이 아니라 외부의 힘에 크게 영향받는다는 점에서 자발성이 없다.

활동의 강력한 근원 중에는 비합리적인 열정이 있다. 인색함, 마조히즘, 시기와 질투 등 온갖 형태로 표현되는 욕심에 사로잡힌 사람은 탐욕에 떠밀려 어쩔 수 없이 행동한다. 하지만 그의 행동은 자유롭지도, 합리적이지도 않다. 인간으로서 당연히 갖는 이성과 자신의 관심사와는 정반대로 행동한다. 이렇게 강박에 사로잡힌 사람은 똑같은 말이나 행동을 되풀이하고 점점 융통성을 잃어가며 일정한 틀에 갇혀 정형화되어간다. 요컨대 이런 사람은 활동적이지만 생산적이지 않다.

활동의 근원이 비합리적이고, 행동하는 사람이 자유롭지도, 합리적이지도 않은 경우에도 물질적 성공으로 이어지는 중요하고 실질적인 결과를 낳는 경우가 적지 않다. 생산이란 관점에서 우리가 관심을 두는 것은 반드시 실질적인 결과로 이어지는 활동이 아니라 마음가짐과 태도다. 다시 말하면, 우리가 삶의 과정에서 세상과 자신을 향해 갖는 대응과 성향이다. 요컨대 우리가 관심을 두는 것은 인간의 성격이지 물질적인 성공이 아니다.[16]

생산은 인간이 자신에게 주어진 고유한 잠재력을 발휘하는 활동이다. 쉽게 말해, 인간이 자신의 힘을 사용하는 행위다. 그러나 '힘'이 무엇인가? 얄궂게도 이 단어는 두 가지 모순된 개념을 뜻할 수 있다. '…의 힘'에서는 능력을 뜻하지만, '…에 대한 힘'에서는 지배를 뜻한다. 하지만 이런 모순은 특수한 경우다. '힘 = 지배'라는 등식은 '힘 = 능력'이란 등식의 마비로부터 생겨난다. '…에 대한 힘'은 '…에 미치는 힘'이 왜곡된 결과다. 자신의 힘을 생산적으로 이용할 수 있는 사람은 유능한 사람이고, 그렇지 못한 사람은 무능한 사람이다. 이성의 힘을 가진 우리는 현상의 표면을 파고들어 본질을 파악할 수 있다. 사랑의 힘으로는 두 사람을 갈라놓은 벽을 허물 수 있고, 상상의 힘으로는 아직 존재하지 않는 사물을 마음속에 그려볼 수 있어 계획을 세우고 만들어낼 수 있다. 이런 힘이 없는 곳에서는 인간과 세계의 관련성이 지배욕, 즉 다른 사람들을 사물처럼 생각하며 영향력을 행사하려는 욕구로 왜곡된다. 지배에는 죽음이 수반되고, 능력에는 생명이 수반된다. 지배는 무능력에서 싹트고, 결국에는 무능력을 강화한다. 우리가 누군가에 압력을 가해 우리를 섬기게 할 수 있다면, 생산적이려는 우리 욕망은 점점 시들어갈 것이 분명하기 때문이다.

인간이 자신의 힘을 생산적으로 사용할 때 어떤 식으로 세계와 관계를 맺을까? 우리는 외부 세계를 두 가지 방법으로 경험한다. 하나는 필름에 피사체를 충실히 기록하는 방법과 똑같이 현실을 그대로 인식하는 '복제적(reproductive)' 방식이다. 물론 단순한 복제적 인식에는 정신의 능동적인 참여가 필요하다. 다른 하나는 현실을 상상하고 정신적인 힘과 정서적인 힘을 자발적으로 사용함으로써 상상의 결과를 더욱 재밌게 꾸미며 재창조하는 '생성적(generative)' 방식이다. 정도의 차이가 있을 뿐 누구나 두 방법으로 반응한다. 그러나 각 방법의 상대적 중요성은 사람마다 다르다. 때로는 하나가 크게 위축되는 경우가 있다. 이처럼 복제적 방식이나 생성적 방식 중 하나가 거의 사라진 극단적인 경우를 연구하면, 각 현상을 쉽게 이해할 수 있다.

우리 문화에서는 생성적 능력이 상대적으로 위축된 경우가 무척 빈번한 편이다. 이런 사람은 사물을 있는 그대로 인식하거나 자신이 속한 문화에서 원하는 방향으로 인식할 수 있지만, 자신의 지각을 미화하지는 못한다. 이런 사람은 철저한 '현실주의자(realist)'여서 눈에 보이는 것만을 현상의 특징으로 볼 뿐, 표면 아래의 본질까지 꿰뚫어보지 못하며 아직 겉으로 드러나지 않은 것도 상상하지 못한다. 그는 세부적인 것을 보지만 전체를 보지 않고, 나무를 보지만 숲을 보지 않는다. 그에게는 이미 물질화된 것만이 현실이다. 엄격히 말하면, 이런 사람에게 상상력 자체가 없는 것은 아니다. 그가 상상하는 것은 타산적인 상상, 즉 이미 알려지고 존재하는 모든 요인을 결합하고 그 요인들이 장래에 어떻게 움직일지 추론하는 상상이다.

한편 현실을 지각하는 능력을 상실한 사람은 정신이상자다. 정신이상자는 자기만의 현실 세계를 마음속에 구축하고, 그 세계를 굳게 믿는다. 정신이상자는 자기만의 세계에서 살아가고, 정상적인 사람이 현실 세계에서 지각하는 공통된 요인들은 그에게는 비현실적인 것들이다. 그의 눈에 보이는 것은 현실 세계에 존재하지 않고 그의 상상력이 만들어낸 산물, 즉 환각에 불과하다. 그는 어떤 사건이든 현실에서 실제로 일어나는 것과 관련짓지 않고 자신만의 느낌으로 해석한다. 따라서 현실에서 어떤 일이 벌어지고 있는지 정확히 알려고도 하지 않는다. 편집증 환자는 박해받고 있다는 생각에 사로잡혀, 누군가 무심코 던진 말을 자신을 모욕하고 파멸시키려는 음모라고 확신할 수 있다. 게다가 그런 의도가 명백하고 확실하게 드러나지 않았다고 해서 그 말의 순수함이 증명되는 것은 아니라고도 확신한다. 그 말이 겉으로는 무해하게 보일 수 있지만, 깊이 들여다보면 진짜 의미가 분명해진다고도 고집을 부린다. 정신이상자에게 실제로 존재하는 현실은 지워져 없어지고, 내적인 현실이 그 자리를 대신한다.

현실주의자는 사물의 표면적 특징만을 본다. 따라서 명백히 겉으로 드러난 세계를 보고 사진처럼 정확히 마음속에 복제하고, 그렇게 마음속에 그려진 대로 사물과 사람을 취급한다. 한편 정신이상자는 현실을 있는 그대로 보지 못한다. 현실을 하나의 상징, 즉 그가 내면에 그린 세계의 반영으로만 지각한다. 둘 다 비정상이다. 정신이상자의 질병은 사회적 기능을 제대로 할 수 없다. 한편 현실주의자의 질병은 인간으로서의 품격을 떨어뜨린다. 사회적 기능을 못할 정도는 아니지만 그의 현실관은 깊이와 폭의 부족으로 심각하게 왜곡되어, 즉각적으로 주어진 자료를 처리하고 단기적인 목표를 추구하는 수준 이상의 과제에서는 걸핏하면 실수를 범한다. 따라서 현실주의는 겉으로는 정신이상의 반대로 보이지만, 실제로는 정신이상의 짝꿍에 불과하다.

현실주의와 정신이상의 정반대편에 있는 것은 생산이다. 정상적인 인간은 세계를 있는 그대로 지각하는 동시에 자신의 힘으로 더욱더 재밌고 풍요롭게 꾸미는 방식으로 관계를 맺을 수 있다. '복제'와 '생성'이란 두 능력 중 하나가 위축되면 우리는 병들게 된다. 정상적인 인간은 두 능력 모두를 갖지만 그 비중은 사람마다 다르다. 복제 능력과 생성 능력의 보유는 생산의 전제 조건이다. 두 능력의 상호작용이 생산과 직결되는 역동적인 근원이다. 끝으로 생산은 두 능력의 단순한 결합이 아니라, 두 능력의 상호작용에서 비롯되는 새로운 결과물이라는 걸 강조해두고 싶다.

지금까지 우리는 생산을 세상과 관계를 맺는 특별한 방법이라고 설명했다. 이쯤에서 "생산적인 인간이 만들어내는 것이 있는가? 있다면 무엇인가?"라는 의문이 제기된다. 인간의 생산이 물질적인 것과 예술 작품 및 사상 체계를 만들어낼 수 있는 게 사실이지만, 무엇보다 중요한 생산의 대상은 인간 자신이다!

탄생은 임신으로 시작해 죽음으로 끝나는 연속선에서 하나의 특별한 단계에 불과하다. 양 극단 사이에 존재하는 모든 것은 인간의 잠재력들을 잉태하는 과정, 즉 난자와 정자에 잠재적으로 주어진 모든 것에 생명을 불어넣는 과정이다. 그러나 적절한 조건이 갖추어지면 육체적 성장은 저절로 진행되지만, 정신적 면에서의 탄생 과정은 자동적으로 일어나지 않는다. 인간의 정서적이고 지적인 잠재력에 생명을 주려면, 즉 인간의 자아를 잉태하려면 생산적인 활동이 필요하다. 그런데 자아의 발달은 결코 완성되지 않는다는 게 인간 조건의 비극적인 면이다. 최적의 조건에서도 인간의 잠재력은 일부만이 실현된다. 요컨대 인간은 완전히 태어나기 전에 죽음을 맞는다.

몇몇 위대한 철학자의 설명을 인용해 생산이라는 개념을 명확히 해두고 싶다. 생산은 아리스토텔레스의 윤리 체계에서 핵심적인 개념 중 하나다. 아리스토텔레스의 가르침에 따르면, 우리는 인간의 기능을 명확히 규정함으로써 미덕을 결정할 수 있다. 예컨대 플루트 연주자, 조각가 등 예술가의 경우에 선(善)은 그들을 다른 사람들과 구분짓는 특별한 기능, 즉 예술가를 예술가답게 만들어주는 기능에 있다고 여겨진다. 이와 마찬가지로, 인간의 선도 인간을 다른 생명체와 구분 짓고, 인간을 인간답게 만들어주는 특별한 기능에 있다. 그런 기능은 "합리적인 원칙을 따르거나 간접적으로 표현해주는 영혼의 활동"이다.[17] 그러나 아리스토텔레스는 "하지만 최고선을 소유하는 것과 행사하는 것, 즉 최고선을 마음의 한 상태로만 두고 있는 것과 활동하게 하는 것의 차이는 적지 않을 것이다. 마음의 상태로만 둔다는 것은 어떤 사람이 잠들거나 그 밖의 어떤 식으로도 활동하지 않는 경우처럼 어떤 좋은 결과를 낳지 못한 채 존재할 수 있지만, 활동은 그럴 수 없기 때문이다. 또 활동을 하는 사람은 반드시 행동하며, 그것도 제대로 행동한다."라고 말했다.[18] 아리스토텔레스의 관점에서 선한 사람은 이성의 인도를 받아 행해지는 자신의 활동으로 인간에게 특별히 주어진 잠재력에 생명을 부여하는 사람이다.

스피노자는 "나는 미덕과 힘을 똑같은 것이라 이해한다."라고 말했다.[19] 인간이 자신을 이해하고, 자신에게 잠재된 능력을 이해하며 "인간 본성의 표본에 조금씩 가까이 다가가려고" 노력할 때 자유와 행운이 뒤따른다.[20] 스피노자의 관점에서 미덕은 인간이 자신에게 주어진 힘을 올바로 활용하는 경우를 뜻하고, 악덕은 인간이 자신의 힘을 제대로 활용하지 못하는 경우를 뜻한다. 결국 스피노자 윤리학에서 악의 본질은 무능함이다.[21]

괴테와 헨리크 입센은 생산적 활동이란 개념을 시적 형식으로 아름답게 표현해냈다. 파우스트는 삶의 의미를 끝없이 추구하는 인간을 상징한다. 과학, 쾌락과 권력, 심지어 아름다움도 파우스트의 질문에 만족스런 대답을 주지 않는다. 괴테는 인간의 탐구에 대한 유일한 대답으로 생산적 활동을 제안하며, 생산적 활동이 선과 똑같은 것이라 말한다.

《파우스트》의 '천상의 서곡'에서 하느님은 인간을 방해하고 훼방하는 것은 실수가 아니라 활동하지 않는 것이라 나무란다.

인간의 활동은 너무나 쉽게 해이해지기 마련이어서

무조건 금방 휴식을 취하려 들지.

그래서 나는 자극을 주고 영향을 주는

동반자로 사탄을 붙여주는 걸 좋아하노라.

하지만 신의 진정한 아들들아,

너희는 풍성하게 살아가는 아름다움을 즐겨라!

영원히 힘차게 작동하는 생성의 힘이

사랑의 다정한 울타리로 너희를 에워싸리라.

아물거리며 떠도는 것을

변하지 않는 생각들로 단단히 붙잡아라!²²

2부가 끝날 즈음, 파우스트는 메피스토펠레스와의 내기에
서 이긴다. 파우스트는 실수도 범하고 죄도 저질렀지만 중대
한 죄, 즉 비생산(unproductiveness)이란 죄를 범하지 않았다. 파
우스트는 마지막 말에서 경작할 수 있는 땅을 바다에 요구하
는 행위에 비유하며 이런 생각을 분명히 드러냈다.

수백만의 백성에게 땅을 마련해주는 것이니

안전치는 못할지라도 일하며 자유롭게 살 수는 있으리라.

들판은 푸르고 비옥하니, 인간과 가축은

새로 개척한 대지에 곧 정이 들게 될 것이며

대담하고 부지런한 일꾼들이 쌓아올린

튼튼한 언덕으로 곧 이주해오게 되리라.

밖에선 거센 파도가 미친 듯 제방까지 밀려오더라도

여기 이 안쪽은 천국과도 같은 땅이 될 것이며,

파도가 세차게 밀고 들어와 제방을 갉아먹더라도

협동하는 정신은 갈라진 틈을 서둘러 막아버리리라.

그렇다! 이런 뜻에서 나 모든 것을 바치고 있으니

인간의 지혜의 마지막 결론이란 이러하리라.

자유도 생명도 날마다 싸워서 얻는 자만이

그것을 누릴 만한 자격이 있는 것이라고.

그래서 위험에 에워싸여 있으면서도 여기에서는

아이고 어른이고 노인이고 값진 세월을 보내게 되리라.

나는 이러한 인간의 무리를 바라보며

자유로운 땅에서 자유로운 백성과 더불어 살고 싶다!

그러면 순간을 향해 나는 이렇게 말하리라.

"멈추어라, 너 정말 아름답구나!"

내가 이 세상에 이루어놓은 흔적은

영원토록 사라지지 않을 것이다.

이런 드높은 행복을 예감하며

지금 나는 최고의 순간을 맛보고 있노라![23]

괴테의《파우스트》가 18세기와 19세기의 진보적 사상가들이 흔히 드러낸 인간에 대한 믿음을 보여주었다면, 헨리크 입센의 《페르 귄트》는 19세기 후반기에 쓰였지만 현대인과 현대인의 비생산성을 비판적으로 분석한 희곡이다. 만약 부제를 덧붙인다면 '자아를 찾아 나선 현대인'이 적합할 것이다. 페르 귄트는 돈을 벌고 성공하기 위해 모든 에너지를 쏟아부을 때 자아를 위해 행동하는 것이라 굳게 믿고 있다. 그는 "너 자신에게 진실하라!"라는 인간의 원칙을 멀리하고, "너 자신에게 만족하라!"라는 트롤(스칸디나비아 신화에 등장하는 요정)의 원칙을 준수하며 살아간다. 그는 삶의 막바지를 맞아서야 착취적이고 자기중심적인 성향 때문에 그가 본래의 자아를 되찾지 못했고, 생산적으로 활동하며 자신의 잠재력을 일깨우는 경우에만 자아의 실현이 가능하다는 걸 깨닫는다. 페르 귄트의 실현되지 못한 잠재력들이 그의 '죄'를 책망하며, 생산적인 삶을 살지 못한 까닭에 그가 인간으로서 실패한 것이라고 지적한다.

실뭉치들(흙 위에서):

우리는 생각이야.

너는 우리를 생각했어야 해.

아담한 발 같은 우리에게

너는 활기를 불어넣어야 했어.

우리는 장엄한 소리를 내며

힘껏 뛰어올라야 했어.

하지만 여기서 실뭉치처럼

우리는 땅바닥에서 뒹굴고 있어.

마른 잎:

우리는 암호야.

너는 우리를 사용했어야 했어.

너의 나태함에

생명은 우리를 줄곧 거부해왔어.

우리는 어디에서나

벌레에게 먹혔어.

우리는 한 번도 열매를 맺지 못해

멋진 화관을 장식하지 못했어.

바람 소리:

우리는 노래야.

너는 우리를 노래했어야 했어.

너의 마음 깊은 곳에서

절망이 우리 목을 비틀었지.

우리는 드러누워 기다렸지.

하지만 너는 우리를 부르지 않았어.

네 목과 목소리가

독에 썩어 문드러지기를!

이슬방울:

우리는 눈물이야.

한 번도 흘려 떨어진 적이 없지만

모두가 두려워하는

얼음송곳도

우리라면 녹일 수 있었지.

하지만 이제 얼음 화살도

완고한 마음으로

얼어붙어버렸네.

상처는 문을 닫고

우리는 힘을 빼앗겼네.

부서진 지푸라기들:

우리는 행위야.

너는 우리를 그대로 방치해두었어.

목을 죄는 의혹에

시작하기도 전에 망쳐버렸지.

심판의 날에

우리는 모두 한목소리로

신세타령을 하리라.

너는 앞으로 어떻게 하겠느냐?[24]

지금까지 우리는 생산적인 지향의 일반적인 특징에 대해 집중적으로 살펴보았다. 구체적이고 명확한 사례들을 연구해야 일반적인 특징을 완전히 이해하는 데 도움이 되기 때문에 이번에는 생산이 구체적인 활동들로 나타나는 경우를 살펴보기로 하자.

생산적 사랑과 생산적 생각

인간 존재의 특징을 한마디로 요약하면, 인간은 혼자고 세상과 분리된 존재라는 것이다. 그러나 분리된 조건을 마냥 견딜 수 없기 때문에 인간은 관계를 통한 하나 됨을 추구하게 된다. 이런 욕구를 실현할 수 있는 방법은 많지만, 이런 욕구를 채우면서도 유일무이한 독립체로서 손상되지 않는 방법은 하나뿐이다. 달리 말하면, 관계를 맺는 과정에서도 자신의 힘을 펼칠 수 있는 방법은 하나밖에 없다. 친밀함을 추구하는 동시에 독립성을 지켜야 하는 상황, 즉 다른 사람들과 하나가 되는 동시에 자신의 독특함과 특이함을 보존해야 하는 운명은 인간 존재의 역설이 아닐 수 없다.[25] 앞에서 보았듯이 이런 역설과 인간의 윤리적 문제를 해결해주는 해법은 '생산'이다.

우리는 행위와 이해를 통해 세상과 생산적으로 관계를 맺을 수 있다. 인간은 사물을 생산하고, 그 창조 과정에서 물질에 힘을 행사한다. 우리는 사랑과 이성을 통해 정신적으로나 정서적으로 세상을 이해한다. 이성의 힘으로 인간은 어떤 대상의 표면을 뚫고 들어가 대상의 본질과 실질적인 관계를 맺음으로써 대상의 본질을 파악한다. 사랑의 힘으로는 자신과 상대를 갈라놓는 벽을 허물고 상대를 더 깊이 이해하게 된다. 사랑과 이성은 항상 함께 존재하며 세상을 이해하는 두 가지 형식에 불과하지만 서로 다른 두 힘, 즉 정서의 힘과 생각의 힘이 표현되는 방법이다. 따라서 사랑과 이성은 분리해 다루어져야 한다.

생산적 사랑이란 개념은 흔히 사랑이라 일컬어지는 것과 무척 다르다. '사랑'이란 단어만큼 모호하고 혼란스러운 단어는 없다. '사랑'은 미움과 혐오 이외의 거의 모든 감정을 가리키는 데 사용된다. 아이스크림에 대한 사랑부터 교향악에 대한 사랑까지, 가벼운 연민부터 강렬한 친밀감까지 모든 것이 포함된다. 누군가에게 '홀딱 반한 경우'에도 사랑하는 것이라고 느낀다. 누군가에 대한 의존도 사랑이라 부르고, 뭔가에 대한 소유욕도 사랑이라 부른다. 사람들은 사랑만큼 쉬운 것도 없다고 생각하며, 적절한 대상을 찾기 어려울 뿐이라 믿는다.

따라서 운이 나빠 적절한 짝을 찾지 못해서 사랑에서 행복을 얻지 못한다고 생각한다. 그러나 이처럼 혼란스럽고 희망적인 생각과 달리, 사랑은 무척 구체적인 감정이다.

누구에게나 사랑할 수 있는 능력이 있지만, 사랑의 실현은 가장 까다롭고 어려운 성취 중 하나다. 진실한 사랑은 생산에 뿌리를 두고 있어 '생산적 사랑'이라 불려야 마땅할 것이다. 진실한 사랑의 본질은 자식을 향한 어머니의 사랑, 인간을 향한 인간의 사랑, 이성 간의 성애적 사랑과 다를 바가 없다. 다른 사람을 향한 사랑과 우리 자신을 향한 사랑도 똑같지만, 이 문제에 대해서는 뒤에 가서 자세히 다루기로 하자.[26] 사랑의 대상이 다르면 사랑의 강도와 질도 다르겠지만, 생산적인 사랑의 특징이라 일컬어질 만한 기본적인 요소들이 있기 마련이다. 생산적인 사랑이 어떤 형태로 구체화되든 간에 배려와 책임, 존중과 지식 등이 공통적으로 나타나는 기본적인 요소인 듯하다.

배려와 책임에서 사랑은 활동이다. 사람을 압도하는 열정도 아니고 감정적 영향을 미치는 정서도 아니라는 게 확인된다. 생산적 사랑에서 배려와 책임이란 요소는 구약성서의 요나 이야기에서 훌륭히 표현되어 있다.

하느님은 요나에게 니네베에 가서 그곳 사람들에게 잘못된 삶의 방식을 바꾸지 않으면 큰 벌을 받게 될 것이라고 경고하라고 명령했다. 요나는 니네베 사람들이 하느님의 경고에 겁먹고 회개하면, 하느님이 그들을 정말로 용서할까 두려워하여 하느님의 명령을 어기고 달아난다. 요나에게는 질서와 법을 반드시 지켜야 한다는 투철한 의식은 있었지만 사랑은 없었던 것이다. 하지만 하느님의 명령으로부터 도망치던 요나는 고래 뱃속에 갇히는 신세가 된다. 사랑과 연대의식의 부족으로 그가 자초한 고립과 구속의 상태를 상징한다.

하느님이 사흘 뒤 고래 뱃속에 갇힌 요나를 구해주자, 요나는 하느님이 명한 대로 니네베로 간다. 요나는 하느님에게 들은 대로 니네베 사람들에게 설교하고, 마침내 그가 두려워하던 사태가 벌어진다. 니네베 사람들이 회개하며 행실을 고치자, 하느님이 그들을 용서하며 니네베를 멸하지 않기로 결정한 것이다. 이에 요나는 크게 분노하며 실망한다. 니네베 사람들에게 자비가 행해지지 않고 '정의'의 심판이 있기를 바랐기 때문이다.

니네베의 심판을 기다리며 요나는 박 넝쿨 아래에서 약간의 위안을 얻는다. 하느님이 요나를 따가운 햇살로부터 지켜주려고 자라게 한 넝쿨이었다. 그러나 하느님이 그 넝쿨을 시들게 하자 요나는 우울한 기분에 사로잡혀 하느님에게 화를 내고 불평을 터뜨린다. 요나의 불평에 하느님은 "네가 수고도 아니하였고 배양도 아니하였고 하룻밤에 났다가 하룻밤에 망한 이 박 넝쿨을 네가 아꼈거든 하물며 이 큰 성읍, 니네베에는 좌우를 분변치 못하는 자가 십이만여 명이요 육축도 많이 있나니 내가 아끼는 것이 어찌 합당치 아니하냐."(요나 4:10~11)라고 응답했다. 하느님의 응답은 상징적으로 이해되어야 한다. 하느님은 사랑의 본질은 무엇인가를 위해 '수고하는 것'이고 '무엇인가를 북돋아 기르는 것'이므로 사랑과 수고는 떼어놓을 수 없는 것이라고 요나에게 설명한다. 즉, 우리는 수고를 아끼지 않는 대상을 사랑하고, 우리가 사랑하는 것을 위해 수고한다.

요나의 이야기에는 사랑은 '책임'과 떼어놓고 생각할 수 없다는 뜻이 담겨 있다. 요나는 형제들의 생명에 책임이 있다고 느끼지 않았다. 카인처럼 요나는 "내가 내 아우를 지키는 자입니까?"라고 묻는다. 책임은 외부로부터 부과되는 의무가 아니라 내가 관심을 가져야 할 사항이라고 여겨지는 요구에 대한 내 응답이다. 책임(responsibility)과 응답(response)은 'respondere(응답하다)'라는 어원에서 파생된 단어들이다. 따라서 '책임지다'는 응답할 준비가 되어 있다는 뜻이다.

어머니의 사랑은 가장 빈번하게 인용되고 가장 쉽게 이해되는 생산적 사랑의 예다. 모성애의 본질은 배려와 책임이다. 아기를 낳는 동안 어머니의 몸은 아이를 위해 '수고'하고, 아기가 태어난 후로 어머니의 사랑은 양육을 위한 노력에 집중된다. 모성애는 아이가 사랑받기 위해 충족해야 하는 조건에 좌우되지 않는다. 모성애는 무조건적 사랑이어서 아이의 요구와 어머니의 응답으로만 이루어질 뿐이다.[27] 따라서 모성애가 예술과 종교에서 가장 고결한 형태의 사랑을 줄곧 상징해왔다는 사실이 조금도 놀랍지 않다. 히브리어에서 인간을 향한 하느님의 사랑과 이웃을 향한 인간의 사랑을 뜻하는 단어가 똑같이 '라카밈(rachamim)'이며, 그 어원은 '자궁'을 뜻하는 '레헴(rechem)'이다.

그러나 개인의 사랑에서 배려와 책임의 관련성은 그다지 명확하지 않다. 사랑에 빠진 상태는 이미 사랑의 정점에 이른 것으로 여겨지지만, 실제로는 사랑을 시작한 것이고, 사랑의 성취를 위한 하나의 기회에 불과하다. 사랑은 두 사람을 서로 상대에게 끌리게 하는 신비로운 작용의 결과며, 별로 힘들지 않게 일어나는 사건쯤으로도 여겨진다. 하지만 사람들은 외로움과 성적 욕망 때문에 쉽게 사랑에 빠지는 게 사실이므로, 여기에는 신비로울 게 전혀 없다. 결국 사랑은 쉽게 얻는 만큼 쉽게 사라진다. 그렇다고 우리가 우연히 사랑받는 것은 아니다. 우리에게 내재된 힘, 즉 사랑하는 힘이 사랑을 만들어낸다. 관심의 대상이 되면 관심을 갖게 되는 경우와 다를 바가 없다. 사람들은 자신이 매력적인지에 대해서는 관심이 많으면서도 남들을 끌어당기는 매력의 본질이 자신의 사랑하는 능력에 있다는 걸 망각한 채 살아간다.

누군가를 생산적으로 사랑한다는 것은 그의 삶, 즉 그의 신체적 조건은 물론이고 그가 인간으로서 지닌 모든 힘을 키워가고 개발할 수 있도록 배려하고 책임지겠다는 뜻이다. 생산적 사랑은 피동적인 태도와 양립할 수 없다. 달리 말하면, 사랑하는 사람의 삶을 방관하는 사람은 생산적으로 사랑하는 사람이 아니다. 생산적 사랑에는 사랑하는 사람의 성장을 위한 수고와 배려와 책임이 있어야 한다.

"모든 인간은 평등하게 창조되었다."라고 요약되는 유일신교적 서구 종교와 진보적 정치사상의 보편 정신에도 불구하고, 인류를 향한 사랑은 아직까지 어디에서나 흔히 경험할 수 있는 현상이 아니다. 인류애는 기껏해야 개인의 사랑에 수반되는 성취, 혹은 머나먼 미래에야 실현될 듯한 추상적인 개념으로 여겨진다. 그러나 인류애는 결코 한 개인을 향한 사랑과 떼어놓고 생각할 수 없다. 한 사람을 생산적으로 사랑한다는 뜻은 그 사람의 인간적인 핵심과 관계를 맺는 것이다. 다시 말하면, 그 사람이 인류를 대표하는 존재라 생각하며 그와 관계를 맺는 것이다. 한 사람을 위한 사랑이 인간을 향한 사랑과 분리된다면 피상적이고 우연적인 사건에 불과할 수 있다. 그런 사랑은 필연적으로 얄팍하고 천박할 수밖에 없다. 어린아이와 달리 어른은 무력하지 않기 때문에 인간을 향한 사랑은 모성애와 다르다고 말할 수 있을지 모르지만, 이런 차이조차 상대적으로만 존재한다고도 말할 수 있다. 누구에게나 도움이 필요하고 모두가 서로 의존하며 살고 있지 않은가. 인간의 연대는 개개인이 자신의 능력을 펼치기 위한 필요조건이다.

배려와 책임이 사랑을 구성하는 요소인 것은 분명하지만, 사랑하는 사람에 대한 존중과 지식이 없으면 사랑은 지배와 소유로 전락할 뿐이다. 존중은 두려움이나 경외가 아니다. 're-spicere(바라보다)'라는 어근에서 유추할 수 있듯이, 존중은 인간을 있는 그대로 보는 능력이며, 인간의 개성과 독자성을 인식하는 능력을 뜻한다. 어떤 사람을 존중하려면 그에 대해 알지 않고는 불가능하다. 상대의 개성을 제대로 알지 못하면 맹목적인 배려와 책임으로 변질될 가능성이 크다.

'생산적 생각'이 무엇인지 이해하려면 이성과 지성의 차이에 대한 연구를 먼저 수행해야 한다.

어떤 사물을 완벽하게 다루려면 그 사물에 대해 알아야 한다. 지성(intelligence)은 그런 지식을 얻으려는 실질적인 목표를 달성하기 위한 인간의 도구다. 목표 자체, 달리 말하면 '지적인' 생각이 시작되는 전제는 합리적이든 그렇지 않든 간에 전혀 의문시되지 않고 당연한 것으로 여겨진다.

지성의 이런 특성은 편집증 환자처럼 극단적인 경우에 명백히 드러난다. 예컨대 편집증 환자는 모두가 자신을 해치려는 음모에 동조한다고 전제한다. 이런 전제는 비합리적이고 거짓된 것이지만, 그의 사고 과정은 그 자체로 상당히 지성적일 수 있다. 그는 자신의 편집증적인 논지를 입증하려고 이런저런 관찰들을 연결하며 논리적인 주장을 펼친다. 때로는 그런 주장에 설득력이 있어, 그의 전제가 비합리적이란 걸 증명하기가 어렵다. 물론 순전한 지성이 문젯거리에 적용되는 사례는 이런 병리적 현상에만 국한되지는 않는다. 우리가 행하는 대부분의 생각은 실질적인 성과에만 관심을 둔다. 달리 말하면, 현상의 계량적이고 피상적인 면에 관심을 집중할 뿐, 함축된 목적과 전제의 타당성을 따져보거나, 현상의 본질과 특성을 이해하려고 노력하지 않는다.

이성에는 제3의 차원, 즉 사물과 과정의 본질에 이르는 '깊이'라는 차원이 더해진다. 이성도 삶의 실질적인 목표와 떼어놓고 생각할 수 없지만 즉각적인 대응을 위한 도구만은 아니다(이성과 삶의 실질적인 목표가 불가분의 관계에 있다는 점은 뒤에서 다시 살펴보자). 이성의 기능은 사물을 이해하고 파악함으로써 우리 자신과 사물과의 관계를 정립하는 것이다. 이성은 사물의 본질을 파악하기 위해 표면을 꿰뚫고 들어간다. 요컨대 사물의 숨겨진 관계와 깊숙이 감추어진 의미, 즉 사물의 '이성'을 찾아내는 게 이성의 기능이다. 니체의 표현을 빌리면 이성은 이차원적이지 않고 '관점주의적(perspectivistic)'이다. 쉽게 말해 이성은 실질적으로 관계 있는 차원과 관점뿐만 아니라 상상할 수 있는 모든 관점과 차원을 파악한다는 뜻이다. 사물의 본질에 관심을 갖는다고 사물의 '뒤편'에 있는 것에 관심을 갖는다는 뜻이 아니다. 본질적인 것, 포괄적이고 보편적인 것, 가장 일반적이고 만연한 특징들, 즉 현상의 표면적이고 우연적이며 논리적으로 무관한 면들로부터 벗어난 것에 관심을 갖는다는 뜻이다.

이성과 지성의 차이를 알았으니, 이제부터 생산적 생각의 고유한 특징에 대해 더욱 심도 있게 살펴보자. 생산적 생각에서 주체는 그 대상에 무관심할 수 없다. 어떤 형태로든 대상으로부터 영향을 받고, 대상에 대해 관심을 갖기 마련이다. 대상은 죽은 것도 아니고, 주체와 주체의 삶과 동떨어진 존재도 아니다. 무엇보다 대상은 결코 고립된 존재가 아니다. 오히려 대상은 주체의 깊은 관심사다. 주체와 대상의 관계가 친밀할수록 주체의 생각은 유익한 결실을 거둔다. 주체와 대상의 관계가 주체에게 우선적으로 생각을 자극하기 때문이다. 주체가 어떤 생각이나 현상을 생각의 대상으로 삼은 이유는 주체의 개인적인 삶이나 인간 존재라는 관점과 관련된 관심의 대상이기 때문이다.

'사성제(四聖諦; 영원히 변하지 않는 네 가지 성스러운 진리)'를 깨닫는 과정에 대한 석가모니의 이야기를 예로 들어 설명해보자. 석가모니는 죽은 사람과 병든 사람과 노인을 차례로 보았다. 당시 청년이었던 석가모니는 인간의 피할 수 없는 운명에 깊은 충격을 받았다. 석가모니는 사색을 시작했고, 그 결과로 삶의 본질과 관련된 이론과 인간이 구원받는 방법을 찾아냈다. 물론 석가모니의 반응만이 유일하게 가능한 반응이었던 것은 아니다. 요즘의 의사였다면 똑같은 상황에서 죽음과 질병과 노화와 싸우는 방법을 생각하는 반응을 보였을 것이고, 의사의 이런 생각도 결국에는 대상에 대한 의사의 반응에 의해 결정되는 것이다.

생산적으로 생각하는 과정에서 주체는 대상에 대한 자신의 관심사에 의해 동기를 부여받는다. 결국 주체는 대상에 대한 관심사에 의해 영향을 받고, 그 관심사에 반응하는 것이다. 달리 말하면, 주체는 어떤 대상에 관심이 있기 때문에 응답하고 그 대상을 배려하는 것이다. 그러나 생산적인 생각은 객관성이란 특징도 띤다. 달리 말하면, 주체가 대상을 존중하며 대상을 있는 그대로 받아들이지, 자신의 바람대로 꾸미지 않는다는 특징도 띤다. 이처럼 주관성과 객관성 사이의 양극성은 생산적인 생각의 특징이지만, 전반적으로 생산의 특징이기도 하다.

관찰의 대상인 사물을 존중할 때 비로소 객관적일 수 있다. 달리 말하면, 사물을 고유한 것인 동시에 서로 관련된 것으로 볼 수 있어야만 우리는 객관적일 수 있다. 이런 존중은 앞에서 다루었던 사랑과 관련된 존중과 근본적으로 다르지 않았다. 우리가 무엇인가를 이해하려고 한다면, 그것을 존재하는 그대로 냉정하게 관찰할 수 있어야 한다. 이 원칙은 모든 생각의 대상에 예외 없이 적용되지만, 인간 본성의 연구에서는 특별한 문제가 된다.

대상이 생물이든 무생물이든 간에 어떤 대상에 대한 생산적 생각에는 또 다른 유형의 객관성이 있어야 한다. 현상 전체를 고려하는 객관성이다. 관찰자가 대상 전체를 보지 않고 한 단면을 분리해 본다면, 연구 대상으로 삼은 그 단면마저 제대로 이해하지 못할 것이기 때문이다. 독일 심리학자 막스 베르트하이머(Max Wertheimer, 1880~1943)는 이 점을 생산적 생각에서 가장 중요한 요소라고 강조하며 이렇게 말했다. "생산적 과정은 대체로 다음과 같은 특성을 띤다. 진정으로 이해하려는 욕망이 있을 때 의문의 제기와 조사가 시작된다. 현장 조사에서 어떤 지역이 중요하게 부각되면 관심의 초점이 되는 것이지, 그 지역이 고립되는 게 아니다. 상황을 구조적으로 더욱 깊이 파악하려는 새로운 견해가 제기되고, 항목들의 기능적 의미와 분류에서도 변화가 뒤따른다. 중요한 지역의 상황 구조가 요구하는 바에 부응해가면 합리적인 예측이 가능하지만,

합리적인 예측에는 구조의 다른 부분들과 마찬가지로 직간접적인 증명이 필요하다. 이때 연구는 두 방향으로 진행되어야 한다. 하나는 일관된 전체적인 그림을 파악하는 것이고, 다른 하나는 전체가 구조적으로 부분에 요구하는 것을 알아내는 것이다."[28]

객관성을 확보하려면 주체가 대상을 있는 그대로 관찰하는 데 그치지 않고, 주체 자신도 있는 그대로 관찰할 수 있어야 한다. 다시 말하면, 주체가 관찰의 대상과 관련된 관찰자로서 존재하는 특별한 상황에 있다는 걸 깨달아야 한다. 결국 생산적 생각은 대상의 특성과 함께 생각하는 과정에서 대상과 자신을 관계 짓는 주체의 특성에 의해 결정된다. 이런 이중적 결정에서 객관성이 확보된다. 주관성은 생각이 대상에 의해 통제되지 않아 편견과 희망 사항과 공상으로 전락하며 왜곡되기 십상이다.

그러나 '과학적' 객관성이라는 잘못된 개념에서 흔히 예측되는 것처럼 객관성은 관심이나 배려가 없는 초연성이나 공평성과 같은 것을 뜻하지는 않는다. 무척 힘든 과제를 수행하는 데 반드시 필요한 관심이 없다면 어떻게 우리가 두꺼운 표면을 꿰뚫고 들어가 인과관계를 파악할 수 있겠는가? 인간의 관심을 도외시하면 어떻게 연구 목표를 설정할 수 있겠는가? 객관성은 초연함을 뜻하는 게 아니다. 객관성은 존중을 뜻한다.

다시 말하면, 사물과 사람, 더 나아가 자신을 왜곡하거나 곡해하지 않는 능력을 뜻한다. 그러나 관찰자의 관심사는 원하는 결과를 얻기 위해 관찰자의 생각을 왜곡하지 않을까? 그렇다면 개인적인 관심의 결여가 과학적 탐구의 조건이 아닐까? 하지만 관심의 결여가 진실을 알아내기 위한 조건이란 생각은 잘못된 것이다.[29] 사상가의 관심에 의해 촉발되지 않은 중대한 발견이나 통찰은 지금껏 거의 없었다. 따라서 관심이 더해지지 않은 생각은 아무런 결실을 거두지 못할 가능성이 크다. 중요한 것은 관심이 있느냐 없느냐가 아니라, 어떤 종류의 관심이 있느냐는 것이고, 그 관심이 진실과 어떤 관계로 발전하느냐는 것이다. 모든 생산적인 생각은 관찰자의 관심에 의해 자극을 받는다. 결국 생각을 왜곡하는 것은 관심 자체가 아니다. 진실과 양립하지 않는 관심, 또 관찰 대상의 특성과 맞지 않는 관심이 생각의 방향을 왜곡할 뿐이다.

생산이 인간의 고유한 기능이란 주장은, 인간은 천성적으로 게으르다는 가정, 즉 인간은 활동하도록 강요받아야 한다는 가정과 모순된다. 이런 가정은 결코 새로운 것이 아니다. 모세가 이집트 파라오에게 유대인들이 "광야에서 하느님을 섬길 수 있도록" 유대인들을 놓아달라고 요구했을 때 파라오는 "너희는 게으르다. 게으른 존재일 뿐이다."라고 대답했다. 파라오에게 노예의 노동은 무엇인가를 행한다는 뜻이었고,

하느님을 숭배하는 행위는 게으른 행위였다. 다른 사람의 행위를 통해 이익을 얻으려는 사람들이나 착취할 수 없는 생산에는 흥미를 느끼지 못하는 사람들도 파라오와 똑같은 식으로 생각했다.

그런데 서구 문화는 정반대의 경우를 뒷받침해준다. 지난 수세기 동안 서구인들은 노동이란 생각에 사로잡혀 지냈다. 인간은 끊임없이 활동해야 한다고 생각했다. 요컨대 서구인은 오랜 시간 동안 노동하지 않고 게으름을 피우며 지낼 수 없는 존재라는 뜻이었다. 하지만 이런 차이는 표면적인 것에 불과하다. 게으름과 강박적 활동은 상반된 것이 아니라 인간이 제대로 기능하지 않을 때 나타나는 두 징후다. 신경증 환자는 일을 제대로 해내지 못하는 징후를 흔히 보이는 반면, 이른바 적응한 사람의 경우에는 휴식과 안락을 즐기지 못하는 징후를 보인다. 강박적 활동은 게으름에 대립되는 개념이 아니라 오히려 게으름과 함께하는 짝꿍이다. 강박적 활동과 게으름에 대립되는 개념은 생산이다.

생산적 활동을 억제하고 방해하면 활동을 아예 멈추거나, 반대로 지나치게 활동하는 결과로 이어진다. 굶주림과 물리력은 결코 생산적 활동을 위한 조건이 될 수 없다. 반면에 노동이 인간의 능력을 표현하는 유의미한 수단이 되는 사회 조직 및 자유와 경제적 안정은 인간이 내재적인 힘을 생산적으로 사용하려는 선천적 성향을 표현하는 데 도움이 되는 요인이다. 생산적 활동의 특징은 활동과 휴식이 주기적으로 교체된다는 것이다. 필요할 때마다 우리가 조용히 자아와 함께할 수 있을 때 생산적인 노동, 생산적인 사랑, 생산적인 생각이 가능하다. 자신의 목소리에 귀를 기울일 수 있는 사람만이 다른 사람의 목소리도 귀담아들을 수 있는 법이다. 자아를 편하게 대하는 사람만이 다른 사람들과 바람직한 관계를 맺을 수 있는 법이다.

성격 지향들과 외부 세계

삶의 과정에서는 외부 세계와 두 종류의 관계를 맺게 된다. 하나는 동화 과정이고, 다른 하나는 사회화 과정이다. 동화 과정에 대해서는 여기에서 자세히 다루었지만,[30] 사회화 과정은 《자유로부터의 도피》에서 길게 다루었기 때문에 여기에서는 간략하게만 정리해보려 한다.

인간관계는 공생적 관계(symbiotic relatedness), 후퇴와 파괴(withdrawal-destructiveness), 사랑 등과 같은 유형으로 나뉜다. 공생적 관계에서 우리는 다른 사람과 관계를 맺지만 자신의 독립성을 상실하거나 확보하지 못한다. 다른 사람의 일부가 됨으로써, 달리 말하면 다른 사람에게 '삼켜지거나' 아니면 다른 사람을 '삼켜버림'으로써 혼자라는 위험을 피한다. 다른 사람에게 삼켜지면 임상적으로 마조히즘이라 일컬어지는 현상이 일어난다. 마조히즘은 자신의 자아를 제거하고, 자유로부터 도피하며, 자신을 다른 사람과 관련지음으로써 안전을 모색하려는 시도다. 이런 의존성은 무척 다양한 형태로 나타난다. 마조히즘은 희생, 의무, 사랑으로 합리화되기도 한다. 특히 문화유형이 이런 유형의 합리화를 인정하는 경우에는 더더욱 그렇다. 마조히즘적 열망이 때로는 성적 충동과 결합되어, 흔히 마조히즘이라 일컬어지는 변태적 성적 쾌락으로 나타난다. 마조히즘적 열망은 독립성과 자유를 추구하는 인격과 자주 충돌하며 고통스럽고 힘겹게 여겨지는 경우가 많다.

다른 사람을 삼키려는 충동은 사디즘적 형태, 즉 능동적 형태의 공생적 관계로 사랑, 과잉보호, '정당한' 지배, '정당한' 복수 등 온갖 유형의 합리화로 나타난다. 이런 사디즘적 충동은 성적 충동과 결합되어 성적 학대(sexual sadism)로 나타난다. 사디즘적 충동은 어떤 형태로 나타나든 상대를 완전히 제압하고 지배하려는 욕구, 상대를 '삼켜버리려는' 욕망, 상대를 자신의 뜻에 따라 움직이는 꼭두각시로 만들려는 충동에서 비롯된다. 무력한 존재의 완전한 지배가 능동적 공생 관계의 본질이다. 지배받는 사람은 남용되고 착취되어도 상관없는 사물처럼 인식되고 다루어진다. 요컨대 지배받는 사람은 그 자체로 목적인 인간이 아니다. 이런 욕망이 파괴성과 뒤섞이면 더욱더 잔혹해진다. 그러나 자애로운 지배도 흔히 '사랑'으로 미화되지만 실제로는 사디즘의 한 표현 방식이다. 자애로운 사디스트가 대상이 부유해지고 성공하기를 바라더라도 온 힘을 다해 막으려는 것이 하나 있다. 그의 대상이 자유롭고 독립적인 존재가 되어 그의 그늘에서 벗어나는 것이다.

발자크는 《잃어버린 환상》에서 자애로운 사디즘을 대표할 만한 사례를 보여주었다. 이 소설에서 발자크는 뤼시앙이란 젊은이와 성직자인 척 행세하는 탈옥수의 관계를 묘사한다. 자살을 기도한 직후의 뤼시앙을 알게 된 가짜 성직자는 이렇게 말한다.

"내가 너를 골라서 너에게 생명을 주었다. 피조물은 창조자의 것이니까 너는 내 것이다. 동양의 동화에 나오는 이프리트가 정령에 속해 있듯이, 육체가 영혼에 속해 있듯이, 너는 나에게 속해 있는 소유물이다. 나는 힘센 두 손으로 너를 권력의 길로 곧장 데려가겠다. 하지만 그래도 나는 너에게 쾌락과 명예와 영원한 축제의 생활을 약속하겠다. 나는 절대로 돈이 궁하지 않을 것이다. 너는 생기 넘치고 뛰어난 사람이 될 것이다. 반면에 나는 출세의 더러운 오물 속에서 허리를 숙이고 너의 성공이란 화려한 건물을 안전하게 지킬 것이다. 나는 권력을 위한 권력을 사랑한다! 나는 쾌락을 포기해야 하겠지만, 너의 쾌락을 항상 즐길 것이다. 이제 곧 나는 너와 하나가 될 것이다… 나는 내 피조물을 사랑할 것이다. 아버지가 자식을 사랑하듯 그를 사랑하기 위해 내 마음대로 그를 만들고, 그가 나를 위해 봉사하게 할 것이다. 사랑하는 아들아, 나는 너의 이륜마차에 너와 나란히 앉을 것이다. 네가 여자들을 유혹하는 데 성공하면 나는 기뻐할 것이다. 나는 말하리라. 나는 이 잘생긴 젊은이라고."

공생적 관계는 자유와 본래의 상태를 희생하더라도 대상과 가깝고 친밀한 관계를 유지하는 상황을 뜻하는 반면, 후퇴와 파괴로 상대와 거리를 두는 또 다른 유형의 관계도 있다. 개인적으로 느끼는 무력감은 위협적으로 다가오는 상대로부터 멀어짐으로써 극복될 수 있다. 어느 정도의 후퇴는 우리가 세상과 맺는 관계에서 정상적인 반응이다. 묵상과 연구를 위해서도 후퇴할 수 있고, 물질과 사상과 마음가짐의 재점검을 위해서도 후퇴가 필요하지 않은가. 여기에서 다루어지는 현상에서 후퇴는 타인과 맺는 관계에서 부정적인 형태를 띠지만 무척 중요하다. 감정적인 면에서 후퇴에 해당되는 것은 타인에 대한 무관심일 것이고, 이때 자기과잉(self-inflation)이 보상적 감정으로 수반되는 경우가 많다. 후퇴와 무관심은 의식적일 수 있지만 반드시 그렇지는 않다. 게다가 서구 문화에서 후퇴와 무관심은 피상적인 형태의 관심과 친화로 은폐되는 경우가 비일비재하다.

파괴는 적극적인 형태로 표현되는 후퇴다. 누군가를 파괴하고 싶은 충동은 그에게 파괴될지도 모른다는 두려움에서 비롯된다. 후퇴와 파괴는 동일한 종류의 관계가 소극적 형태와 적극적 형태로 표현되는 것이며, 이 둘은 다양한 비율로 뒤섞일 수 있다. 하지만 공생적 관계가 소극적 형태와 적극적 형태로 표현되는 경우의 차이보다 이 경우의 차이가 훨씬 더 크다. 생산을 더 강력하고 더 철저하게 방해할 때 후퇴보다 파괴가 일어난다. 파괴는 삶의 충동을 왜곡한 결과고, 억눌린 생명 에너지가 생명을 파괴하는 에너지로 변질된 결과다.

사랑은 자신과 다른 사람과의 관계가 생산적인 형태로 표현된 경우다. 사랑은 책임과 배려, 존중과 지식을 뜻하고, 다른 사람이 성정하고 발전하기를 바라는 마음이다. 사랑은 본래의 모습을 보존하는 조건하에서 두 사람이 나누는 친밀감의 표현이다.

지금까지 살펴본 바에 따르면, 동화 과정과 사회화 과정에서 성격 지향들 사이에 비슷한 점이 형성되기 마련인 듯하다. 다음의 표는 지금까지 살펴본 성격 지향들과, 성격 지향들 간의 유사성을 일목요연하게 정리한 것이다.[31]

동화	사회화

1. 비생산적 지향

수용 지향 (순응) ·················· 마조히즘 (충성)	⎫
착취 지향 (탈취) ·················· 사디즘 (권위)	⎬ 공생
저장 지향 (보존) ·················· 파괴 (확신)	⎫
시장 지향 (교환) ·················· 무관심 (공정)	⎬ 후퇴

2. 생산적 지향

노동 ···················· 사랑, 추론

짤막하게 보충 설명을 하고자 한다. 인간관계에서 수용 지향과 착취 지향은 저장 지향과 사뭇 다르다. 수용 지향적 태도와 착취 지향적 태도는 평화적으로든 위압적으로든 뭔가를 얻어내려는 사람과 가까워지고 친밀해지게 만든다. 수용 지향적 태도에서 지배적인 관계는 순응적이고 마조히즘적 관계다. 가령 내가 나보다 강한 사람에게 복종하면, 그는 나에게 필요한 모든 것을 줄 것이다. 그럼 강한 존재가 모든 재물의 제공처가 되고, 공생적 관계에서 나는 필요한 모든 것을 그로부터 받는다. 한편 착취 지향적 태도는 대체로 사디즘적 관계를 뜻한다.

예컨대 내가 필요한 모든 것을 누군가로부터 무력으로 빼앗으려면 나는 그를 지배해야 하고, 내 지배를 받는 무력한 대상으로 만들어야 한다.

수용 지향적 태도와 착취 지향적 태도와 달리, 저장 지향적 관계에는 다른 사람들로부터 거리를 둔다는 뜻이 담겨 있다. 따라서 저장 지향형 관계는 필요한 재물을 외부로부터 구하지 않겠다는 것을 목표로 하며, 소비하지 않고 저장하고 비축하는 방식에 기반을 둔다. 외부 세계와의 관계는 자립적 안전 체제를 위협하는 요인이 될 수 있다. 저장 지향형 성격은 후퇴나 파괴라는 형태로 다른 사람과의 관계에서 비롯되는 문제를 해결하는 경향을 띤다. 특히 외부 세계가 엄청난 위협으로 느껴질 경우에는 '파괴'로 반응한다.

시장 지향형 관계도 다른 사람들로부터 거리를 두지만, 그런 거리감이 파괴적이지 않고 우호적이란 점에서 저장 지향형 관계와 다르다. 시장 지향형 관계의 전반적인 원칙은 편하게 접촉하고 표면적으로 친밀하게 지내지만, 깊은 정서적인 차원에서는 거리를 두고 초연해야 한다는 것이다.

뒤섞여 나타나는 성격 지향들

다양한 유형으로 나타나는 비생산적 성격 지향과 생산적 성격 지향을 설명하는 과정에서 나는 성격 지향들을 서로 명확히 구분되는 분리된 개체인 것처럼 다루었다. 성격 지향들이 뒤섞인 결과를 정확히 파악하려면 먼저 각 성격 지향의 특성을 알고 있어야 하기 때문이다. 하지만 현실 세계에서는 혼합된 성격 지향을 만나기 마련이다. 어떤 성격도 비생산적 지향이나 생산적 지향 중 하나를 배타적으로 대신하지 않는다.

성격 지향들이 혼합된 결과에서도 우리는 비생산적 지향들끼리의 결합과, 비생산적 지향과 생산적 지향의 결합을 구분해야 한다. 전자의 경우에는 상대적으로 서로 끌리는 친화성을 갖는 지향들이 있다. 예컨대 수용 지향은 저장 지향보다 착취 지향과 더 빈번하게 결합되는 경향을 띤다. 수용 지향과 착취 지향은 대상과 가까워지려는 경향을 띠는 공통점을 갖는 반면, 저장 지향형 성격을 띤 사람은 대상으로부터 멀어지려 한다. 하지만 친화성이 떨어지는 지향들도 빈번하게 결합된다. 따라서 어떤 사람의 성격을 특징지으려면 지배적인 지향을 언급하는 방식으로 규정하는 게 일반적인 흐름이다.

비생산적 지향과 생산적 지향의 결합에 대해서는 더욱 자세한 설명이 필요하다. 생산적 지향만을 지닌 사람은 없고, 반대로 생산적 지향이 전혀 없는 사람도 없다. 성격 구조에서 생산적 지향과 비생산적 지향의 비율은 사람마다 다르며, 그 비율이 비생산적 지향의 특성을 결정한다. 앞에서 비생산적 지향들을 설명하며, 우리는 비생산적 지향들이 성격 구조에서 지배적이라고 가정했다. 이번에는 생산적 지향이 지배적인 성격 구조에서 비생산적 지향들은 어떤 특성을 갖는지 살펴봄으로써 앞의 설명을 보충해보자. 비생산적 지향들이 지배적인 때와 달리 생산적 지향이 지배적인 경우에는 비생산적 지향들이 부정적인 의미를 띠지 않고 건설적인 특성을 보인다. 그런데 앞에서 설명된 내용을 그대로 받아들이면, 비정상적인 지향들은 삶에서 필요한 정상적인 지향들이 왜곡된 결과로 여겨질 수 있다. 모든 인간은 살아남기 위해서 다른 사람들로부터 사물을 받아들이고 탈취하고, 저장하고 비축하며 교환할 수 있어야 한다. 모든 인간은 권위체를 따르고, 다른 사람들을 인도하며, 홀로 존재하고, 자신의 생각을 강력하고 끈질기게 주장할 수도 있어야 한다. 우리가 물건을 얻고 다른 사람들과 관계를 맺는 방법이 기본적으로 비생산적인 경우에만 순응하거나 탈취하고 보존하거나 교환하는 능력이 수용하거나 착취하고 저장하거나 거래하려는 열망으로 바뀌며 획득을 위한 지배적인 방법이 된다. 또한 생산적인 사람의 사회적 관계에서 비생산적인 요소들—충성, 권위, 공정, 확신—이 비생산적인 사람에서는 순종과 지배, 후퇴와 파괴로 바뀐다. 따라서 전체 성격 구조에서 생산의 정도에 따라 달라지지만, 비생산적인 지향에도 긍정적인 면과 부정적인 면이 있다. 비생산적 지향의 긍정적인 면과 부정적인 면을 정리한 아래의 표가 이런 원칙을 이해하는 데 도움이 될 수 있을 것이다.

수용 지향형(순응)

긍정적인 면	부정적인 면
순응	수동적, 진취성 결여
호응	의견 없음, 개성 없음
헌신	순종
겸손함	자존감 없음
매력	기생
융통성	무원칙
사회적 적응	비굴함, 자신감 부족
이상주의	비현실주의
세심함	비열함
예의 바름	줏대 없음
낙천주의	근거 없는 희망

신뢰 ·· 경신

상냥함 ··· 감상주의

착취 지향형(탈취)

긍정적인 면	부정적인 면

활동성 ·· 착취성

주도성 ·· 공격성

의견 주장 ·· 자기중심

자부심 ·· 자만심

추진력 ·· 무모함

자신감 ·· 오만함

매료 ·· 유혹

저장 지향형(보존)

긍정적인 면	부정적인 면

실용성 ·· 상상력 부족

검소함 ·· 인색함

신중함 ······································· 의심함

사양지심 ····································· 냉담함

인내심 ······································· 둔감함

조심성 ······································· 불안감

확고부동, 끈질김 ························· 완고함

차분함 ······································· 나태함

압박에도 평온함 유지 ··················· 무기력

질서정연함 ·································· 세세한 것에 얽매임

체계적 ······································· 강박적

성실함 ······································· 소유욕

시장 지향형(교환)

긍정적인 면	부정적인 면

목표의식 ····································· 기회주의

변화 가능 ··································· 일관성 상실

활력과 활기 ································· 유치함

미래지향 ····································· 미래도 과거도 없음

개방성 ······································· 원칙이나 가치관이 없음

사회성 ······································· 비독립적

실험성	목적 없음
반독단주의	상대주의
효율성	과도한 활동성
호기심	우둔함
지적임	지성 제일주의
적응성	무분별
너그러움	무관심
지혜	어리석음
아량	낭비

긍정적인 면과 부정적인 면은 완전히 다른 별개의 현상이 아니다. 여기에서 언급된 특성들 하나하나는 생산적 지향의 정도에 따라 결정되는 연속체 위의 점이라 할 수 있다. 예컨대 생산성이 높은 경우에 합리적이고 체계적인 질서정연함이 나타날 수 있지만, 생산이 줄어들면 합리적이고 체계적인 질서정연함이 비합리적이고 규칙에 얽매이며 강박적인 '질서정연함'으로 전락함으로써 본래의 목적에 부합하지 않는 역효과를 낳는다. 활력과 활기가 유치한 지경으로 추락하고, 자부심이 자만심으로 변하는 경우에도 마찬가지다. 기본적인 성격 지향만을 고려해도 엄청난 가변성이 개개인에게서 확인되며, 그

가변성은 다음과 같은 사실에서 비롯된다.

1) 비생산적 지향들이 다양한 방식으로 결합된다.
2) 각각의 성격 지향은 내재하는 생산성의 정도에 따라 질적으로 변한다.
3) 각각의 지향은 활동의 물질적인 면, 정서적인 면, 지적인 면에서 작용하는 강도가 다르다.

이처럼 다양한 모습으로 나타나는 인격에 각양각색의 기질과 재능까지 더하면, 이런 기본적인 요소들만을 배열하더라도 거의 무한수에 가까운 다른 인격이 만들어진다는 걸 어렵지 않게 확인할 수 있다.

04

인본주의적 윤리의 문제

인본주의적 윤리에서 미덕은 자신을 향한 의무를 추구하는 행위와 같고, 악덕은 자기 훼손과 다를 바 없다고 가르친다. 인본주의적 윤리의 원칙을 가장 극렬하게 반박하는 주장은 온갖 윤리적 가르침이 이기주의의 타도를 목표로 삼지만 이기주의와 자기중심주의가 여전히 인간 행위의 일반적인 현상이고, 인간은 태생적으로 사악한 존재여서 제재에 대한 두려움과 권위에 대한 경외감만이 그런 사악함을 억누를 수 있다는 것이다. 그러나 이런 주장처럼 인간이 태생적으로 악한 존재가 아니더라도 우리는 끊임없이 쾌락을 추구하고 있지 않은가? 게다가 쾌락은 윤리 강령에 어긋나는 것이 아닌가? 적어도 윤리 강령에 무심한 것은 아닌가? 우리에게 도덕적으로 행동하도록 유도하는 유일한 인자는 양심이지만, 양심이 인본주의적 윤리에서 본연의 위치를 상실한 것은 아닐까? 어느덧 종교적 믿음도 본래의 권위를 잃은 듯하지만, 그래도 윤리적 행동에 반드시 필요한 기반이 아닐까? 이런 의문들에는 인간 본성에 대한 나름의 확실한 가정들이 함축되어 있다. 따라서 행복과 성장을 이루어내려는 인간의 욕망을 연구하고, 그 목표를 성취하는 데 도움이 되는 도덕적 규범에 관심을 두는 심리학자는 어떻게든 이런 의문에 답을 내놓아야 한다. 이 장에서 나는 정신분석학적 자료를 바탕으로 이 의문들에 대답해보려 한다. 여기에서 제시되는 자료들의 이론적 근거는 3장에서 이미 제시되었다.

이기심과 자기애와
자기 관심[1]

네 이웃을 네 몸과 같이 사랑하라.

_____ 성경

현대 문화는 이기심(selfishness)을 금기시하는 분위기가 팽배하다. 이기적인 태도는 죄악이고, 다른 사람을 사랑하는 태도가 도덕적이라고 가르친다. 물론 이런 가르침은 현대사회의 실질적인 모습과는 완전히 모순된다. 인간에게 가장 강력하고 적법한 욕망은 이기심이고, 이 억누를 수 없는 욕망을 발현함으로써 우리는 공동의 이익에 공헌한다는 주장이 현대사회를 실질적으로 지배하고 있기 때문이다. 하지만 자신의 이익을 꾀하는 이기심은 최대의 악이고 다른 사람을 향한 사랑은 가장 위대한 미덕이라는 주장의 위세도 여전히 강력하다. 여기에서 이기심은 자기애(self-love)와 거의 동의어로 사용된다. 따라서 다른 사람을 사랑하며 도덕적으로 행동할 것인지, 아니면 자신을 사랑하며 죄를 범할 것인지 둘 중 하나는 선택해야 한다.

이 원칙은 장 칼뱅(Jean Calvin, 1509~1564)의 신학에 명백히 표현되어 있다. 칼뱅 신학에 따르면, 인간은 본질적으로 사악하고 무력한 존재다. 인간은 자기만의 힘이나 능력으로는 결코 선한 것을 이루어낼 수 없다. 칼뱅은 "우리는 우리 자신의 것이 아니다. 그러므로 우리의 신중한 생각과 행동을 지배하는 것은 우리 이성도 아니고 우리 의지도 아니다. 우리는 우리 자신의 것이 아니다. 그러므로 육신의 뜻을 좇아 우리에게 편한 것을 얻으려는 욕심을 목적으로 삼지 않아야 한다. 우리는 우리 자신의 것이 아니다. 그러므로 우리는 가능한 한 자신을 잊고, 우리에게 속한 것도 모두 잊어야 한다. 우리는 하느님의 것이다. 그러므로 하느님을 위해 살고 죽도록 하자. 우리가 우리의 뜻을 좇는 행위가 인간을 멸망으로 몰아넣는 가장 파괴적인 역병인 반면, 우리 혼자의 힘으로는 어떤 것도 알려고 하지 않고 어떤 것도 원하지 않으며, 우리 앞을 걷는 하느님의 인도를 받는 것이 유일한 구원의 안식처기 때문이다."라고 말했다.[2] 인간은 자신이 절대적으로 무가치한 존재라는 것을 확신해야 할 뿐만 아니라 자신을 낮추기 위해서라면 어떤 짓이라도 해야 한다며, 칼뱅은 "우리에게 무엇인가가 남겨져 있다고 생각한다면 그런 마음을 어찌 겸손이라 칭할 수 있겠는가 … 우리 자신에 대해 생각할 때는 우리 안의 뛰어난 점이라 여겨질 만한 모든 것을 철저히 경멸해야 한다. 겸손은 항상 부족하고 모자란다는 마음으로 꾸밈없이 순종하는 것이다. 하느님의 말씀으로는 겸손이 언제나 그런 식으로 기록되었기 때문이다."라고 덧붙였다.[3]

무가치하고 사악한 인간을 강조한 데는 인간이 자신을 좋아하고 존경해야 할 이유가 전혀 없다는 의도가 담겨 있는 듯하다. 이 교리는 자기 경멸과 자기 증오에 뿌리를 두고 있다. 칼뱅은 자기애를 '역병(疫病)'이라 칭하며 이런 생각을 명확히 드러냈다.[4] 쾌락과 깊이 관련된 것이 자신의 내면에 있다면 죄가 되는 자기애를 범한 것이다. 자신을 좋아하고 사랑하는 마음이 앞서면 다른 사람을 심판하고 경멸하게 된다. 따라서 자신을 좋아하거나, 자신에게 속한 뭔가를 사랑하는 태도는 크나큰 죄악 중 하나다. 그런 마음은 다른 사람을 향한 사랑을 배제하게 되므로,[5] 이기심과 동일한 것으로 여겨져야 마땅하다는 것이다.[6]

칼뱅과 마르틴 루터(Martin Luther, 1483~1546)의 인간관은 현대 서구 사회의 발전에 엄청난 영향을 미쳤다. 칼뱅과 루터는 인간이 행복을 삶의 목적으로 삼으면 안 된다는 이론의 기초를 놓은 신학자들이었다. 따라서 인간은 인간을 초월하는 목적, 예컨대 전능한 하느님이나 그에 못지않게 전능한 세속의 권위와 규범, 국가와 기업과 성공을 위한 수단이며 부속품이 되었다.

물론 이마누엘 칸트(Immanuel Kant, 1724~1804)가 인간은 그 자체로 목적이 되어야 하지 결코 수단이 되어서는 안 된다고 주장한 윤리학자로서 계몽시대에 막강한 영향력을 행사했지만, 자기애를 경멸한 점에서는 똑같았다. 칸트의 윤리관에 따르면, 다른 사람의 행복을 원하는 게 미덕이었다. 한편 자신의 행복은 인간 본성이 얻으려고 애쓰는 것이고, 그런 본능적 욕망은 윤리적으로 긍정적인 가치를 가질 수 없기 때문에 자신의 행복을 원하는 욕망은 윤리적으로 마뜩잖은 것이었다.[7]

그래도 칸트는 건강과 재물 및 그와 유사한 것들이 의무를 수행하는 데 필요한 수단이 될 수 있고, 행복하지 못하고 가난에 시달리면 의무를 수행하는 데 방해가 될 수도 있다고 보았다. 따라서 어떤 경우에는 자신의 행복에 관심을 갖는 게 인간의 의무일 수 있다며 행복을 추구하는 권리를 포기해서는 안 된다는 걸 인정했다.[8] 그러나 자기애, 자신의 행복을 위한 노력은 결코 미덕이라 할 수 없다고 했다. 그의 윤리적 원칙에 따르면, "자신의 행복을 위한 노력은 가장 마뜩잖은 것이다.

잘못된 노력이기도 하지만 … 그런 노력이 도덕성에 부여하는
탄력성이 오히려 도덕성의 기반을 약화하고 도덕성의 숭고함
을 훼손하기 때문이다".[9]

칸트는 자기중심주의와 자기애, 필라우티아(philautia; 자신
에 대한 자애로움)와 오만(자신에 대한 만족)을 구분했다. 그러나
'합리적인 자기애'도 윤리적 원칙에 의해 제한되어야 하고, 자
신에 대한 만족인 오만은 제거되어야 마땅하며, 각 개인은 도
덕률의 신성함에 자신을 비추어보며 창피함을 느껴야 한다.[10]
인간은 자신의 의무를 충실히 수행하는 과정에서 최고의 행
복을 찾아야 한다. 따라서 도덕률의 실현, 즉 개인의 행복이란
목표의 실현은 전체적 차원, 즉 국가적 차원에서나 가능하다.
그러나 '국민의 안녕이 최고법'이라는 이유로 '국민의 안녕'이
시민의 안녕이나 시민의 행복과 동일한 것은 아니다.[11]

칼뱅이나 루터보다 칸트가 인간의 선한 의지를 더 공경하
는 것은 사실이지만, 압제적 통치에 저항할 개인의 권리까지
는 인정하지 않는다. 칸트는 군주를 위협하는 반역자는 사형
으로 처벌되어야 마땅하다고 생각했다.[12] 또 인간이 태생적으
로 사악한 성향을 띤다는 점을 강조하며,[13] 인간이 야수로 변
하지 않도록, 또 인간 사회가 야만적인 무질서 상태로 전락하
지 않도록 그런 성향을 억제하는 도덕률과 절대적인 명령이
반드시 필요하다고도 주장했다.

계몽시대에는 칸트보다 훨씬 더 강력하게 개인의 행복 추구권을 강조한 철학자들이 많았다. 프랑스 철학자 클로드 아드리앙 엘베시우스(Claude Adrien Helvétius, 1715~1771)가 대표적이다. 근대 철학에서는 막스 슈티르너(Max Stirner, 1806~1856)와 프리드리히 니체가 이런 경향에 대해 가장 급진적으로 표현했다.[14] 그들은 이기심의 가치에 대해 칼뱅이나 칸트와 완전히 다르게 생각하고 있지만, 다른 사람을 향한 사랑과 자기애는 양자택일의 문제라고 가정하는 점에서는 똑같다. 슈티르너와 니체는 다른 사람을 향한 사랑을 유약함과 자기희생의 증거라 비판하며, 자기중심주의와 이기심 및 자기애를 미덕으로 보았다. 여하튼 슈티르너와 니체도 세 개념을 명확히 구분하지 않아 쟁점을 혼란스럽게 만든 면이 있다. 하지만 슈티르너는 "결정하고 판결을 내리는 것은 자기중심주의와 이기심이다. 자비심과 온화함과 온유함, 심지어 정의와 공정 같은 사랑의 원칙, 사랑의 동기가 아니다. '유스티티아(justitia; 정의)'도 사랑의 현상이고 사랑의 산물이고, 사랑은 오직 희생밖에 알지 못해 자기희생을 요구하기 때문이다."라고 말했다.[15]

슈티르너가 비난한 이런 사랑은 마조히즘적 의존이다. 마조히즘적 의존성에 지배되는 사람은 자신을 다른 사람이 목적을 성취하는 데 도움을 주는 수단쯤으로 생각한다. 슈티르너는 이런 개념의 사랑을 반대하며, 논쟁을 불러일으키기에 충분한 표현을 피하지 않았다. 슈티르너가 관심을 둔 원리는 수세기 동안 기독교 신학에서 인정되던 원리와는 대립되는 것이었다. 또한 당시 유행한 독일 관념론(German idealism)에서 활발히 논의되던 이론, 달리 말하면 개인이 외부의 권력과 원칙을 따르고 그것에서 자신의 중심을 찾도록 개인을 억눌러야 한다는 이론과도 다른 것이었다.[16] 슈티르너는 칸트나 헤겔의 위상에 오른 철학자는 아니었지만, 구체적인 개인을 부정하며 절대 국가가 개인을 억압하는 힘을 유지하는 걸 도왔던 관념론 철학의 부정적인 면을 단호히 비판하는 용기를 보여주었다.

니체와 슈티르너는 많은 점에서 다르지만, 니체도 사랑과 이타주의를 유약함과 자기 부정의 증거라며 비난했다는 점에서는 슈티르너와 무척 유사하다. 니체의 이론에서 사랑의 추구는 원하는 것을 얻기 위해 싸우지 못하고 사랑을 통해 얻으려고 애쓰는 노예 근성의 전형이었다. 따라서 이타주의와 인류애는 퇴보의 징조가 되었다.[17] 니체의 주장에 따르면, 자신의 이익을 위해 무수한 사람을 희생시키면서도 양심의 가책을 느끼지 않는 것이 튼튼하고 건강한 귀족정치의 본질이다. 사회는 "선택된 사람들이 더 고결한 의무를 맡고, 나아가 더 고귀한 존재의 위치로 올라서게 해주는 발판이자 비계(飛階)"가 되어야 한다.[18] 이처럼 인간 본성에 대한 경멸과 자기중심주의를 언급하는 구절은 얼마든지 더 찾아낼 수 있다. 이런 구절들이 종종 니체의 철학으로 이해되었지만, 니체 철학의 진짜 핵심을 대변하지는 않는다.[19]

니체가 위에서 언급한 방향으로 자신의 의견을 피력한 데는 적잖은 이유가 있다. 첫째로는 슈티르너가 그랬듯이 니체의 철학도 개인을 외부의 권력과 원칙에 종속시키는 철학적 전통에 대한 반발 혹은 저항이었다. 그의 과장된 표현 방식에도 이런 반항적 성향이 드러난다. 둘째로 니체는 내면적으로 불안과 걱정에 시달렸고, 그에 대한 반동 형성으로 '초인(Über-mensch)'을 강조했다. 끝으로 니체는 진화론과 '적자생존'이란 개념에 깊은 인상을 받았다.

니체를 이렇게 해석한다고 해서 다른 사람을 향한 사랑과 자신을 향한 사랑은 서로 모순된다고 니체가 믿었다는 사실을 바꿔놓지는 못한다. 하지만 니체의 관점에는 이런 잘못된 이분법을 극복할 수 있는 핵심이 있다. 니체가 공격한 '사랑'은 인간의 강점에 뿌리를 둔 사랑이 아니라 인간의 유약함에서 비롯된 사랑이다. 니체는 "그대들의 이웃 사랑은 그대들 자신에 대한 잘못된 사랑이다. 그대들은 자신으로부터 이웃에게로 도피하며, 그 행위를 그대들의 미덕으로 삼고 싶어 한다. 그러나 나는 그대들의 '헌신'의 정체를 꿰뚫어본다."라며 "그대들은 홀로 우뚝 서지 못하고 자신을 충분히 사랑하지도 않는다."

라고 분명히 말한다.[20] 니체의 철학에서 개인은 무척 중요한 의미를 갖는다.[21] '초인'은 "진정으로 자상하고 고결하며 위대한 영혼을 지닌 사람이다. 빼앗으려고 주는 사람이 아니며, 친절함으로써 남을 능가하기를 바라는 사람도 아니다. 진정한 친절의 전형이라 할 수 있는 '낭비'하는 사람이고, 인격의 풍요로움을 지닌 사람이다."[22] 니체는《차라투스트라는 이렇게 말했다》에서도 "어떤 자는 자신을 찾기 위해 이웃에게로 달려가고, 또 어떤 자는 자신을 잃어버리고 싶어 이웃에게로 달려간다."라고 말하며 똑같은 생각을 피력했다.[23]

이런 생각의 본질은 대략 다음과 같이 정리된다. 사랑은 풍요로움이 표현되는 한 현상이고, 사랑을 줄 수 있는 사람이 강하다는 전제가 있어야 한다. 사랑은 확인과 생산이다. "사랑은 사랑을 받을 만한 것을 만들어내려 한다!"[24] 누군가를 사랑하는 행위가 내면의 힘에서 비롯되는 경우에만 미덕이라 할 수 있겠지만, 근본적으로 자신이 되지 못하는 무능력의 표현인 경우에는 악덕이 된다.[25] 하지만 니체가 자기애와 다른 사람을 향한 사랑 사이의 관계를 해결되지 않는 이율배반으로 남겨놓았다는 것은 변함없는 사실이다.

이기심이 최대의 악이고, 자신을 향한 사랑과 다른 사람을 향한 사랑은 양립할 수 없다는 믿음은 결코 신학과 철학에만 국한되지 않고, 가정과 학교에서 교육되고 영화와 책을 통해 전파되는 상투적인 사상 중 하나가 되었다. 사회에서 운영되는 온갖 수단에 새겨진 "이기적으로 생각하거나 행동하지 말라!"라는 문장은 오랜 세월 동안 수많은 아이들에게 깊은 감명을 주었던 게 사실이다. 그 가르침의 의미는 다소 모호하지만, 자기중심적이고 사려 깊지 못하며 상대를 배려하지 않는 행동은 바람직하지 않다는 뜻이라는 데 대체로 동의할 것이다. 하지만 이 말에는 그보다 훨씬 큰 의미가 담겨 있다. 이기적으로 행동해서는 안 된다는 말에는 자신이 원하는 것을 하지 말라는 뜻이다. 요컨대 권위체의 바람을 위하여 자신의 바람을 포기하라는 뜻이다. 결국 "이기적으로 생각하거나 행동하지 말라!"라는 가르침은 칼뱅주의에서 말하는 자기애에 대한 혐오만큼 모호하다. 이 가르침에는 이런 명백한 함의 이외에 "너 자신을 사랑하지 말라", "너 자신에 충실하지 말라"라는 뜻도 있다. 요컨대 자신보다 더 중요한 것, 즉 외부의 힘이나 그 힘이 내면화된 의무에 순종하라는 뜻이다. "이기적으로 행동해서는 안 된다!"라는 구호는 자발성을 억누르고 인격의 자유로운 발달을 방해하는 가장 강력한 이념적 도구가 된다. 이런 구호의 압력에 우리는 온갖 희생과 철저한 순종을 강요받는다. 결국 희생과 순종만이 개인을 섬기지 않고 외부의 존재를 위한 '비이기적인 행위'다.

거듭 말하지만, 이런 가르침은 어떤 의미에서 한쪽으로 치우친 것이다. 현대사회에서는 인간은 이기적이어서는 안 된다는 가르침뿐만 아니라 정반대의 가르침도 널리 확산되고 있기 때문이다. 예컨대 "너의 이익을 먼저 챙기고, 너에게 최선인 것을 목표로 행동하라. 그렇게 행동하는 것이 다른 모든 사람에게 가장 큰 이익이다."라고 말한다. 자기중심주의가 보편적 행복의 기초라는 생각이 경쟁 사회의 기본 원칙이라는 건 부인할 수 없는 사실이다. 겉보기에 모순되는 두 원리가 우리 문화에서 함께 교육되고 있다는 게 우스꽝스럽지만 명백한 현실이다. 그 결과로 우리 개개인은 혼란에 휩싸일 수밖에 없다. 두 모순된 가르침 사이에 갈등하며 우리는 인격을 완성해가는 과정에서 심각한 장애에 부딪힌다. 따라서 이런 혼란은 현대인을 당혹함과 무력감에 빠뜨리는 가장 중대한 원인 중 하나가 된다.[26]

자신을 향한 사랑, 즉 자기애는 '이기심'과 동일한 것이고, 다른 사람을 향한 사랑의 대안이라는 원칙은 신학과 철학 및 민중 사상에도 폭넓게 퍼져 있다. 똑같은 원칙이 프로이트의 자기애 이론(theory of narcissism)에서는 과학적 언어로 합리화되었다. 프로이트의 개념에서는 일정한 양의 리비도가 전제된다. 유아기에는 아기의 인격 자체가 리비도의 목표가 된다. 프로이트는 이 단계를 '기본적 자기애(primary narcissism)' 단계라 칭한다. 우리가 점점 성장해가는 동안 리비도의 목표는 우리 자신으로부터 다른 대상으로 옮겨간다. 그런데 우리가 '대상 관계(object relationships)'에서 장애에 부딪히면 리비도는 대상으로부터 물러나 우리 자신에게로 다시 돌아온다. 이른바 '이차적 자기애(secondary narcissism)'라고 일컬어지는 단계다. 프로이트의 이론에 따르면, 우리가 외부 세계로 사랑을 발산하면 우리 자신에게 쏟을 사랑이 그만큼 줄어든다. 물론 그 반대의 경우도 마찬가지다. 따라서 프로이트가 사랑이란 현상을 자기애의 궁핍화로 설명한 이유는 자명하다. 사랑하면 모든 리비도가 외부의 대상에게로 향하기 때문이다.

이쯤에서 다음과 같은 의문들을 제기할 수 있다. 자신을 향한 사랑과 다른 사람을 향한 사랑은 기본적으로 모순이므로 둘 중 하나를 선택해야 한다는 주장을 뒷받침하는 심리학적 관찰 사례가 있는가? 자신을 향한 사랑은 궁극적으로 이기심과 똑같은 현상인가, 아니면 둘은 대립되는 현상인가? 게다가 현대인의 이기심은 이성과 정서 및 감각 등 모든 면에서 잠재력을 지닌 개인으로서 '자신에 대한 관심'일까? 현대인은 사회경제적 역할을 지닌 부속물로 전락한 것은 아닐까? 현대인의 이기심은 자기애와 동일한 것일까? 오히려 자기애가 부족한 탓에 생겨난 것은 아닐까?

이기심과 자기애의 심리적인 면을 살펴보기 전에, 다른 사람을 향한 사랑과 자신을 향한 사랑이 상호배타적이란 생각에 내재된 논리적 오류를 지적해두고 싶다. 내 이웃을 한 명의 인간으로 사랑하는 게 미덕이라면, 나도 인간이기 때문에 나 자신을 사랑하는 것도 당연히 미덕이어야지 악덕일 수 없다. 나 자신이 포함되지 않는 인간이란 개념은 없다. 나는 인간에 포함되지 않는다고 주장하는 이론이 있다면 그 자체로 모순이라고 입증하는 셈이다. "네 이웃을 네 몸과 같이 사랑하라."라는 성경의 가르침에는 자신의 완전함과 독특함에 대한 존중 및 자신을 향한 사랑과 이해는 다른 사람을 향한 존중과 사랑과 이해와 분리될 수 없는 것이란 뜻이 담겨 있다. 결국 자기 자신에 대한 사랑은 다른 사람에 대한 사랑과 끊을 수 없는 관계가 있다.

이런 결론을 가능하게 해준 기본적인 심리학적 전제는 무엇일까? 일반적으로 그 전제는 "다른 사람뿐만 아니라 우리 자신도 우리 감정과 생각의 '대상'이며, 다른 사람을 향한 마음가짐과 우리 자신을 향한 마음가짐이 서로 모순되기는커녕 기본적으로 긴밀한 관계에 있다."라는 것이다. 여기에서 논의되는 문제에 관련해서 보면, 이런 전제는 "다른 사람을 향한 사랑과 자신을 향한 사랑은 양자택일의 문제가 아니다."라는 뜻이다. 오히려 자신을 사랑하는 태도는 다른 사람을 사랑할 수 있는 사람들에게서 예외 없이 발견된다. 사랑에서 주체와 대상의 관계는 원칙적으로 분리될 수 없는 것이다. 진정한 사랑은 생산의 표현이며, 진정한 사랑에는 상대에 대한 배려와 존중, 책임과 지식이 함축되어 있다. 진정한 사랑은 누군가에게 감동받는다는 의미에서의 '정서적 반응'이 아니라, 사랑받는 사람의 성장과 행복을 바라는 적극적인 열망이다. 누구나 알겠지만, 그런 열망은 인간의 사랑하는 능력에 뿌리를 두고 있다.

사랑의 행위는 인간이 지닌 사랑하는 힘의 표현이다. 따라서 누군가를 사랑하는 행위는 그 사람을 상대로 그 힘을 현실화하고 집중하는 것이다. 우리가 사랑할 수 있는 사람은 세상에 한 사람밖에 없고, 그런 사람을 찾아낸다면 더할 나위 없는 행운이라는 생각을 의미하는 낭만적 사랑이라는 개념은 결코 진실이 아니다. 또 그런 사람을 찾고 그를 사랑하게 되면 다른 사람을 향한 사랑이 궁극적으로 줄어들게 될 것이란 생각도 진실이 아니다. 바로 이런 이유에서 오직 한 사람을 상대로 하는 사랑은 사랑이 아니라 공생적 애착(symbiotic attachment)에 불과하다는 게 증명된다. 사랑은 본질적인 인간의 특성이 구체화된 사례며, 사랑에 내재된 기본적인 확신은 사랑하는 사람을 향한다. 어떤 한 사람을 사랑한다는 것은 인간을 그 자체로 사랑한다는 뜻이다. 그런데 우리는 가족을 사랑하는 감정을 '낯선 사람'에게는 느끼지 못한다. 심리학자 윌리엄 제임스(William James, 1842~1910)가 '노동의 분할(division of labor)'이라 칭한 이런 사랑은 우리가 기본적으로 사랑하지 못한다는 증거다. 흔히 인간에 대한 사랑은 특정한 사람을 사랑한 후에 상상되는 추상적 개념이 아니라 특정한 사람을 사랑하기 위한 전제라고 생각하지만, 사랑하는 사람만이 유전적으로 획득할 수 있는 능력이다.

따라서 나 자신의 자아는 원칙적으로 다른 사람과 똑같은 정도로 내 사랑의 대상이 되어야 한다는 결론을 내릴 수 있다. 다른 사람을 사랑할 수 있을 때, 즉 상대를 배려하고 존중하며 책임지고 그에 대해 알아갈 때 우리도 각자의 삶에서 행복을 추구하고 성장과 자유를 만끽할 수 있는 법이다. 따라서 우리가 생산적으로 사랑할 수 있다면 우리 자신도 사랑하게 되겠지만, 다른 사람만을 사랑할 수 있다면 그런 사랑은 전혀 사랑이 아니다.

자신을 향한 사랑과 다른 사람을 향한 사랑이 원칙적으로 밀접한 관계에 있더라도, 엄격한 의미에서 다른 사람에 대한 진정한 관심을 명백히 배제하는 이기심은 어떻게 설명해야 할까? 이기적인 사람은 자신에게만 관심이 있고, 모든 것이 자신을 위해 존재하기를 원한다. 또한 주는 것에는 즐거움을 느끼지 못하고 오로지 빼앗는 경우에만 즐거워한다. 외부 세계로부터 받아낼 수 있는 것에 관심을 둘 뿐이며, 다른 사람의 바람에는 관심이 없고 다른 사람의 존엄성과 성실함을 존중하지도 않는다. 이기적인 사람은 자신 이외에는 어떤 것도 보지 않는다. 모든 사람, 모든 것을 자신에게 얼마나 유용하느냐로 판단한다. 따라서 이기적인 사람은 근본적으로 사랑할 수 없는 사람이다.

그럼 이기적인 사람의 존재가 다른 사람을 향한 배려와 자신을 위한 배려가 양립할 수 없다는 증거가 아닐까? 이기심과 자기애가 똑같은 것이라면 그렇겠지만, 이런 가정은 그 자체로 오류다. 우리 문제에 관련해 무수히 잘못된 결론을 유도해 냈기 때문이다.

이기심과 자기애는 똑같은 것이기는커녕 정반대의 것이다. 이기적인 사람은 자신을 지나치게 많이 사랑하는 사람이 아니라 지나치게 적게 사랑하는 사람이며, 실제로는 자신을 증오하는 사람이다. 자신에 대한 애정과 배려가 없다는 것은 생산이 없다는 뜻이므로, 이기적인 사람은 항상 공허감과 불만에 사로잡혀 지내게 된다. 따라서 필연적으로 불행할 수밖에 없고, 삶에서 하루라도 빨리 만족을 얻으려고 노심초사하지만 그런 만족을 스스로 차단하고 있을 뿐이다. 이기적인 사람은 자신을 무척 소중하게 생각하는 듯해도 실제로는 진짜 자아를 보살피지 못하는 상황을 은폐하고 바로잡으려 발버둥 치면서 번번이 실패할 뿐이다. 프로이트는 이기적인 사람이 다른 사람을 향한 사랑을 거두어들여 자신에게 되돌리는 것처럼 보이기 때문에 자기애적이라고 주장했다. 이기적인 사람이 다른 사람을 사랑하지 못하는 것은 사실이지만, 안타깝게도 이기적인 사람은 그 자신도 사랑하지 못한다.

다른 사람에 대한 탐욕스러울 정도의 관심과 비교하면 이기심을 이해하기가 한결 쉬울 것이다. 자녀를 지나치게 염려하며 매사에 간섭하는 어머니를 예로 들어보자. 어머니는 자식을 특별히 사랑하는 것이라고 굳게 믿지만, 실제로는 관심의 대상에 대한 적대감을 억누르고 있는 것이다. 어머니가 자식에게 지나치게 관심을 갖는 이유는 자식을 지나치게 사랑하기 때문이 아니라 자식을 사랑할 수 없는 상황을 바로잡아야 하기 때문이다.

이기심의 본질에 대한 이런 이론은 신경증 환자의 '비이기적인 태도(unselfishness)'에 대한 정신분석학적 연구를 통해서 옳다는 게 입증된다. '비이기적인 태도'는 적잖은 신경증 환자에게서 관찰되는 징후며, 그들은 이 징후로 고생하는 게 아니라 이 징후와 관련된 다른 현상들, 예컨대 우울증, 피로감, 일을 할 수 없는 무력감, 애정 관계의 실패 등으로 곤란을 겪는다. 비이기적인 태도는 하나의 '징후'로도 여겨지지만, 당사자는 자랑스럽게 생각하는 성격 특성이기도 하다.

비이기적인 사람은 자신을 위해서는 어떤 것도 원하지 않고 오직 다른 사람을 위해서만 살아가며, 자신을 중요하게 생각하지 않는 자신에게 자부심을 느낀다. 그런데 그렇게 사심 없이 행동하는데도 정작 자신이 불행하고, 가장 가까운 사람들과의 관계도 만족스럽지 않다는 걸 알게 되면 당혹스러워한다. 따라서 그가 생각하기에 병적인 징후로 여겨지는 것을 없애려 하지만, 비이기적인 태도는 그 징후에 포함되지 않는다.

정신분석학적 연구에 따르면, 비이기적인 태도는 환자의 다른 징후들과 무관한 것이 아니라 환자의 징후들 중 하나고, 때로는 가장 중대한 징후기도 하다. 또한 환자는 무엇인가를 사랑하거나 즐기는 능력을 상실하고, 삶에 대한 적대감에 휩싸여 있으며, 비이기적인 태도 뒤에는 감지하기 힘들지만 상당히 강력한 자기중심주의가 감추어져 있다는 것도 정신분석학 연구에서 밝혀졌다. 따라서 비이기적인 태도를 일종의 병적 징후로 받아들이고, 비이기적 태도와 다른 장애의 원인이라 할 수 있는 생산의 결여가 바로잡힌 후에야 그 환자는 치유될 수 있을 것이다.

비이기적인 태도의 이런 특성은 특히 다른 사람에 미친 영향에서 뚜렷이 나타난다. 예컨대 우리 문화에서 '비이기적인' 어머니가 자식에 미치는 영향을 생각해보자. 어머니는 자신의 사심없는 행동을 통해 자식들이 사랑받는 게 무엇을 뜻하는지 경험하고, 더 나아가 사랑하는 것이 무엇을 뜻하는지 배울 것이라고 믿는다. 하지만 비이기적인 태도는 결과적으로 어머니의 기대에 전혀 부응하지 못한다. 자식들은 사랑받는다고 확신하는 사람의 행복을 보여주지 못한 채 긴장하고 걱정하며, 어머니에게 꾸지람을 받을까 두려워하고, 어머니의 기대에 미치지 못할까 전전긍긍한다. 대체로 자식들은 어머니가 삶에 대해 감추고 있는 적대감에 영향을 받는다. 물론 자식들은 그 적대감을 지성적으로 알아차리는 게 아니라 감각적으로 느끼며 결국에는 그 적대감에 물들게 된다. 요컨대 '비이기적인' 어머니가 자식에게 미치는 영향은 이기적인 어머니가 미치는 영향과 크게 다르지 않다.

어머니의 비이기적인 태도로 인해 자식들이 어머니를 전혀 비판할 수 없어, 오히려 더 나쁜 경우도 적지 않다. 자식들은 어머니를 실망시키지 않아야 한다는 의무감에 짓눌리고, 미덕이란 가면을 쓴 채 삶에 대한 반감을 배우게 된다. 따라서 진정으로 자신을 사랑하는 어머니의 영향을 연구할 기회가 있다면, 비이기적인 어머니의 태도는 사랑과 즐거움과 행복이 무엇인지 자식에게 알려주는 데 도움이 되지 않는다는 걸 어렵지 않게 확인할 수 있을 것이다.

지금까지 우리는 이기심과 자기애를 분석해보았다. 그 결론을 바탕으로 이제부터는 현대사회를 지탱하는 핵심적인 개념 중 하나인 자기 관심(self-interest)에 대해 살펴보자. 자기 관심은 이기심이나 자기애보다 훨씬 더 모호한 개념이다. 이런 모호성을 완전히 이해하려면 자기 관심이란 개념의 역사적 발전 과정부터 살펴봐야 한다. 문제는 자기 관심이 무엇으로 이루어지고 어떻게 결정되느냐는 것이다.

이 문제에 접근하는 데는 근본적으로 다른 두 가지 방법이 있다. 하나는 스피노자가 가장 명확히 제시한 객관주의적 접근 방법이다. 스피노자는 자기 관심, 즉 '자신의 이익을 추구하려는' 관심을 미덕과 동일시하며 "노력을 거듭하며 자신의 이익을 확보할 가능성이 커질수록, 다시 말하면 자신의 존재를 보존할 가능성이 커질수록 우리는 더 큰 미덕을 보유하게 된다. 반면에 자신의 이익을 도외시한다면 무력한 존재로 전락한다."라고 말했다.[27] 이런 관점에 따르면, 인간의 관심은 자신의 존재를 보존하는 것이다.

한편 자신의 존재를 보존하는 것은 인간에게 내재된 잠재력을 발현하는 것과 다를 바가 없다. '관심'이 개인적인 관심사에 대한 주관적인 느낌으로 해석되지 않고, 인간의 본성과 관련하여 객관적으로 이해된다면 자기 관심이란 개념은 객관주의적이다. 인간이 실질적으로 오직 하나에만 관심을 둘 때 잠재력을 완전히 발현할 수 있다. 요컨대 인간으로서 자신의 존재를 완전히 드러내는 것이다. 어떤 사람을 사랑하려면 그가 어떤 사람이고, 실제로 원하는 게 무엇인지 알아야 하듯이, 우리 자신의 관심이 무엇이고 어떻게 해야 그 관심을 충족할 수 있는지 알아내려면 우리 자신이 어떤 존재인지를 알아야 한다. 따라서 인간이 자신이 누구이고 자신에게 정말 필요한 것이 무엇인지 모른다면 실질적인 자기 관심에 대해서도 잘못 판단할 수 있으므로, 인간 과학은 인간의 자기 관심이 무엇으로 이루어지는지를 알아내기 위한 초석이라는 결론이 내려진다.

지난 300년 동안 자기 관심이란 개념은 좁혀져서, 마침내 스피노자의 생각에 담긴 내용과 거의 정반대의 의미를 갖기에 이르렀다. 따라서 자기 관심은 이기심과 동의어가 되었고, 물질적 이득과 권력과 성공에 대한 관심을 뜻하게도 되었다. 한때 자기 관심은 미덕과 동의어였지만, 이제는 자기 관심의 극복이 윤리적 명령이 되었다.

객관주의적 접근 방법이 주관주의적 접근 방법으로 잘못 변질된 까닭에 자기 관심이란 개념마저 이렇게 타락하고 말았다. 자기 관심은 더는 인간 본성과 인간의 욕구에 의해 결정되는 것이 아니었다. 따라서 우리가 자신의 관심에 대해 잘못 판단할 수 있다는 주장은 버려졌고, 우리가 느끼기에 우리 관심을 대신하는 것이 진정한 자기 관심이라는 생각으로 대체되었다.

자기 관심에 대한 요즘의 개념은 두 개의 모순된 개념이 이상하게 뒤섞인 결과물이다. 하나는 칼뱅과 루터의 개념이고, 다른 하나는 스피노자 이후 진보적 사상가들의 개념이다. 칼뱅과 루터의 가르침에 따르면, 인간은 자신의 관심을 억제해야 하며, 자신이 하느님의 목적을 위한 도구라고 생각해야 했다. 반면에 진보적 사상가들은 자신을 초월하는 어떤 목적을 위한 수단이 아니라, 자신을 위한 목적이 되어야 한다고 가르쳤다. 결국 사람들은 칼뱅주의의 세속적 내용을 받아들이면서 종교적 명령을 거부했다. 따라서 사람들은 하느님의 도구가 아니라 경제기구와 국가의 도구가 되었고, 하느님의 도구라는 역할이 아니라 산업 발전을 위한 도구라는 역할을 받아들였다. 또 땀 흘려 일하고 돈을 모은 것은 그 돈을 소비하는 즐거움을 누리며 삶을 즐기기 위한 목적이 아니라 저축하고 투자해서 성공하기 위한 목적이었다.

막스 베버가 지적했듯이 수도원적 금욕주의가 '현세적 금욕주의(inner-worldly asceticism)'로 대체되었고, 그 결과로 개인의 행복과 즐거움이 더는 삶의 진정한 목표로 여겨지지 않게 되었다. 그러나 이런 사고방식은 칼뱅의 가르침으로부터 점점 멀어졌고, 인간에게는 자기 관심의 추구를 삶의 최고 규범으로 삼을 권리와 의무가 있다고 가르친 진보적 사상가들의 주장과 뒤섞였다. 그 결과로 현대인은 자기 부정이란 원칙에 따라 '살아가고', 자기 관심을 기준으로 '생각한다'. 현대인은 자신의 관심에 따라 행동하고 있다고 생각하지만, 실제로 그에게 무엇보다 중요한 관심사는 돈이고 성공이다. 요컨대 현대인은 자신의 가장 중요한 잠재 능력이 아직 펼쳐지지 않았고, 그가 자신에게 최선의 것이라 여겨지는 것을 모색하는 과정에 몰두하고 있다고 착각하고 있을 뿐이다.

자기 관심이란 개념의 이런 타락은 자아라는 개념의 변화와 밀접한 관계가 있다. 중세인들은 자신이 사회적이고 종교적인 공동체의 일원이라 느꼈고, 당시에는 개인으로서 공동체로부터 완전히 벗어나지 못한 까닭에 공동체를 기준으로 자아를 인식했다. 현시대가 시작된 이후로 개인으로서의 인간은 독립된 개체로 존재해야 하는 환경에 직면했고, 따라서 정체성이란 문제가 대두되었다. 18세기와 19세기에 자아라는 개념이 점점 축소되었고, 급기야 자신이 소유한 재산으로 자아가 이루어진다고 여기기에 이르렀다. 따라서 자아에 대한 개념은 "내 정체성은 내가 생각하는 것이다."에서 "내 정체성은 내가 소유하는 것이다."로 바뀌었다.[28]

지난 수세대 동안 점점 커지는 시장의 영향을 받아 자아라는 개념은 "내 정체성은 내가 소유하는 것"이란 뜻에서 "내 정체성은 너희가 나에게 바라는 것"이란 뜻으로 바뀌었다.[29] 우리는 시장경제하에서 살아가기 때문에 자신이 상품이라 느낀다. 상품의 판매자가 자신이 팔려는 상품과 분리되어 있듯이 우리 인간도 자신과 분리되어 있다. 물론 우리는 우리 자신에게 관심이 있고, 시장에서의 성공에도 깊은 관심이 있지만, '우리'는 관리자고 고용자며 판매자인 동시에 상품이기도 하다. 결국 우리의 자기 관심은 인격 시장에서 최적의 가격을 얻어야 하는 상품으로 '자신'을 고용한 주체로서 '우리 자신'의 관심인 셈이다.

'자기 관심에 대한 잘못된 생각'이 가장 적절하게 표현된 문학 작품은 헨리크 입센의 《페르 귄트》인 듯하다. 페르 귄트는 자신의 관심사를 성취하는 데 평생을 온전히 바쳤다고 믿는다. 페르 귄트는 자신의 자아를 이렇게 표현한다.

귄트의 자아!
소망과 욕망과 갈망의 덩어리!
귄트의 자아!
환상과 주장과 열망의 바다!
내 가슴 안에서 부풀어 오르며
나를 지금처럼 존재하고 살아가게 만드는 모든 것![30]

죽음을 앞두고서야 페르 귄트는 자신이 그때까지 잘못 생각했다는 걸 깨닫는다. 구체적으로 말하면, '자기 관심'의 원칙을 따르는 동안에는 그의 진짜 자아가 무엇에 관심을 가졌는지 알지 못했고, 그가 지키려고 애썼던 자아도 상실한 채 지냈다는 걸 뒤늦게야 깨닫는다. 페르 귄트는 자기 자신이었던 적이 한 번도 없었기 때문에 용광로에 던져져 원료처럼 다루어질 것이란 말을 듣는다. 또한 그가 "너 자신에게 진실하라!"라는 인간의 원칙을 멀리하고, "너 자신에게 만족하라!"라는 트롤의 원칙에 따라 살았다는 것도 알게 되었다. 이처럼 거짓 자아와 성공과 소유물을 떠받치던 버팀목이 사라지고 심각한 의문에 봉착하자, 페르 귄트는 자아가 없는 까닭에 허무에 굴복하고 허무의 공포에 사로잡힌다. 끝으로, 페르 귄트는 세상의 모든 부를 손에 넣으려고 애썼고, 자신의 관심인 듯한 것을 처절하게 추구했지만 영혼—나는 '자아'라고 말하고 싶다—을 상실했을 뿐이라는 것도 깨닫게 된다.

  타락된 뜻으로서의 자기 관리라는 개념은 현대사회에 만연하며, 다양한 형태를 띤 전체주의 이데올로기가 민주주의를 공격하는 빌미를 제공했다. 전체주의 이데올로기는 자본주의가 이기주의적 원칙을 따르기 때문에 도덕적으로 나쁘다고 주장했다. 반면에 전체주의 체제에서는 국가와 민족, '사회주의자의 조국'의 고결한 목표에 개인이 종속된다는 비이기적인 원칙을 지적하며, 전체주의 체제의 도덕적 우월성을 내세웠다. 많은 사람이 이기적인 관심을 추구하는 삶에는 행복이 없다는 데 공감하며, 막연하지만 더 큰 연대와 상호 책임을 위해 노력해야 한다는 사상을 받아들였기 때문에 전체주의자의 이런 비판은 적잖은 사람에게 영향을 주었다.

여기에서 전체주의자의 주장을 반박하며 많은 시간을 허비하고 싶지는 않다. 첫째로 전체주의자의 주장은 국민의 다수를 지배하고 억누르려는 '엘리트 집단'의 극단적인 이기심을 위장한 것에 불과하기 때문에 진실된 것이 아니다. 그들이 내세우는 비이기심이라는 이데올로기에는 엘리트의 지배를 받아들이도록 국민을 기만함으로써 착취와 조작을 용이하게 하려는 목적이 감춰져 있다. 게다가 전체주의 이데올로기는 국가에는 이기심의 무자비한 추구를 전반적으로 허용하면서도 자신들은 비이기심이란 원칙을 대변하는 것처럼 위장함으로써 쟁점을 흐리는 경향을 띤다. 그들의 주장에 따르면, 시민은 공공복지를 위해 헌신해야 하지만 국가는 다른 국가의 행복을 고려하지 않고 자체의 관심을 추구하는 게 허용된다. 전체주의가 내세우는 주장에는 극단적인 이기심을 감춘 위장이라는 사실 이외에도 인간은 본질적으로 무력하고 무능한 존재이므로 순종하며 살아야 한다는 종교적 사상을 부활시키려는 의도도 포함됐다. 이런 사상을 극복하는 게 근대 정신과 정치에서 진보주의의 본질이었다. 전체주의 같은 권위주의적 이데올로기들은 서구 문화의 가장 소중한 유산, 즉 개인의 독자성과 존엄성에 대한 존중을 위협하는 데 그치지 않고, 현대사회에 대한 건설적인 비판을 방해함으로써 반드시 필요한 변화가지 가로막는 경향을 띤다. 현대 문화가 실패한 원인은 개인주의 원칙을 받아들인 데 있는 것도 아니고, 자기 관심의 추구는 도덕적으로 미덕이란 생각에 있는 것도 아니다. 오히려 자기 관심의 의미가 타락한 것이 현대 문화가 실패한 원인이다. 사람들이 지나치게 자기 관심에 매몰됐기 때문이 아니라 오히려 진정한 자아의 관심과 충분한 관계를 맺지 못했기 때문에, 또 사람들이 지나치게 이기적이기 때문이 아니라 자신을 진실로 사랑하지 않았기 때문에 현대 문화가 실패한 것이다.

자기 관심이라는 허구의 개념을 집요하게 추구하는 이유가 위에서 지적한 대로 현대의 사회구조에 근본 원인이 있다면, 자기 관심의 의미가 변할 가능성은 요원한 듯하다. 특히 변화를 유도할 수 있는 요인들을 구체적으로 적시하지 못하는 한 더더욱 그렇다.

가장 중요한 요인은 자기 관심을 추구한 결과에 대한 현대인의 내적인 불만일 것이다. 성공이란 종교는 허물만이 남아 있고, 사회적 '광장(open space)'은 점점 좁아지는 실정이다. 제1차 세계대전 이후 더 나은 세계를 만들겠다는 희망의 좌절, 1920년대 말의 경제 불황, 제2차 세계대전 직후에 닥친 훨씬 더 파괴적인 새로운 전쟁의 위협, 이런 위협에서 비롯되는 끝없는 불안에, 타락한 의미의 자기 관심에 대한 믿음이 흔들리고 있는 상황이다. 이런 요인들 이외에, 성공이란 종교도 본연의 자신이 되겠다는 인간의 본질적인 욕구를 채워주지 못했다. 성공이란 꿈도 많은 환상과 백일몽처럼 일시적으로 그 기능을 수행할 뿐이다. 참신한 맛과 그와 관련된 흥분감이 사라지고 사람들이 냉정하게 생각하는 순간부터 그 꿈의 역할은 끝난다. 자신들이 행하는 모든 것이 헛되다고 생각하는 사람들이 점점 증가하는 추세지만, 성공과 화려함으로 꾸며진 세속적인 낙원을 믿으라고 유혹하는 구호의 마법에서 완전히 벗어나지는 못한 상태다. 그러나 진보라는 결실을 맺게 해주는 훌륭한 조건인 '의심'이 이미 그들의 마음속에 자리 잡기 시작한 덕분에, 그들은 인간으로서 가져야 할 진정한 자기 관심이 무엇인지에 대한 의문도 품기 시작했다.

자기 관심에 대한 환상에서 깨어나며 재평가하려는 시도가 효과를 발휘하려면, 우리 문화의 경제적 조건이 그런 시도를 허용할 수 있어야 한다. 앞에서도 지적했듯이, 인간이 보유한 모든 에너지를 일에 집중하며 성공을 위해 매진한 덕분에 현대 자본주의라는 거대한 성취를 이루어냈다. 생산의 문제가 실질적으로 해결되었지만 사회적 삶을 조직화하는 문제가 인류에게 가장 중요한 과제로 대두된 단계에 들어선 셈이다. 인간은 엄청난 양의 역학 에너지를 만들어낸 까닭에, 적정한 삶을 위한 물질을 생산하기 위해 모든 인간 에너지를 일에 투입할 필요가 없어졌다. 달리 말하면, 인간은 삶 자체를 위해 상당한 양의 에너지를 소비할 수 있게 되었다.

　문화적으로 정형화된 목적에 대한 주관적인 불만과 변화를 위한 사회경제적인 기반이란 두 조건이 확립된 경우에야 제3의 조건, 즉 합리적 통찰이라는 필수적인 요인이 효과를 발휘할 수 있다. 이런 원칙은 일반적으로는 사회심리적인 변화에도 적용되고, 좁게는 자기 관심의 의미 변화에도 어김없이 적용된다. 지금은 마비된 상태지만 인간이 진정한 관심을 추구하려는 노력이 다시 되살아날 때가 되었다. 우리가 자신의 진정한 관심이 무엇인지 알게 된다면, 그 관심을 실현하기 위해 가장 먼저 취해야 할 조치, 하지만 가장 까다로운 조치는 이미 취해진 것이나 다를 바가 없다.

02 양심, 자신으로의 회귀

자신이 행한 사악한 짓에 대해 고백하며 반성하는 사람이
라면 자신이 범한 비도덕적인 행위를 생각하는 사람이다.
사람은 생각하는 것에 사로잡히기 마련이다. 온정신으로
자신이 생각하는 것에 완전히 빠진 까닭에 그는 비도덕적
인 행위에 아직 사로잡혀 있는 셈이다. 따라서 그의 정신이
천박해지고 그의 마음이 부패할 것이기 때문에 그는 결코
바뀌지 않을 것이다. 오히려 슬픈 기분이 그를 짓누를 것이
다. 당신이라면 어떻게 하겠는가? 오물은 이리저리 뒤섞더
라도 여전히 오물이다. 죄를 범했거나 그렇지 않았거나 하
늘나라에서 우리에게 무슨 이익이 있는가? 이에 대해 곰곰
이 생각하는 시간에 차라리 하늘나라의 즐거움을 위해 진

주를 꿰는 편이 나을 수 있다. 이런 이유에서 "악을 멀리하고 선을 행하라!"라고 말하고 싶다. 악에서 완전히 등을 돌리고 악의 길을 생각하지도 마라. 오로지 선을 행하라. 어떤 잘못을 저질렀는가? 그럼 올바른 행위를 함으로써 잘못을 만회하라.

_____ 이삭 메이어[31]

"나는 내 양심이 시키는 대로 행동할 것이다!"라는 말만큼 인간이 당당하게 할 수 있는 말은 없을 것이다. 역사가 시작된 이후로 인간은 자신의 지식과 믿음을 포기하게 만들려고 가차 없이 가해지는 온갖 압력에 저항하며 정의와 사랑과 진실이란 원칙을 줄곧 옹호해왔다. 예컨대 조국이 부패와 불의로 말미암아 몰락할 것이라 예언하며 조국을 맹렬히 비난했던 선지자들은 양심에 따라 행동한 것이었다. 소크라테스는 진실과 타협하며 양심을 배신해야 하는 삶보다 죽음을 선택했다. 양심이란 것이 없었다면 인류는 오래전에 위험한 수렁에 빠졌을 것이다.

소크라테스처럼 진실로 양심에 따라 행동한 사람들과 달리, 양심에 따라 행동했다고 말로만 주장하는 사람들도 있었다. 예컨대 종교재판관들은 양심적인 사람들을 화형에 처하고는 양심에 따라 그런 형벌을 내린 것이라 주장했다. 약탈 전쟁을 자행하는 전쟁광들도 권력욕을 최우선시하면서도 양심에 따라 행동하는 것이라 주장한다. 하기야 자신이나 타인을 향한 잔혹 행위와 무차별적 행위 중에 양심의 명령으로 합리화되지 않는 경우가 거의 없다. 따라서 이제는 양심의 힘을 어떻게든 억눌러야 하는 지경에 이르렀다.

양심은 우리 삶에서 무척 다양한 형태로 나타나기 때문에 정말 헷갈리는 개념이다. 이 다양한 유형의 양심이 본질적으로 똑같은 것이고 내용만 다른 것일까? '양심'이란 이름만 똑같고, 현상은 다른 것일까? 혹시 경험에 근거해서 그 현상을 인간 동기의 문제로 조사하면, 양심의 존재라는 가정이 허물어지는 것은 아닐까?

이런 의문들에 대답할 만한 단서는 양심을 다룬 철학적 문헌에서 얼마든지 찾아낼 수 있다. 키케로와 세네카는 양심을 마음의 목소리로 정의하며, 마음의 목소리는 윤리적 기준에 따라 우리 행동을 나무라거나 옹호하는 것이라 규정했다. 한편 스토아철학자들은 양심을 자기 보존(self-preservation; 자신을 보살피는 행위)과 관련시켰고, 특히 크리시포스는 양심을 '마음속의 조화 의식'으로 묘사했다. 스콜라철학에서는 양심을 신이 인간에게 심어준 '이성의 법칙(lex rationis)'으로 생각했다. 이성의 법칙은 교육이나 경험에 의하지 않고 선천적으로 사물을 판단하고 행할 수 있는 마음의 작용을 뜻하는 '양지양능(良知良能, synderesis)'과 구분된다. 양지양능은 옳고 그름을 판단하고 옳은 것을 해내는 습관이나 능력을 뜻하는 반면, 이성의 법칙은 특정한 행동에 적용되는 일반적인 원칙이다.

요즘의 학자들은 '양지양능'이란 용어를 사용하지 않지만, '양심'은 지금도 스콜라철학에서 '도덕적 원칙의 내적인 자각'이란 뜻으로 '양지양능'을 대신해 자주 사용되고 있다. 이런 자각에 내재된 정서적 요소는 영국 사상가들에 의해 강조되었다. 예컨대 샤프츠버리 백작 3세(Third Earl of Shaftesbury, 1671~1713)는 인간에게는 '도의심(moral sense)'이란 것이 있다고 가정했다. 인간의 정신이 우주의 질서와 조화를 이룬다고 가정하며, 샤프츠버리는 도의심을 옳고 그름을 판단하는 분별력인 동시에 정서적 반응이라 정의했다. 조지프 버틀러(Joseph Butler, 1692~1752)는 도덕적 원칙이 인간의 본질적인 일부라 생각하며, 양심을 자애로운 행동에 대한 내적인 욕망과 동일시했다. 애덤 스미스(Adam Smith, 1723~1790)에 따르면, 다른 사람을 향한 우리의 감정이나 다른 사람의 결정에 대한 우리의 반응이 양심의 핵심이다. 한편 이마누엘 칸트는 양심을 구체적인 내용으로부터 끌어냈고 의무감과 동일시했다. 니체는 종교적 '떳떳하지 못한 양심(bad conscience)'을 신랄하게 비판하며, 진정한 양심은 자기 확인(self-affirmation), 즉 '자신의 자아에게 긍정할 수 있는 능력'에 뿌리를 둔다고 보았다. 막스 셸러(Max Scheler, 1874~1928)는 양심을 합리적 판단이지만, 생각에 의한 판단이 아니라 감정에 의한 판단의 표현이라 믿었다.

그러나 지금까지 정답을 찾기 위한 노력조차 없었던 중요한 문제들이 있다. 구체적으로 말하면, 정신분석학적 연구 자료에서 해결의 실마리를 찾을 수 있는 동기부여의 문제다. 이제부터 권위주의적 윤리와 인본주의적 윤리를 구분하는 일반적인 기준에 따라 권위주의적 양심과 인본주의적 양심을 구분해보자.

1. 권위주의적 양심

권위주의적 양심은 외적인 권위체, 예컨대 부모와 국가 등 어떤 문화에서 인정하는 권위체의 마음속에 자리 잡은 목소리를 뜻한다. 평범한 사람과 권위체의 관계가 피상적인 수준에 머무는 한, 윤리적 제재가 없다면 양심을 거론하는 건 거의 불가능하다. 윤리적 제재가 있는 경우의 행동은 순전히 편의적이다. 달리 말하면, 처벌에 대한 두려움이나 보상에 대한 희망에 의해 결정된다. 또한 권위체가 실제로 존재하며 행위자의 행동을 정확히 파악하고, 처벌하거나 보상하는 실질적인 힘이 권위체에 있어야 한다. 이런 상황에서 사람들은 엄격히 말하면 두려움을 느끼는 것이지 죄책감을 느끼는 것은 아니다. 하지만 양심의 형성 과정에서 부모와 교회, 국가와 여론 같은 권위체는 의식적으로나 무의식적으로나 윤리와 도덕의 제정자로 받아들여지고, 사람들은 그렇게 결정된 법과 제재를 받아들여 내면화한다. 말하자면 외부의 권위체가 결정한 법과 제재가 우리 자신의 일부가 되기 때문에, 우리는 외부의 것에 책임감을 느낀다고 생각하지 않고 내부의 것, 즉 우리 양심에 책임감을 느끼게 된다. 양심은 외적 권위체보다 훨씬 효과적으로 우리 행동을 통제한다. 외적 권위체는 피할 수 있지만 누구도 자신으로부터 도피할 수는 없기 때문이다. 따라서 우리 자신의 일부가 내면화된 권위로부터도 도피할 수 없다. 권위주의적 양심은 프로이트가 초자아로 묘사했던 것이다. 하지만 뒤에서 다시 살펴보겠지만, 권위주의적 양심은 양심의 한 형태, 어쩌면 양심의 발달에서 예비적 단계에 불과한 것이다.

처벌에 대한 두려움이나 보상에 대한 희망과는 다른 것이지만, 권위체와의 관계가 내면화된 후에도 그 밖의 본질적인 면은 크게 달라지지 않는다. 권위주의적 양심의 명령은 우리 자신의 가치 판단에 의해 결정되는 게 아니기 때문이다. 권위주의적 양심의 명령과 금제(禁制)는 애초부터 권위체에 의해 결정되고, 그 결과에 의해서만 권위주의적 양심의 방향이 결정된다. 예컨대 어떤 규범이 선한 것이면, 양심은 우리 행동을 선한 방향으로 끌어갈 것이다. 하지만 그 규범이 선하기 때문에 양심의 규범이 되는 것이 아니라 권위체가 부여한 규범이기 때문에 양심의 규범이 되는 것이다. 따라서 규범이 나쁜 것이라 할지라도 선한 규범과 똑같은 정도로 양심의 일부가 된다. 예컨대 히틀러를 신봉하던 사람도 인간적으로 역겨운 행위를 범하면서 자신의 양심에 따라 행동하는 것이라 믿었다.

그러나 권위체와의 관계가 내면화되더라도 이 내면화가 양심을 외부의 권위체로부터 완전히 떼어놓을 수 있는 것이라고 생각해서는 안 된다. 강박 신경증의 사례에서 흔히 연구되는 이런 완전한 결별은 일반적인 현상이 아니라 예외적인 현상이다. 권위주의적인 양심을 지닌 사람이 외적인 권위체와 그런 권위체의 내면화된 결과에 언제나 얽매여 지내고, 권위주의적 양심과 외적인 권위체 사이에 끊임없는 상호작용이 있다는 것도 사실이다. 우리에게 경외감을 주는 외적인 권위체의 존재는 내면화된 권위, 즉 양심에 끊임없이 양분을 공급하는 원천이다. 권위체가 현실 세계에 존재하지 않으면, 즉 우리가 권위체를 두려워할 이유가 사라지면, 권위주의적 양심은 약화되고 힘을 상실한다. 동시에 권위주의적 양심은 우리가 외적인 권위체에 대해 갖는 이미지에도 영향을 미친다. 권위주의적 양심은 뭔가를 동경하고 어떤 이상을 꿈꾸며 어떤 식으로든 완벽함을 추구하려는 인간의 욕망에 영향을 받기 마련이고, 완벽함이라는 이미지가 외적인 권위체에 투영되기 때문이다.[32] 그 결과로 이번에는 외적인 권위체의 이미지가 양심의 '이상성'에 영향을 받게 된다. 우리가 권위체에 대해 생각하는 특성이 권위체의 실제 특성과 다르기 때문에 이런 상호작용이 무척 중요하다. 더구나 외적인 권위체는 더욱더 이상화되며, 쉽게 내면화된다.[33] 내면화와 투영이란 상호작용은 이상적인 권위체라는 확고한 확신, 즉 모순을 고발하는 경험적인 증거에도 영향을 받는 확고부동한 확신으로 이어진다.

권위주의적 양심의 내용물은 권위체의 명령과 금제로부터 형성된다. 권위주의적 양심의 영향력은 권위체에 대한 두려움과 동경이란 감정에서 비롯된다. 선한 양심은 외적인 권위체와 내면화된 권위체를 즐겁게 해주려는 의식이고, 죄책감 혹은 양심의 가책은 그런 권위체를 불쾌하게 만들고 있다는 의식이다. 선한 권위주의적 양심은 권위체로부터 인정받고 한층 가까워졌다는 뜻이 함축되어 있기 때문에 행복하고 안전하다는 감정을 빚어낸다. 반면에 죄책감은 권위체의 뜻에 반하여 행동함으로써 권위체에게 처벌받고, 더 나아가 버림받을 만한 위험을 저질렀다는 뜻이므로 두려움과 불안감을 낳는다.

권위체에게 버림받는 경우의 충격을 완전히 이해하려면 권위주의적인 사람의 성격 구조를 다시 기억해내야 한다. 권위주의적인 사람은 자신보다 강하고 뛰어나다고 생각되는 권위체의 일부로서 일종의 공생적 존재가 될 때 내적인 편안함을 얻는다. 자신의 독자성을 희생하며 권위체의 일부가 될 때 그는 권위체의 영향력을 공유한다고 느낀다. 이런 공생의 정도에 따라 확신감과 일체감이 결정된다. 권위체로부터 버림받으면 허공에 내던져지며 두려운 공허감에 직면해야 한다는 뜻이다. 권위주의적 성격에게 이보다 나쁜 상황은 없다. 물론 권위체로부터 사랑받고 인정받으면 더할 나위 없는 만족감을 얻지만, 권위주의적 성격에게는 버림받는 거절보다 처벌이 더 낫다. 권위체가 벌을 주더라도 여전히 그와 함께하기 때문이다. 그가 죄를 범해 벌을 받는다면 권위체가 여전히 그에게 관심을 두고 있다는 증거가 아니겠는가. 처벌을 받아들임으로써 그의 죄는 씻어지고, 권위체에 속해 있다는 안전감은 회복된다.

카인이 저지른 범죄와 그로 인해 가해진 처벌을 기록한 성경 이야기는 인간이 가장 두려워하는 것이 거절이지 처벌이 아니라는 걸 보여주는 대표적인 예다. 하느님은 아벨의 제물을 받아들였지만 카인의 제물을 받아들이지 않았다. 하느님은 어떤 설명도 없이 카인에게 최악의 형벌을 내렸다. 권위체에게 받아들여지지 않고는 살아갈 수 없는 인간에게 가해질 수 있는 최악의 형벌이었다. 하느님이 카인의 제물을 거절한 행위는 결국 카인을 거절한 것이었다. 카인은 그 거절을 견딜 수 없었다. 그래서 자신에게서 가장 중요한 것을 빼앗아간 경쟁자를 살해했다. 그 범죄로 카인은 어떤 처벌을 받았는가? 죽임을 당하지도 않았고 어떤 체벌도 받지 않았다. 심지어 하느님은 누구도 카인을 죽여서는 안 된다는 금지령까지 내렸다. 카인에게 가해진 표식은 "누구에게든 죽음을 면하게 하려는 의도"로 주어졌다. 그런 형벌로 말미암아 카인은 '버림받은 사람'이 되었다. 하느님에게 버림받은 후에는 인간으로부터도 버려졌다. 카인이 하느님에게 "벌이 너무 무거워서 저로서는 견디지 못하겠습니다."(창세기 4:13)라고 하소연할 수밖에 없는 형벌이었다.

지금까지 나는 권위주의적 양심의 형식적인 구조를 다루며, 선한 양심은 외적인 권위체와 내면화된 권위체를 즐겁게 해주려는 의식이고 죄책감은 그런 권위체를 불쾌하게 만드는 의식이란 걸 입증해보였다. 이번에는 권위주의적인 선한 양심과 죄책감은 어떤 내용을 띠는지에 대해 살펴보기로 하자. 권위체가 제시한 규범을 위반하면 불복종하며 반항한 것이므로 규범 자체가 선한 것이든 나쁜 것이든 상관없이 죄를 범한 것이지만, 권위주의적 상황에는 필연적으로 저항이 따르기 마련이다.

권위주의적 상황에 대한 가장 기본적인 공격은 권위체의

지배에 대한 저항이다. 따라서 불복종은 대죄(大罪)가 되고, 순종은 기본 덕목이 된다. 순종은 권위체의 우월적인 능력과 지혜를 인정하며, 권위체에게 명령하고 보상하며 처벌할 권한이 있다는 것도 인정한다는 뜻이다. 권위체가 자신이 보유한 힘을 두려워할 것이라 생각하며 사람들에게 순종을 요구하는 게 아니다. 자신이 도덕적으로 우월하고 옳다고 확신하기 때문에 순종을 요구하는 것이다. 권위체는 존경해야 마땅하므로, 권위체에 의문을 품는 것은 금기시된다. 권위체가 자신이 내린 명령과 금지, 보상과 처벌의 이유를 설명하는 경우가 있지만 굳이 그렇게 해야 할 이유가 없다. 그렇다고 권위체를 의심하거나 비판할 권리가 개인에게 있는 것은 아니다. 권위체를 비판할 어떤 이유가 있는 듯하더라도 잘못한 쪽은 권위체에 종속된 개인인 게 분명하다. 따라서 그런 개인이 감히 권위체를 비판했다는 사실만으로도 그는 죄를 범한 것이다.

권위체의 우월성을 인정해야 하는 의무는 거의 필연적으로 적잖은 금지로 이어진다. 가장 포괄적인 금지는 권위체처럼 될 수 있다는 생각조차 억제하는 금기(taboo)다. 그런 생각은 권위체의 절대적인 우월성과 독자성과 모순되기 때문이다. 앞에서도 지적했듯이 아담과 하와의 진짜 죄는 하느님처럼 되려고 시도한 짓이었다. 그런 도발을 처벌하고 다시는 그런 도발을 반복하지 못하도록 아담과 하와는 에덴동산에서 쫓겨났다.[34] 권위주의 체제에서 권위체는 그 종복들과는 근본적으로 다른 존재다. 권위체에게는 누구도 도달할 수 없는 권능이 있다. 예컨대 종복들은 감히 꿈도 꿀 수 없는 불가사의한 마력과 지혜와 설득력을 갖는다. 권위체가 어떤 특권을 누리고, 우주의 주인이든 운명의 여신이 보낸 유일한 지도자든 간에, 권위체와 인간은 근본적으로 다르다는 것이 권위주의적 양심의 기본적인 원칙이다. 권위체는 다른 존재의 뜻을 따르지 않고 오로지 자신의 뜻대로 행동하는 유일한 존재, 수단이 아니라 그 자체로 목적인 유일한 존재, 창조할 뿐이고 창조되지 않은 유일한 존재라는 점에서 권위체의 유일성이 중요하다. 권위주의적 지향에서 의지력과 창조력은 권위체의 특권이다. 권위체에 종속된 사람들은 권위체의 목적을 위한 수단이다. 달리 말하면, 권위체가 자신의 목적을 달성하기 위해 사용하는 인적 재산이다. 결국 피조물이 '사물'이기를 거부하고 창조자가 되려는 시도는 권위체의 우월성에 대한 도전인 셈이다.

그러나 인간은 생산과 창조의 노력을 멈춘 적이 없었다. 생산이 힘과 자유와 행복의 근원이기 때문이다. 하지만 우리가 자신을 초월하는 힘에 의존하고 있다고 느끼는 한, 생산은 곧 의지력의 표현이기 때문에 우리는 죄책감을 느낄 수밖에 없다. 바벨탑을 쌓던 사람들은 하늘에 닿는 도시를 건설하려는 합일된 노력 때문에 벌을 받았다. 프로메테우스는 생산

을 상징하는 불의 비밀을 인간에게 알려주었기 때문에 사슬
로 바위에 묶였다. 루터와 칼뱅은 힘과 권력에 대한 인간의 자
부심을 잘못된 욕심이라 비판했고, 정치적 독재자들은 괘씸한
개인주의라고 비난했다. 인간은 생산이란 범죄를 범한 잘못
에 노여워하는 신들을 달래기 위해 곡물이나 가축 중 최고의
것을 제물로 바쳤다. 할례도 신을 달래려는 또 다른 시도였다.
요컨대 남성의 생산력을 상징하는 남근의 일부를 하느님에게
제물로 바침으로써 남근을 사용할 권리를 유지하려고 했던 것
이다. 이처럼 인간은 신에게 제물을 바치는 형식으로 생산에
대한 신의 독점권을 상징적으로나마 인정했다. 또한 인간은
자신의 능력을 억눌러왔다. 의지력과 창조력의 행사는 유일한
창조자라는 권위체의 특권에 대한 반항이므로 권위체의 '사
물'로 머무는 게 종복의 의무라는 권위주의적 확신에서 비롯
되는 죄책감에 따른 결과다. 인간은 자신의 힘을 억누르며 점
점 약화되었고, 직접 '창조자와 건설자'가 되려고 시도했던 잘
못을 속죄하기 위해서 더욱더 순종하게 되었다.

　역설적이지만 독립심을 키우고 생산하며 강한 자긍심을
갖게 된 결과로 생겨난 것이 권위주의적 죄책감이다. 반면에
권위주의적 선한 양심은 순종과 의존성, 무력감과 죄의식 등
에서 생겨난다. 사도 바울과 아우구스티누스, 루터와 칼뱅은
이런 선한 양심을 조금의 오해도 없도록 완벽하게 표현해주

었다. 자신의 무력함을 자각하고, 자신을 한없이 낮추며, 자신의 죄와 사악함에 괴로워하는 마음은 선함의 증거다. 양심의 가책을 느낀다는 사실 자체가 미덕의 증거로 여겨지는 이유는 양심의 가책이 권위체 앞에서 두려움을 느끼는 징후기 때문이다. 역설적이지만, 권위주의적 죄책감은 '선한' 양심을 위한 기반이 되는 반면에 선한 양심은 죄책감을 야기해야 한다.

권위체의 내면화에는 결과적으로 두 가지 현상이 뒤따른다. 하나는 지금까지 살펴본 바와 같이 인간이 권위체에 복종하는 경우며, 다른 하나는 인간이 권위체 못지않게 엄격하고 잔혹하게 처신함으로써 권위체의 역할을 인계받는 경우다. 따라서 인간은 순종적인 노예가 되는 데 그치지 않고, 자신을 자신의 노예로 다루는 엄격한 주인이 되기도 한다. 권위주의적 양심의 심리적 메커니즘을 이해하려면 두 번째 현상이 무척 중요하다. 권위주의적 성격은 생산력이 다소 떨어지기 때문에 상당한 정도의 사디즘과 파괴성을 띠게 된다.[35] 이런 파괴적 에너지는 권위체의 역할을 떠안고 자신을 노예로 지배함으로써 발산된다. 프로이트는 초자아를 분석할 때, 다른 관찰자들이 수집한 임상자료에서 충분히 확인된 초자아의 파괴적인 부분을 자세히 서술했다. 그런 공격성의 근원이 프로이트가 초기의 저작에서 추정했듯이 대체로 본능적인 욕구불만에서 찾아지느냐, 아니면 나중에 추정했듯이 '죽음 본능(death instinct)'에서 찾아지느냐는 중요하지 않다. 중요한 것은 권위주의적 양심이 자신에 대한 파괴성으로부터 양분을 공급받고, 따라서 파괴적인 열망이 미덕이란 이름으로 작동되는 게 허용된다는 사실이다. 실제로 정신분석학적 연구, 특히 강박적 성격에 대한 연구에서 우리가 양심을 이유로 때때로 잔혹하고 파괴적으로 행동한다는 게 밝혀졌다. 달리 말하면, 양심 때문에 우리가 내면에 쌓이고 쌓인 증오심을 자신에게 돌리며 행동으로 표출한다는 것이다. 인간은 자유를 억압받으면 본능적으로 자신에게도 원망의 화살을 돌린다는 니체의 주장이 옳다는 걸 프로이트는 설득력 있게 입증해보였다. 적대감과 잔혹성, 박해와 공격 및 변화와 파괴 등에서 얻는 가학적 즐거움, 이런 모든 본능이 소유자에게로 화살을 돌린다. '양심의 가책'을 느끼게 되는 원인이 여기에 있다.[36]

인류의 역사에 등장한 대부분의 종교와 정치체제는 권위주의적 양심의 사례로 이용될 수 있다. 나는《자유로부터의 도피》에서 이미 이런 관점을 기초로 프로테스탄티즘과 파시즘을 분석했다. 따라서 여기에서는 역사적인 설명을 제외하고, 서구 문화에서도 부모와 자식의 관계에서 흔히 관찰되는 권위주의적 양심을 분석하는 데 초점을 맞추려 한다.

권위주의적인 태도는 비민주적이고 권위를 앞세우는 문화의 특징인 것으로 여겨진다. 따라서 서구 문화에 관련해 '권위주의적 양심(authoritarian conscience)'이란 용어가 사용되는 것에 적잖은 독자가 당혹스럽게 생각할지도 모르겠다. 하지만이런 선입견은 권위주의적 요소의 강력한 힘, 특히 요즘의 가정과 사회에서 익명으로 활동하는 권위체의 역할을 과소평가한 결과다.[37]

정신분석학 연구를 위한 인터뷰 자료는 도시 중산계급에잠재된 권위주의적 양심을 연구하기에 좋은 출발점 중 하나다. 부모의 권위와 자식들이 그 권위에 대응하는 방법이 신경증이란 중대한 문제로 드러났다. 정신분석학자의 연구 결과에따르면, 대다수의 환자가 부모를 비판하지 못했고, 어떤 부분에서는 부모를 비판하면서도 자신들도 고뇌하는 부분에서는비판을 꺼리며 멈추는 사람도 적지 않았다. 또 부모 중 한 명에게 적절한 이유로 비판과 분노를 쏟아내면서도 죄책감과 불안감에 시달리는 사람도 있었다. 게다가 상당한 분석 작업 후에야 환자가 분노와 비판을 야기한 사건을 기억해내는 경우도많았다.[38]

부모를 즐겁게 해주지 못한 경험에서 비롯되는 죄책감은깊이 감춰지기 때문에 더더욱 감지하기 힘들다. 때때로 어린아이의 죄책감은 자신이 부모를 충분히 사랑하지 않는다는 사실과 밀접한 관계가 있다. 특히 부모가 아이에게 주인공이 되기를 기대한 경우에 그렇다. 때로는 부모의 기대를 실망시켰다는 두려움에서도 어린아이는 죄책감을 느낀다. 이 경우는 권위주의적 부모의 태도와 관련 있기 때문에 무척 중요하다. 가족을 개인적인 재산으로 여겼던 로마 시대의 가장과 요즘의 아버지는 크게 다르지만, 지금도 자식들은 부모가 자신의 삶에서 이루지 못한 것을 대신하며 부모를 만족시키려고 세상에 태어난 것이라고 생각하는 경우가 있다. 소포클레스의 《안티고네》에서 크레온이 부모의 권위에 관련해 아들 하이몬에게 읊조리는 유명한 대사는 부모의 이런 마음이 표현된 전형적인 사례다.

> 그래, 아들아, 모든 경우에나 아비의 다툼을
> 응원하려는 마음을 갖는 건 옳고 또 옳도다.
> 이런 이유에서 사람들은 가정에서
> 본분을 다하는 자손을 낳고 양육하기를 바라는 것이리라.
> 아비의 아비가 그랬듯이, 적에게는 앙갚음하고
> 아비의 친구에게는 명예로 보답하기를 바라는 것이리라.
> 쓸모없는 자식을 얻은 사람은
> 다른 자식을 얻어보라고 위로받을 수 있겠지만
> 골치를 썩어야 할 것이고
> 적들의 웃음거리가 되어야 하리라.[39]

요즘의 비권위주의적 문화에서도 많은 부모가 자식에게 '쓸모 있기'를 바라며, 자신의 삶에서 해내지 못한 것을 대신해 이루어주기를 기대한다. 부모가 성공하지 못한 경우, 자식은 부모에게 대리 만족을 주기 위해서라도 성공해야 한다. 부모가 사랑받지 못한다고 느끼는 경우, 특히 부모가 서로 사랑하지 않은 경우, 자식들이 그 사랑을 채워줘야 한다. 또 사회적 관계가 원만하지 못한 부모는 자식들을 통제하고 지배함으로써 만족을 얻으려 한다. 자식들은 이런 기대에 부응하더라도 충분히 해내지 못해 부모를 실망시킨다고 생각하며 죄책감을 떨치지 못한다.

부모를 실망시켰다는 느낌이 흔히 취하는 형태는 무척 미묘하지만 부모와 다르다는 감정에서 비롯된다. 위압적인 부모는 자식이 기질과 성격에서 자신을 닮기를 바란다. 예컨대 담즙질 아버지는 점액질 아들을 제대로 이해하지 못한다. 실질적인 성취를 중요하게 생각하는 아버지는 이론적인 탐구와 사색에 관심이 많은 자식에게 실망할 수밖에 없다. 한편 아버지의 사고방식이 독선적이라면, 자신과 다른 아들의 모습을 열등한 결함이라 해석한다. 아들은 아버지와 다르다는 이유로 죄책감과 열등감을 느끼며 아버지가 원하는 사람이 되려고 노력한다. 그러나 아들은 자신의 성장을 심각하게 훼손하고, 아버지의 불완전한 복제품이 될 뿐이다. 아들은 아버지를 닮아야 한다고 믿기 때문에 이런 실패는 아들에게 죄책감을 주고, 아들은 양심의 가책은 느낀다. 아들은 이런 의무라는 족쇄로부터 해방되어 본래의 자신이 되려고 시도하지만 이런 '범죄'에 대한 죄의식에 짓눌리기 때문에, 자유라는 목표에 도달하지 못하고 번번이 실패한다. 죄의식이란 짐이 아들에게 한없이 무겁게 느껴지는 이유는 부모의 실망과 꾸중과 호소뿐만 아니라 자식에게 부모를 사랑하기를 바라는 문화적 분위기까지 견뎌내야 하기 때문이다.

지금까지 살펴본 내용은 권위주의적 가정에 해당되는 것이어서 요즘 미국, 특히 도시 가정에는 들어맞지 않는 듯하다. 미국의 도시 가정에 권위 의식이 거의 눈에 띄지 않는 것은 사실이지만, 내가 대략적으로 제시한 모습은 본질적인 면에서 여전히 진실이다. 명시적인 권위체가 명시적인 명령을 내리지는 않지만, 정서적으로 무척 부담스런 기대가 익명의 권위체에 의해 은근히 표현되고 있기 때문이다. 게다가 부모는 자신들이 권위적이라 생각하지 않지만, 시장이란 익명의 권위를 대신하는 존재들이다. 또한 부모는 자식들이 일정한 기준—부모와 자식 모두가 따라야 하는 기준—에 부끄럽지 않게 살기를 바란다.

죄책감은 비이성적인 권위체에 대한 의존성과 그런 권위체를 즐겁게 해주는 게 자신의 의무라는 생각에서 비롯된다.

하지만 그렇게 생겨난 죄책감은 다시 의존성을 강화하는 역할을 한다. 죄책감이 의존성을 형성하고 강화하는 가장 효과적인 수단이라는 것은 이미 입증되었고, 권위주의적 윤리가 인류의 역사에서 맡은 사회적 기능 중 하나가 여기에 있다. 입법자의 위치에 있는 권위체는 종복들에게 수많은 위반 행위에 대해 죄책감을 느끼게 한다. 따라서 불가피한 위반 행위로 권위체에 대해 느끼는 죄책감과 권위체에게 용서를 바라는 마음은 '위반 행위-죄책감-용서의 바람'이란 끝없는 순환을 만들어낸다. 그런 순환에 구속된 종복들은 권위체의 요구를 비판하기는커녕 용서를 고마워한다. 죄책감과 의존성의 이런 상호작용은 권위주의적 관계의 결속과 강화에 기여한다. 비이성적인 권위체에 의존하면, 결국 의존적인 사람은 의지력이 더욱 약화된다. 의지력을 약화시키는 것은 필연적으로 의존성을 더욱더 증대시킨다. 이렇게 악순환이 형성된다.

어린아이의 의지력을 약화하는 가장 효과적인 방법은 아이에게 죄책감을 심어주는 것이다. 이 방법은 어린 나이에도 얼마든지 적용된다. 성적 욕구를 마음속으로 품거나 겉으로 드러내는 짓은 '나쁜 짓'이라고 아이에게 알려주는 것으로 충분하다. 어린아이라도 성욕을 품지 않을 수 없기 때문에 죄책감을 심어주는 데 실패할 이유가 없다. 부모(부모가 대표하는 사회)가 성욕과 죄책감을 결부시키는 데 성공하면, 성적 충동이 일어날 때마다 어린아이는 어김없이 죄책감에 사로잡히기 마련이다. '도덕적' 요구가 계속되면 신체적 기능도 약화된다. 예컨대 어린아이가 규정된 방식대로 화장실에 가지 않으면, 또 어린아이가 기대한 만큼 깨끗하지 않으면, 마땅히 먹어야 할 것을 먹지 않으면 '나쁜' 아이가 된다. 결국 본능적인 충동과 부모의 도덕적 평가가 충돌하며 어린아이에게 끊임없이 죄책감을 심어줄 것이기 때문에, 대여섯 살쯤 되면 어린아이는 완전히 죄책감의 포로가 된다.

자유주의적이고 진보적인 교육제도도 이런 상황을 생각만큼 크게 바꿔놓지 못했다. 명시적인 권위체가 익명의 권위체로 대체되었고, 명시적인 명령은 '과학적으로' 정형화된 문구로 바뀌었다. 예컨대 "이것을 하지 말라!"라는 명령이 "너라면 이것을 하고 싶지 않을 거야!"라는 식으로 바뀌었다. 이런 익명의 권위체는 명시적 권위체보다 훨씬 더 억압적이다. 아이는 누가 지배자인지 모른다. 부모도 자신들이 명령을 내리는 것이라 생각하지 않는다. 따라서 아이는 저항할 수 없고, 독립심을 키울 수도 없다. 아이는 과학과 상식과 협력이란 이름으로 달래지고 설득된다. 이런 객관적인 원리들에 누가 반항할 수 있겠는가?

아이는 일단 의지가 꺾이면 죄책감이 다른 식으로 강화된다. 아이는 억눌리고 지배당하고 있다는 걸 어렴풋이 자각하고 있지만 그 상황을 어떻게든 이해해야 한다. 당혹스럽고 고통스런 상황을 받아들이려면 어떻게든 그 상황을 설명하려는 과정이 있어야 하지 않겠는가. 원칙적으로 이런 경우에 아이가 선택하는 합리화는 인도의 카스트제도에서 가장 낮은 신분에 속하는 불가촉천민이나 고통받는 그리스도인의 합리화와 똑같다. 패배와 유약함은 죄에 대한 정당한 처벌로 '설명'된다. 자유의 상실도 죄의 증거로 합리화되며, 이런 확신에 문화와 부모의 가치 체계로부터 비롯된 죄책감이 더욱더 커진다.

부모의 권위라는 압력에 대한 아이의 자연스런 반응은 반항이며, 이런 반항이 프로이트가 말하는 '오이디푸스 콤플렉스'의 핵심이다. 프로이트는 남자아이가 어머니를 차지하려는 성적 욕망 때문에 아버지의 경쟁자가 된다고 생각한다. 더 나아가 이런 경쟁 관계에서 비롯되는 불안감을 만족스럽게 해결하지 못할 때 신경증이 발병하는 것이라고도 생각한다. 프로이트는 자식과 부모의 갈등뿐만 아니라 자식이 그 갈등을 만족스럽게 해결하지 못하는 결과에 신경증의 원인이 있다고 지적했다. 하지만 내 생각에 그 갈등은 주로 성적 경쟁에서 생겨난 것이 아니라 가부장적 사회에 필연적으로 존재하는 부모의 권위라는 압력에 대한 자식의 대응이다.

사회와 부모의 권위가 어린아이의 의지와 자발성과 독립심을 깨뜨리는 경향을 띠는 한, 어린아이는 부모로 대변되는 권위에 맞서 싸운다. 누구도 자신의 의지와 자발성과 독립성이 외부의 힘에 의해 파괴되는 걸 쉽게 용납하지 않는다. 따라서 어린아이도 압력으로부터 해방되기 위해서도 싸우고, 자동인형(automaton)이 아니라 온전한 자격을 갖춘 인간, 즉 본래의 자신이 되는 자유를 쟁취하기 위해서도 싸운다. 자유를 위한 투쟁에서 거두는 성공의 정도는 아이마다 다르지만, 완전한 성공을 거두는 어린아이는 소수에 불과하다. 비이성적인 권위와의 다툼에서 어린아이가 패하며 받은 상처의 흔적이 모든 신경증의 근원에서 발견된다. 그 상처에서 비롯된 증후군의 가장 중요한 특징은 당사자의 독창성과 자발성을 약화시키거나 마비시키는 것이다. 자아가 약화되고 가짜 자아가 빈자리를 대신하면, "나는 존재한다"라는 감정이 둔감해지며 다른 사람들의 기대가 합해진 결과로 자아가 대체된다. 또한 자주성이 타율성으로 대체되고, 모호한 대인관계, 특히 미국의 정신분석학자 해리 스택 설리번의 용어를 빌리면 모든 대인관계의 '병렬왜곡(parataxic distortion)'으로 대체된다. 자아를 위한 투쟁에서 패한 결과로 나타나는 가장 중요한 징후는 죄책감이다. 우리가 권위주의적 그물을 벗어나는 데 성공하지 못하면, 그 성공하지 못한 도피 시도는 죄의 증거가 되고, 순종하는 태도로 돌아가는 경우에만 선한 양심이 회복될 수 있다.

2. 인본주의적 양심

　　인본주의적 양심은 우리가 어떻게든 즐겁게 해주고 기분을 상하게 하지 않으려는 권위체의 내면화된 목소리가 아니다. 인본주의적 양심은 어떤 사람에게나 존재하고, 외적인 제재와 보상에 영향을 받지 않는 목소리, 요컨대 우리 자신의 목소리다. 이 목소리의 본질은 무엇일까? 왜 우리는 그 목소리에 귀를 기울여야 하고, 어떤 경우에 그 목소리에 귀를 닫게 되는 것일까?

　　인본주의적 양심은 이런저런 능력의 기능 작용에 대한 반응이 아니라 인간과 개인으로서 우리 존재를 이루는 모든 능력에 대한 반응이다. 다시 말하면, 우리 전인격(全人格)의 순기능이나 역기능에 대한 전인격적 반응이다. 양심은 우리의 기능 작용을 인간으로 판단한다. 양심(conscience)의 어원인 con-(함께) + scientia(보다)에서 짐작할 수 있듯이, 양심은 '내면의 지식(knowledge within oneself)', 즉 삶의 기술을 올바르게 적용하는 데 관련된 지식을 뜻한다. 그러나 양심이 지식을 뜻하더라도 논리적이고 일관된 사고의 영역에 있는 지식만을 뜻하지는 않는다. 결국 양심은 정신의 반응뿐만 아니라 우리 전인격의 반응이므로 양심에는 정서적인 특성이 있다. 우리가 양심이 뭐라고 말하는지 반드시 알아야 양심에 영향을 받는 것은 아니다. 우리 전인격이 적절히 기능하고 펼쳐지도록 도움을 주는 행동과 생각과 감정은 내적인 승인, 즉 인본주의적 '선한 양심'의 특징인 '도덕적으로 옳다'는 느낌을 불러일으킨다. 반대로 우리 전인격에 해로운 행동과 생각과 감정은 '양심의 가책'의 특징이라 할 수 있는 거북함과 불편함을 야기한다. 따라서 양심은 우리 자신에 대한 우리 자신의 반응이며, 자신에게로 되돌아가 생산적으로 살아가며 충만하고 조화롭게 발전하라고 촉구하는 '참자아(true self)'의 목소리다. 달리 말하면, 우리 안에 잠재된 존재가 되라는 목소리다. 이런 점에서 양심은 우리의 온전함을 수호하고, "우리 자아를 떳떳하게 보장하는 동시에 우리 자아에게 긍정적으로 말할 수 있는 능력"이다.[40] 사랑하는 사람의 잠재력과 독자성을 인정하고 사랑하는 사람을 배려하고 존중하는 행위로 사랑이 정의된다면 인본주의적 양심은 우리 자신에 대한 우리의 애정 어린 배려라고 해야 마땅할 것이다.

인본주의적 양심은 우리 참자아의 목소리기도 하지만, 우리가 삶에서 겪은 도덕적 경험의 진수를 담고 있기도 하다. 우리는 삶의 목표와 그 목표를 성취하는 데 적용해야 할 원칙들을 인본주의적 양심에 보존한다. 우리가 직접 찾아낸 원칙은 물론이고, 다른 사람으로부터 배운 후에 우리가 옳다고 받아들인 원칙도 인본주의적 양심이란 형태로 보존된다.

인간이 자기 관심과 본래의 모습을 표현하는 방법이 인본주의적 양심이라면, 권위주의적 양심은 순종과 자기희생, 의무 및 '사회적 적응(social adjustment)'과 관계가 있다. 인본주의적 양심의 목표는 생산이며, 따라서 행복이기도 하다. 행복은 생산적인 삶에 필연적으로 수반되는 것이기 때문이다. 누군가가 품위 있게 보이더라도 우리가 그 사람의 도구가 되어 자아를 상실한 채 무력하고 불행하며 체념해 살아간다면 양심의 요구에 반하는 것이다. 생각과 행동에서, 심지어 먹는 것의 취향이나 성행위에서 자신의 진실한 바람과 인격의 적절한 기능 작용을 어긴다면 양심에 반하는 행위라 할 수 있다.

그러나 양심에 대한 이런 분석은 대다수의 경우에 양심의 목소리가 너무 약해 들리지도 않고 행동을 촉구하지도 못한다는 사실과 모순되는 게 아닐까? 인간이 처한 상황이 도덕적으로 불안정해지는 이유가 여기에 있는 게 사실이다. 하기야 양심이 항상 크고 뚜렷하게 기능한다면 도덕적 목표를 잘못 찾아가는 사람은 소수에 불과할 것이다. 양심의 본질 자체를 근거로 하면, 위의 질문에 "양심은 인간의 진정한 자기 관심을 수호하는 기능을 하므로, 인간이 자신을 완전히 상실하지 않은 정도, 다시 말하면 인간이 자신의 무관심과 파괴성에 무너지지 않는 정도만 살아 있다."라고 대답할 수 있을 것이다. 양심과 생산 사이에는 상관관계가 있다. 우리가 생산적으로 살아갈수록 우리 양심은 더욱 강해지고, 그 결과로 우리 생산성도 더욱 높아진다. 반면에 비생산적으로 살아가면 우리 양심도 약해진다. 우리에게 양심이 가장 절실히 필요할 때 양심이 가장 약하다는 사실은 역설적이면서도 비극적인 인간 조건이 아닐 수 없다.

우리가 양심의 목소리를 듣지 못하기 때문에, 더 노골적으로 말하면 우리가 양심의 목소리를 경청하는 법을 모르기 때문에 양심의 상대적인 무용성이란 문제가 생겨난 것일 수 있다. 많은 사람이 자신의 양심은 확실하게 기능할 것이기 때문에 양심의 메시지는 뚜렷하고 명확할 것이라 착각하며 살아간다. 안타깝게도 양심의 목소리는 무척 약하고 흐릿하다. 따라서 우리는 양심의 목소리를 듣는 법을 배워야 하고, 양심에 따라 행동하기 위해서라도 양심과 교감하는 법을 터득해야 한다.

하지만 양심과 교감하는 법을 터득하기란 주로 두 가지 이유에서 무척 어렵다. 첫째, 양심의 목소리를 들으려면 자신에 귀를 기울여야 하지만, 우리 문화에서 대부분의 사람이 제대로 해내지 못한다. 우리는 모든 목소리, 모두의 말에 귀를 기울이지만 정작 자신의 목소리에는 신경 쓰지 않는다. 우리는 영화와 신문, 라디오와 쓸데없는 잡담 등 사방에서 소음처럼 웅웅거리는 소리와 주장에 끊임없이 노출된 채 지낸다. 설령 우리가 우리 자신의 소리를 듣지 않겠다고 의도적으로 계획했더라도 이보다 더 잘해내지는 못했을 것이다.

자신에게 귀를 기울이려면 자신에게 충실하며 혼자 있는 능력도 필요하다. 하지만 현대인에게는 그 능력이 거의 없다. 우리는 혼자 있는 걸 두려워한다. 혼자 있는 것보다 지극히 사소하고 불쾌할 뿐인 사람이라도 그와 함께하며 무의미하기 짝이 없는 활동을 하는 게 더 낫다고 생각한다. 우리는 혼자 있게 되어 자신을 직면하게 될지도 모르는 상황을 두려워하는 듯하다. 자기 자신이 고약한 동반자와 다를 바 없을 거라고 생각하기 때문일까? 혼자 있는 상황에 대한 두려움은 일종의 당혹감, 즉 잘 알면서도 항상 낯설게 여겨지는 사람과 얼굴을 마주칠 때의 두려움과 비슷한 감정인 듯하다. 이때 우리는 두려워하며 황급히 달아난다. 따라서 우리는 자신의 목소리에 귀를 기울일 기회를 놓치고 양심의 목소리를 계속 묵살하게 된다.

미약하고 흐릿한 양심의 목소리에 귀를 기울이는 게 어려운 데는 또 다른 이유가 있다. 양심이 우리에게 직접 말하지 않고 간접적으로 말하기 때문에 우리 마음을 뒤흔들어 놓는 것이 양심이라는 걸 깨닫지 못하는 경우가 적지 않다. 우리는 양심과 분명한 관계가 없는 상당수의 이유로 질병에도 불안감을 느낀다. 무시받는 상황에 우리 양심이 가장 흔히 보이는 간접적인 반응은 막연하고 불분명한 죄책감과 불안감, 혹은 단순한 피로감이나 무력감이다. 때때로 이런 감정들은 이러저러한 행위를 하지 않았다는 죄책감으로 합리화되지만, 그 빠뜨린 행위가 진정으로 도덕적인 문제를 실제로 야기하는 것은 아니다. 그러나 진실한 죄책감이 무의식의 차원에 머물더라도 피상적인 합리화로 잠재울 수 없을 정도로 강력하다면, 훨씬 깊고 강렬한 불안증, 심지어 육체적인 질병이나 정신적인 질환으로도 나타날 수 있다.

이런 불안증의 한 형태가 죽음에 대한 공포다. 더 구체적으로 말하면, 인간이면 누구나 죽음을 생각할 때 경험하는 정상적인 공포가 아니라 뭔가에 홀린 듯이 벗어나지 못하는 죽음에 대한 두려움이다. 이처럼 비합리적인 죽음에 대한 공포는 삶의 실패가 원인이다. 삶을 헛되이 낭비했고 우리 능력을 생산적으로 사용할 기회를 날려버렸다는 죄의식의 표현이다. 죽음은 가슴에 사무치도록 씁쓸하지만, 제대로 살아보지도 못한 채 죽어야 한다는 생각은 참으로 견디기 힘들다.

우리 문화에서 무수히 많은 사람이 시달리는 노화(老化)의 공포도 비합리적인 죽음의 공포와 밀접한 관계가 있다. 물론 노년에 대해서도 합리적으로 정상적인 불안감이 있지만, 그 불안감은 '노화'의 악몽 같은 두려움과는 질적인 면과 강도에서 사뭇 다르다. 특히 정신분석학적 상황에서 아직 상당히 젊은데도 노년의 두려움에 사로잡힌 환자를 만나는 건 그다지 어렵지 않다. 그런 환자는 체력이 떨어지면 정서적 능력과 지적 능력, 즉 전인격도 필연적으로 약화된다고 확신한다.

물론 이런 생각은 미신에 불과하며, 정반대의 증거가 차고 넘치지만 좀처럼 사그라들지 않는다. 오히려 우리 문화는 신속성, 적응성, 강인한 체력 등 이른바 젊음의 특성이 성격 개발보다 경쟁의 승리를 우선적으로 지향하는 세계에서 필요한 자질이라고 강조하며, 그런 미신을 더욱더 조장한다. 그러나 많은 사례에서 보듯이, 늙기 전에 생산적으로 살았던 사람은 결코 피폐해지지 않는다. 물론 나이가 들면 체력은 떨어지겠지만, 그가 생산적으로 사는 동안 개발한 정신적이고 정서적인 자질들이 계속 성장한다. 하지만 비생산적인 사람은 활동의 주된 원천이었던 체력이 떨어지면 전인격도 덩달아 피폐해진다.

노년에 인격이 쇠락하는 것은 하나의 징후다. 달리 말하면, 젊은 시절에 생산적으로 살지 않았다는 증거다. 노화에 대한 두려움은 비생산적으로 살고 있다는 감정의 표현이며, 그 감정은 대체로 무의식의 차원에 머문다. 노화에 대한 두려움은 우리 자아에게 몹쓸 짓을 했다는 양심의 반응이기도 하다. 더구나 노년의 특별한 자질, 예컨대 지혜와 경험 등을 상대적으로 높이 평가하며 존중하는 문화가 있다. 그런 문화에서 흔히 목격되는 마음가짐을 일본 화가 가츠시카 호쿠사이(葛飾北斎, 1760~1849)가 무척 아름답게 표현해주었다.

> 여섯 살부터 나는 온갖 사물을 미친 듯이 그렸다. 쉰 살까지 나는 무수히 많은 그림을 발표했지만, 일흔 살이 되기 전에 내가 그린 것들은 고려할 가치조차 없는 것이다. 일흔 세 살에야 나는 자연, 동물, 식물, 조류, 어류, 곤충류의 실질적인 구조를 조금이나마 깨달았다. 따라서 여든 살이 되면 나는 조금 더 진전해 있을 테고, 아흔 살에는 사물의 신비함을 꿰뚫어보게 될 것이다. 백 살이 되면 나는 분명히 놀라운 경지에 도달해 있을 것이고, 백열 살이 되면 내가 찍는 점 하나하나, 내가 긋는 선 하나하나가 생생하게 살아 있게 될 것이다.
> 한때 호쿠사이였지만 지금은 그림에 미친 노인이 일흔다섯 살에 쓰다.[41]

죽음과 노년에 대한 비합리적인 두려움보다는 덜 극적이지만, 인정받지 못하는 것에 대한 두려움도 무의식적인 죄책감을 드러내는 중요한 표현 방식이다. 이 경우에도 정상적인 태도가 비합리적으로 왜곡된다. 인간이면 누구나 동료에게 인정받고 싶어 하기 마련이다. 하지만 현대인은 모두에게 인정받기를 원하기 때문에 문화유형에서 벗어난 생각과 감정과 행동에서 문화유형으로부터 벗어나는 걸 두려워한다. 인정받지 못하는 것에 대해 이처럼 불합리한 두려움을 갖는 이유 중 하나는 무의식적인 죄책감 때문이다. 생산적으로 살지 못한 까닭에 자기 자신을 인정하지 못하면 다른 사람에게라도 인정받아야 한다. 결국 인간이 이처럼 승인을 갈구하는 이유를 이해하려면, 그 갈구를 '도덕적 문제', 즉 무의식적이지만 온 정신에 만연된 죄의식의 표현으로 인정할 경우에만 가능하다.

인간은 마음의 문을 닫고 양심의 목소리에 얼마든지 귀를 닫을 수 있다. 그러나 이런 시도가 실패하는 상태가 있다. 바로 수면 상태다. 수면 상태에 들어가면 인간은 대낮에 자신을 때려대는 온갖 소음을 차단하고, 가치 판단과 통찰력 외에 많은 비합리적인 욕망으로 구성되는 내적 경험만을 받아들인다. 수면은 인간이 양심을 잠재울 수 없는 유일한 시간이다. 그러나 우리가 양심의 목소리를 듣는 수면 중에는 행동할 수 없고, 우리가 잠을 깨고 행동할 수 있게 되면 꿈에 알았던 것을 까맣게 잊는다는 게 안타까운 비극이다.

다음의 꿈을 예로 들어 설명해보자. 한 유명 작가가 많은 돈과 명성을 보장받지만 작가로서의 진실함을 포기해야 하는 자리를 제안받았다. 그 제안의 수용 여부를 고민하는 동안 그는 다음과 같은 꿈을 꾸었다. 산기슭에서 두 사람을 만났다. 둘 모두 성공한 사람이지만, 그가 기회주의자라고 경멸하던 사람이었다. 그들은 그에게 자동차로 좁은 길을 따라 정상까지 올라가라고 말했다. 그는 그들의 조언을 받아들였다. 산꼭대기에 거의 도착했을 즈음 그의 자동차가 도로에서 떨어졌고, 그는 목숨을 잃고 말았다. 그의 꿈에 담긴 메시지는 굳이 해석할 필요도 없었다. 그는 제안된 자리를 받아들이면 파멸을 자초하는 짓이라는 걸 알게 되었다. 물론 꿈이 상징적 언어로 표현한 것처럼 육체의 죽음은 아니었지만, 완전하고 생산적인 인간을 포기해야 하는 파멸이었다.

지금까지 우리는 권위주의적 양심과 인본주의적 양심의 개별적인 특징을 설명하기 위해 두 양심을 분리해 살펴보았다. 하지만 두 양심은 현실적으로 분리되지 않으며, 상호배타적이지도 않다. 오히려 모든 사람이 두 '양심'을 동시에 갖는다. 문제는 두 양심 중 어느 쪽이 더 강하고, 두 양심이 어떤 관계에 있느냐는 것이다.

죄책감은 의식적인 차원에서는 권위주의적 양심으로 경험되지만, 역학적으로는 인본주의적 양심에 뿌리를 두고 있다. 이 경우에 권위주의적 양심은 인본주의적 양심의 합리화라 할 수 있다. 우리는 의식적인 차원에서는 권위체를 즐겁게 해주지 못한 것에 죄책감을 느끼지만, 무의식적으로는 자신의 기대치에 부응하지 못한 것에 죄책감을 느낄 수 있다.

예컨대 어떤 사람이 음악가가 되고 싶었지만 아버지의 바람을 채워주려고 사업가가 되었다고 해보자. 그는 사업에서 성공하지 못했고, 그의 아버지는 아들의 실패에 실망감을 감추지 않았다. 아들은 깊은 우울증에 빠졌고 일마저 제대로 할 수 없어, 결국 정신분석학자의 도움을 받기로 결정했다. 정신분석을 위해 상담실에 앉자마자 그는 무력감과 우울한 감정을 장황하게 설명했다. 곧이어 그는 자신의 우울증이 아버지를 실망시켰다는 죄책감에서 비롯되었다는 걸 깨달았다. 의사가 그런 죄책감의 진정성에 대해 묻자, 그는 짜증을 내며 언짢아 했다.

　하지만 얼마 후 그는 꿈을 꾸었다. 사업가로 성공해 아버지에게 칭찬받는 꿈이었고, 현실의 삶에서 결코 일어나지 않았던 일이었다. 그런데 꿈속에서 그는 느닷없이 극심한 공포와 함께 자살하고 싶은 충동에 사로잡혔고, 그때 잠에서 깨어났다. 그는 의사의 지적대로 그가 죄책감의 근원을 잘못 판단하고 있는 것은 아닌지 생각해보았다. 결국 그는 죄책감의 근원이 아버지를 만족시키지 못한 탓에 있는 게 아니라 오히려 아버지에게 순종하며 그 자신의 바람을 저버리는 데 있다는 걸 알게 되었다. 그가 의식적인 차원에서 느끼는 죄책감은 권위주의적 양심의 한 표현으로 어느 정도까지는 진실된 것이지만 그 자신에 대한 죄책감을 완전히 뒤덮고 있어, 얼마 전까지 그런 죄책감의 존재조차 전혀 몰랐던 것이다.

이런 억압의 이유를 알아내는 건 그다지 어렵지 않다. 우리 문화유형이 이런 억압을 옹호하기 때문이다. 우리 문화유형에 따르면 아버지를 실망시킨 것에 대한 죄책감은 이해되지만 자신의 자아를 무시한 것에 대한 죄책감은 설명되지 않는다. 또 다른 이유는 그가 범한 진짜 잘못이 무엇인지에 대한 깨달음에서 비롯되는 두려움, 즉 분노하는 아버지를 무서워하며 아버지를 만족시키려고 애쓰는 대신 모든 구속에서 벗어나 자신의 삶을 진지하게 받아들여야 한다는 두려움이다.

권위주의적 양심과 인본주의적 양심에서 또 하나의 관계유형을 찾을 수 있다. 두 양심에서 제시하는 규범의 내용은 동일하더라도 그 규범을 받아들이는 동기는 다르다는 것이다. 예컨대 살인하지 말라, 미워하지 말라, 질투하지 말라, 이웃을 사랑하라 등과 같은 명령은 권위주의적 윤리와 인본주의적 윤리 모두에서 강조하는 규범들이다. 양심이 진화하는 첫 단계에서 권위체가 명령을 내리지만, 그 이후의 단계에서는 권위체에 대한 복종 때문이 아니라 자신에 대한 책임 때문에 명령이 지켜지는 것이라 말할 수 있다. 영국의 진화생물학자 줄리언 헉슬리(Julian Huxley, 1887~1975)가 주장한 바에 따르면, 인간의 진화 과정에서 합리성과 자유가 인본주의적 양심이 작용할 정도까지 발달하기 전에 권위주의적 양심은 획득된다. 아동 발달에 관련해 똑같은 주장을 제시한 학자들도 적지 않다. 역사적 분석에서 헉슬리의 주장은 나무랄 데가 없지만, 아동의 발달과 관련해 비권위주의적 사회에서도 권위주의적 양심이 인본주의적 양심의 형성을 위한 전제조건이라고는 생각하지 않는다. 이런 가정의 타당성 여부는 향후의 인류 발달 과정에서 입증될 것이다,

양심이 엄격하고 난공불락의 비합리적인 권위에 바탕을 두고 있다면, 인본주의적 양심의 발달은 억압될 수 있을 것이다. 그러면 인간은 외부의 힘에 전적으로 의존하게 될 테니까 자신의 존재를 배려하고 책임져야 할 필요도 없을 것이다. 이때 인간에게 중요한 것은 외적인 힘, 예컨대 국가나 지도자 혹은 그에 못지않게 강력한 힘을 지닌 여론으로부터 인정받느냐 그렇지 않느냐는 것이다. 인본주의적인 의미에서 가장 비윤리적인 행동조차 권위주의적인 관점에서는 '의무'로 여겨질 수 있다. 따라서 둘 모두에 공통된 '당위성(oughtness)'은 인간에게서 최악의 것과 최선의 것을 동시에 가리킬 수 있기 때문에 지독히 기만적인 요소가 된다.

권위주의적 양심과 인본주의적 양심의 복잡한 상관관계를 적확히 보여주는 예는 프란츠 카프카의 소설 《심판》이다. 이 소설에서 주인공 K는 어느 화창한 아침, 자신이 전혀 모르는 죄목으로 체포되어 수감된 채 죽음을 맞는다. 소설 전체는 신

비로운 법정 앞에 자신의 무죄를 항변하려는 K의 시도를 다루고 있다. K는 법과 소송 절차에 대해 아는 것이 없어 교활한 변호사들이나 법정에 들락대는 여인들을 비롯해 눈에 띄는 어떤 사람에게든 도움을 받으려고 안간힘을 다하지만 아무런 소용이 없었다. 결국 그는 사형을 선고받고 처형된다.

이 소설은 몽환적이고 상징적인 언어로 쓰였다. 모든 사건이 구체적이고 현실적으로 보이지만 실제로는 외적인 사건에 의해 상징화된 내적인 경험들과 관계가 있다. 미지의 권위체에게 꾸지람을 받고 있다고 생각하며, 그 권위체를 즐겁게 해주지 못해 죄의식에 시달리는 사람이 토해내는 죄악감이 전반적인 줄거리다. 하지만 그 권위체는 그의 힘이 닿지 않는 곳에 있어, 권위체가 어떤 이유에서 그를 나무라는지도 알 수 없다. 따라서 그 자신을 어떻게 방어해야 하는지도 알 수 없다.

이런 관점에서 보면, 이 소설은 칼뱅의 신학과 가장 유사한 신학적 관점을 대변하는 듯하다. 소설 속에서 인간은 이유도 알지 못한 채 벌을 받거나 구원받는 존재다. 따라서 인간은 벌벌 떨면서 하느님의 자비에 자신을 맡기는 수밖에 없다. 이런 해석에 담긴 신학적 관점은 죄에 대해 권위주의적 양심의 극단적인 형태를 대변하는 칼뱅의 신학과 유사하다. 하지만 한 가지 점에서 《심판》의 권위체는 칼뱅의 하느님과 근본적으로 다르다. 《심판》의 권위체는 영광스럽고 위풍당당한 것이 아니라 부패하고 추잡한 존재다. 이런 면은 그 권위체를 향한 K의 반항을 상징한다. K는 권위체에게 짓밟힌 채 죄책감을 느끼지만, 권위체를 증오하며 권위체에게는 도덕적 원칙이라곤 없다고 생각한다. 이처럼 순종과 반항이 복합적으로 뒤섞이는 모습은 권위체, 특히 양심이라는 내면화된 권위체에 대한 순종과 반항을 번갈아가며 되풀이하는 많은 사람의 특징이다.

그러나 K의 죄책감은 그에게 내재된 인본주의적 양심의 반응이기도 하다. K는 자신의 '체포'가 개인적인 성장과 발전의 중단을 뜻한다는 걸 깨닫는다. 따라서 K는 공허감과 무력감을 느낀다. 카프카는 K의 비생산적이었던 삶을 몇몇 문장으로 원숙하게 풀어낸다.

그해 봄 K는 저녁 시간을 거의 습관처럼 다음과 같이 보내고 있었다. 업무가 끝난 후에도 평소에는 9시까지 사무실에 있었지만, 시간이 허락하면 언제나 혼자 또는 몇몇 동료와 함께 잠깐 산책한 후에 맥줏집으로 향했고, 그곳에서 노인들이 주로 차지하는 테이블에 앉아 11시까지 시간을 보냈다. 그러나 이런 습관을 깨뜨리는 예외적인 경우가 있었다. K의 성실한 근무 태도를 높게 평가하는 지점장이 함께 드라이브하자고 초대하거나 그의 별장으로 저녁식사에 초대하는 경우였다. 또 일주일에 한 번, K는 엘자라는 아가씨를 찾아갔다. 엘자는 카바레의 여급으로 밤을 꼬박 새우고 이튿날 아침 10시까지 근무하고, 낮에는 방문객을 침대에서 맞아들이는 여자였다.[42]

K는 이유도 모른 채 죄책감을 느낀다. 죄책감을 느끼는 진짜 이유를 알아내고 본래의 생산력을 개발해야 그 자신을 구할 수 있지만 K는 자신으로부터 달아나며 다른 사람에게 도움을 받으려고 할 뿐이다. 따라서 K는 자신을 체포한 조사관에게 재판과 관련된 온갖 것을 묻고, 재판에서 승소할 가능성까지 묻는다. 조사관은 "당신 질문에 확실한 대답을 해줄 수는 없지만 그래도 이런 충고를 해줄 수는 있지. 우리 문제와 당신에게 앞으로 어떤 결과가 닥칠지 생각하지 말고, 당신 자신에 대해 생각하시오."라고 대답한다. 결국 K에게는 그런 상황에서 흔히 받을 수 있는 조언만이 주어진다.

K의 양심은 교도소 신부를 통해 드러나기도 한다. 신부는 K에게 자신에게 정직해야 한다며, 뇌물을 쓰고 동정심에 호소한다고 도덕적 문제가 해결되지 않는다고 말한다. 그러나 K에게는 신부가 그를 위해 탄원해줄 수 있는 또 다른 권위체로 보일 뿐이다. 따라서 K는 신부가 그에게 화를 내느냐 내지 않느냐에만 관심을 둘 뿐이다. K가 신부에게 순응하는 모습을 보이려고 애쓰자, 신부는 설교단에서 "정녕 당신에게는 아무것

도 안 보인단 말입니까?"라고 날카롭게 소리쳤다. 화난 목소리였지만, 상대가 넘어지는 것을 보고는 깜짝 놀란 사람이 자기도 모르게 내지르는 비명처럼 들리기도 했다. 그러나 그 비명은 K의 정신을 일깨우지 못한다. 오히려 K는 신부를 화나게 만들었다는 생각에 더더욱 죄책감을 느낀다. 신부는 "내가 당신에게 무엇을 원하겠소? 법원은 당신에게 아무것도 원하지 않아요. 당신이 오면 받아주고, 당신이 가면 가게 놔두는 거요."라고 말하며 대화를 끝맺는다. 이 문장에 인본주의적 양심의 진수가 담겨 있다. 인간을 초월하는 힘이라고 해서 인간에게 도덕적 요구를 할 수 있는 것은 아니다. 인간이 자신의 생명을 얻느냐 잃느냐는 전적으로 인간 자신의 책임이다. 양심의 목소리를 이해하는 경우에만 인간은 자신에게로 돌아갈 수 있다. 그렇게 하지 못하면 인간은 소멸될 것이다. 우리 자신 이외에 누구도 우리를 도와줄 수 없다. K는 자기 양심의 목소리를 알아듣지 못한다. 따라서 그는 죽을 수밖에 없다. 처형을 앞두고서야 K는 자신의 문제를 처음으로 어렴풋이 깨닫는다. 비생산적인 삶, 사랑과 믿음의 결여가 그에게 진정한 문제였다는 걸 깨닫는다.

그의 눈길이 채석장 옆에 있는 건물의 꼭대기층에 떨어졌다. 전등 불빛이 금방이라도 꺼질 듯이 깜빡거렸고, 느닷없이 여닫이창이 활짝 열리면서 사람인 듯한 모습이 눈에 들어왔다. 멀리 떨어진 데다 상당히 높은 곳에 있어 희미하고 불분명하게 보였지만 몸을 앞으로 급격하게 기울인 채 두 팔을 앞으로 쭉 내민 모습이었다. 저 사람은 누구일까? 친구일까? 착한 사람일까? 나를 동정하는 사람일까? 도움을 주려는 사람일까? 한 사람만 있는 걸까? 아니면 그들 모두가 저기에 있는 걸까? 곧 도움의 손길이 있을까? 지금까지 간과되었지만 나에게 유리한 증언이 있었던 걸까? 그래, 당연히 있을 거야. 논리가 확고부동한 것은 분명하지만, 살려고 발버둥치는 사람을 이길 수는 없지. 아직 한 번도 보지 못한 판사는 대체 어디에 있는 거야? 내가 발도 들여놓지 못한 고등법원은 대체 어디에 있는 거야? K는 두 팔을 높이 치켜들며 모든 손가락을 활짝 폈다.[43]

K는 인류의 연대의식과 우애의 가능성, 자신을 향한 인간의 의무를 처음으로 마음속에 그려본다. K는 고등법원의 존재 여부에 대해 의문을 제기하지만, 그가 지금 의문을 제기하는 고등법원은 그가 지금껏 믿었던 비합리적 권위체가 아니다. 그를 고발한 진짜 주역이지만 그가 존재하는지조차 몰랐던 그의 양심이라는 고등법원이다. 그때까지 K는 자신에게 내재된 권위주의적 양심밖에 몰랐고, 그 양심이 대신하는 권위

체를 조작하려고 애썼다. 또한 K는 상관들을 견제하며 자기방어를 위한 활동에 분주했던 까닭에, 자신에게 어떤 도덕적 문제가 있는지 전혀 인식할 수 없었다. K는 권위체에 고발되었기 때문에 의식적인 차원에서 죄책감을 느끼지만, 삶을 헛되이 낭비했기 때문에 죄가 있는 것이며, 자신의 죄가 무엇인지 정확히 이해하지 못하기 때문에 낭비하는 삶을 바꿀 수 없었다. 뒤늦게야 K는 자신의 잘못이 무엇이었는지를 어렴풋이 깨달았지만, 안타깝게도 이미 늦은 뒤였다.

권위주의적 양심은 문화적 전통에 의해 형성되는 반면에 인본주의적 양심은 독자적으로 발달한다는 점에 두 양심의 차이가 있는 것이 아니라는 사실을 분명히 강조해둘 필요가 있다. 오히려 둘의 차이는 말하고 생각하는 능력의 차이와 비슷하다. 말하는 능력과 생각하는 능력은 인간의 고유한 능력이지만 사회문화적 환경에서만 발달하지 않는가. 지난 5,000~6,000년 동안 인류는 이런저런 종교적이고 철학적인 틀 안에서 윤리적 규범을 체계화시켰고, 처음부터는 아니었더라도 모든 개인의 양심은 그 규범을 지향했을 것이다. 그러나 각 체계의 대변자들은 각자의 이해관계 때문에 핵심적인 공통점보다 차이점을 강조하는 경향을 띠었다. 하지만 인간 전체의 관점에서 보면, 각 체계의 공통점이 차이점보다 훨씬 더 중요하다. 종교적이고 철학적인 체계의 한계와 왜곡을 그 체계가 형성되고 발달한 역사적이고 사회경제적이고 문화적인 상황의 결과로 이해한다면, 모든 사상가가 인간의 성장과 행복을 목표로 추구했다는 놀라운 공통점을 찾아낼 수 있다.

03 　　　　　쾌락과 행복

행복은 미덕에 대한 보상이 아니라 미덕 자체다. 우리가 욕
망을 억제하기 때문에 행복한 것이 아니라, 오히려 행복하
기 때문에 욕망을 억제할 수 있는 것이다.

_____ 스피노자,《에티카》

1. 쾌락, 가치의 기준

권위주의적 윤리는 단순하다는 강점이 있다. 권위주의적
윤리에서 선악을 구분하는 기준은 권위체의 지시고, 그 지시
를 지키는 것이 인간의 미덕이다. 한편 인본주의적 윤리는 앞

에서 언급된 까다로운 문제들을 어떻게든 해결해야 한다. 인간이 가치의 유일한 판단자라면 즐거움과 고통이 선악을 결정하는 최종적인 요인이 되는 듯하기 때문이다. 선악을 결정할 만한 다른 대안이 없다면, 인본주의적 원칙은 윤리적 규범의 기초가 될 수 없다. 예컨대 술을 마시거나 재산을 축적하는 행위에서, 혹은 명성을 추구하거나 다른 사람에게 상처를 주는 행위에서 쾌락을 구하는 사람이 있지만, 반대로 사랑하고 친구들과 모든 것을 공유하며, 사색하고 그림을 그리는 행위에서 쾌락을 얻는 사람도 있기 때문이다. 인간과 동물, 선한 사람과 악한 사람, 건강한 사람과 병약한 사람에게 비슷한 자극을 주는 동기가 어떻게 인간의 삶을 인도할 수 있겠는가? 우리가 쾌락의 원칙(pleasure principle)을 제한적으로 정의하며 다른 사람의 합당한 관심을 해치지 않는 쾌락만을 인정하더라도 쾌락의 원칙은 인간 행동을 끌어가는 원칙으로는 적절하지 않다.

권위에 순종하거나 쾌락을 추구하거나, 둘 중 하나를 행동 원리로 선택하라는 요구는 잘못된 것이다. 쾌락(pleasure)과 만족(satisfaction), 행복(happiness)과 환희(joy)의 본질을 경험적으로 분석해보면 서로 다르기도 하지만 부분적으로 모순되는 현상이란 게 밝혀진다. 또한 경험적 분석에 따르면, 행복과 환희는 어느 정도까지 주관적인 경험이지만 객관적 조건과 상호작

252

용한 결과라는 점에서 객관적 조건에 영향을 받기 때문에 순전히 주관적인 쾌락과 혼동해서는 안 된다. 이런 객관적 조건은 대략 생산성으로 요약될 수 있다.

쾌락의 질적 분석에 대한 중대성은 인본주의적 윤리 사상이 태동된 초기부터 꾸준히 인식되었지만, 쾌락의 경험에 관계하는 무의식의 역동성에 대한 통찰력 있는 연구가 부족했던 까닭에 이 문제는 여전히 해결되지 않은 채 남겨졌다. 다행히 요즘 들어 정신분석학적 연구가 새로운 자료를 제공하고, 인본주의적 윤리에서 이 해묵은 문제에 대한 새로운 해답을 제시하고 있다. 정신분석학적 연구 결과를 제대로 이해하고, 그 결과를 윤리 이론에 올바로 적용하기 위해서라도 쾌락과 행복에 대한 핵심적인 윤리 이론들을 간략히 살펴보는 것도 바람직할 듯하다.

쾌락주의(hedonism)의 주장에 따르면, 쾌락은 실질적으로나 규범적으로 인간 행동을 끌어가는 원리다. 쾌락주의 이론의 창시자라 할 수 있는 아리스티포스(Aristippos, B.C. 435~355)는 쾌락을 얻고 고통을 피하는 게 삶의 목적이고 미덕의 기준이라고 믿었다. 그에게 쾌락은 그 순간의 즐거움이었다.

이처럼 급진적이면서도 순박한 쾌락주의에는 개인의 중요성을 강조하는 장점이 있었고, 여기에서 쾌락은 행복을 즉각적인 경험과 똑같은 것으로 만들어주는 것으로 정의되었다.[44]

그러나 이런 쾌락주의에는 앞에서 다룬 명백한 어려움, 즉 쾌락주의자들이 만족스럽게 해결하지 못한 어려움이 있었다. 요컨대 그들이 주장한 쾌락주의에는 완전히 주관적인 특징이란 문제가 있었다.

쾌락이란 개념에 객관적인 기준을 도입하며 이런 관점을 수정하려고 시도한 최초의 철학자는 에피쿠로스였다. 에피쿠로스는 쾌락이 삶의 목적이라고 주장하면서도 "모든 쾌락은 그 자체로 선하지만 그렇다고 모든 쾌락이 선택되어야 하는 것은 아니다."라고 말하며, 일부 쾌락은 당장의 즐거움보다 나중에 더 큰 괴로움을 안겨준다는 설명을 덧붙였다. 에피쿠로스의 가르침에 따르면, 올바른 쾌락만이 현명하고 정의로운 삶에 도움이 된다. '진정한' 쾌락은 두려움이 없는 평정한 마음에 깃들고, 신중함과 예지력을 지녀 항구적이고 평온한 만족을 위해 당장의 희열을 거부할 수 있는 사람에게만 허락된다. 에피쿠로스는 자신이 삶의 목표로 추구하는 이런 개념의 쾌락이 절제와 용기, 공정과 우애라는 미덕과 일치한다는 걸 보여주려고 애썼다. 그러나 "우리가 선한 것을 판단하는 규범으로 감정을 사용함"으로써 에피쿠로스는 이론의 기본적인 한계, 즉 '올바른' 쾌락과 '잘못된' 쾌락을 객관적으로 구분짓는 기준과, 쾌락이란 주관적인 경험을 결합하는 이론적인 어려움을 극복하지 못했다. 주관적인 기준과 객관적인 기준을 조화롭게 결합하려던 그의 시도는 조화가 존재한다는 주장의 수준을 넘어서지 못했다.

비(非)쾌락주의를 지향한 인본주의 철학자들도 똑같은 문제에 부딪쳤지만, 진실과 보편성의 기준을 유지하면서도 개인의 행복이 삶의 궁극적인 목표라는 사실을 망각하지 않으려 애썼다.

참과 거짓을 판별하는 기준을 인간의 욕망과 쾌락에 적용한 최초의 철학자는 플라톤이었다. 쾌락은 생각과 마찬가지로 참이거나 거짓일 수 있다. 플라톤은 쾌락의 주관적인 면을 부인하지 않았지만, 쾌락이란 느낌은 '잘못될' 수 있으며 쾌락은 생각처럼 인지 기능을 갖는다고 주장했다. 플라톤은 이런 주장을 옹호하는 근거로, 쾌락이 인간의 감각 부분에서만 외따로 생겨나는 것이 아니라 전인격에서 샘솟는 것이란 이론을 내세웠다. 따라서 플라톤은 "선한 사람은 참된 쾌락을 누리지만, 악한 사람은 거짓된 쾌락을 누린다."라고 결론지었다.

플라톤과 마찬가지로 아리스토텔레스도 쾌락이라는 주관적 경험이 어떤 활동의 옳고 그름, 즉 그 활동의 가치를 판단하는 기준이 될 수 없다고 주장했다. 아리스토텔레스는 "어떤 사물이 사악한 체질의 사람들을 즐겁게 해주더라도 그렇지 않은 사람까지 역시 즐겁게 해줄 것이라고 생각하지 않아야 한다. 병약한 사람에게 단 것이나 쓴 것 혹은 몸에 좋은 것이 건강한 사람에게도 역시 그러할 것이라고 추론하지 않고, 눈병에 걸린 사람에게 희게 보이기 때문에 흰 것이라고 말하지 않는 것과 똑같다."라고 말했다.[45] 수치스런 쾌락은 "변태적 취향을 가진 사람을 제외하면" 쾌락이라 할 수 없으며, 객관적으로 이 이름에 부합되는 쾌락에는 "인간의 고유한 활동"이 수반된다.[46]

아리스토텔레스는 두 종류의 합당한 쾌락이 있다고 주장했다. 하나는 우리 욕구를 충족하고 우리 힘을 실현하는 과정과 관련된 쾌락이고, 다른 하나는 기왕에 획득한 힘을 발휘하는 과정과 관련된 쾌락이다. 후자에서 얻는 쾌락의 정도가 더 크다. 쾌락은 인간이 자연 상태에 있는 '에네르게이아(energeia; 가능성으로 존재하는 사물이 목적을 실현한 상태)'다. 가장 만족스럽고 완전한 쾌락은 획득하거나 실현한 힘을 적극적으로 사용할 때 생겨나는 것이다. 따라서 이 쾌락에는 환희와 자발성, 방해받지 않는 활동이 전제된다. 여기에서 '방해받지 않는다'라는 표현은 간섭하거나 견제하지 않는다는 뜻이다. 따라서 쾌락은 활동을 완전하게 해주고, 그 결과로 삶을 완전하게 해준다.

쾌락과 삶은 하나로 결합되어 분리를 허용하지 않는다. 가장 크고 가장 지속적인 행복은 신의 활동에 버금가는 가장 고결한 인간 활동, 즉 이성의 활동에서 비롯되므로 인간이 내면에 신성한 요소를 간직하는 한 그런 활동을 영원히 추구할 것이다.[47] 따라서 아리스토텔레스가 찾아낸 '진정한 쾌락'은 건강하고 원숙한 사람이 경험한 주관적인 쾌락과 동일하다.

쾌락에 대한 스피노자의 이론은 어떤 면에서 플라톤과 아리스토텔레스의 쾌락 이론과 유사하지만, 둘의 이론 수준을 훌쩍 뛰어넘는다. 스피노자도 환희가 올바르고 도덕적인 삶의 성과물이지, 쾌락을 반대하는 학파들의 주장처럼 죄악의 징후는 아니라고 믿었다. 스피노자는 자신의 인류학적 지식에 근거해 환희를 한층 경험론적으로, 또 더욱더 구체적으로 정의하는 방식으로 쾌락 이론을 발전시켰다. 스피노자의 이론에서 환희의 개념은 힘을 뜻하는 성적 능력이란 개념과 관계가 있다. 스피노자는 "환희는 인간이 낮은 단계에서 더 높은 단계의 완성을 향해 올라가는 변화고, 슬픔은 인간이 높은 단계에서 낮은 단계의 완성으로 떨어지는 변화다."라고 말했다.[48] 높고 낮은 단계의 완성은 자신에게 내재된 잠재력을 실현하는 크고 작은 힘, 따라서 "인간 본성의 표본"에 가까이 다가가는 크고 작은 힘과 똑같다. 쾌락은 삶의 목표가 아니지만, 쾌락에는 인간의 생산적인 활동이 필연적으로 수반된다. "행운 혹은 행복은 미덕의 보상이 아니라 미덕 자체다."[49] 행복에 대한 스피노자의 견해는 힘을 역동적으로 해석한다는 점에서 중요하다. 괴테와 프랑스 철학자 장 마리 귀요(Jean-Marie Guyau, 1854~1888), 니체도 "쾌락은 행동의 주된 동기가 아니라 생산적인 활동의 동반자"라는 생각을 기초로 각자의 윤리 이론을 개발해냈다.

쾌락 원칙을 가장 포괄적이고 가장 체계적으로 다룬 허버트 스펜서의 《윤리학 원리》는 쾌락의 심도 있는 연구를 위한 최적의 출발점이라 할 수 있다. 쾌락과 고통의 원칙에 대한 스펜서의 의견에서 핵심 개념은 진화다. 스펜서는 쾌락과 고통에는 인간에게 행동하도록 자극하는 생물학적 기능이 있으며, 그 생물학적 기능은 개인에게는 물론이고 인류 전체에도 유익하다고 주장했다. 따라서 쾌락과 고통은 진화 과정에서 반드시 필요한 요인이며 "고통은 유기체에 해로운 행동과 상관관계가 있는 것이지만, 쾌락은 유기체의 행복에 유리한 행동과 상관관계가 있는 것"이라고 말했다.[50] "개체(個體)든 종(種)이든 기분 좋은 것을 추구하거나 불쾌한 것을 기피하며 하루하루를 살아간다".[51]

쾌락은 주관적인 경험이지만 주관적인 요소만으로는 판단될 수 없다. 쾌락에도 객관적인 면이 있기 때문이다. 구체적으로 말하면, 육체와 정신의 행복은 객관적으로 확인되는 쾌락이다. 스펜서는 서구 문화에서 '변태적' 형태의 쾌락과 고통이 수없이 일어나고 있다는 걸 인정하며, 그런 현상을 사회의 모순과 불완전으로 설명했다. 또한 스펜서는 "인간이 사회 상태에 완전히 적응하면, 인간의 행동은 미래의 행복에 도움을 주지만 당장에도 즐거움을 줄 수 있는 경우에만 완전히 옳은 것이고, 궁극적인 고통은 일시적인 고통이 잘못된 행동에 수반되는 것이란 진실을 인정하게 될 것이다."라고 주장한다.[52] 또 고통에도 유익한 효과가 있는 반면에 쾌락에도 해로운 효과가 있다고 주장하는 사람들이 예외적 현상을 일반적인 규칙처럼 포장하는 왜곡의 죄를 범하는 것이라고 덧붙였다.

스펜서는 쾌락에 생물학적 기능이 있다는 자신의 이론을 사회학 이론에 비교하며, "사회적 삶의 요구에 적합하도록 인간의 본성을 개조하면 사회적 삶에 필요한 모든 활동이 즐겁게 바뀌겠지만, 그런 요구를 맞추지 못한 활동은 불쾌하게 느껴질 것"이고,[53] "쾌락이 어떤 목적을 성취하기 위한 수단으로 사용되는 경우에 수반된다면, 쾌락은 그 자체로 목적이 된다."라고 덧붙였다.[54]

플라톤과 아리스토텔레스, 스피노자와 스펜서의 이론에는 다음과 같은 공통점이 있다. ① 쾌락의 주관적 경험은 그 자체로는 가치를 결정할 만한 충분한 기준이 아니다. ② 행복은 선(善)과 밀접한 관계가 있다. ③ 쾌락을 평가하는 객관적 기준은 어떻게든 찾아낼 수 있다. 플라톤은 올바른 쾌락의 기준으로 '선한 사람'을 언급했고, 아리스토텔레스는 '인간의 기능'을 기준으로 제시했다. 한편 스피노자는 아리스토텔레스와 비슷하게 개인적인 힘의 사용을 통한 인간 본성의 실현을 기준으로 제시했고, 스펜서는 인간의 생물학적이고 사회적 진화를 기준으로 제시했다.

앞에서 다룬 쾌락 이론들과 쾌락이 윤리에서 차지하는 역할에 대해 언급한 이론들은 정교한 기법의 연구와 관찰을 기초로 수집된 정선된 자료를 바탕으로 세워진 것이 아니다. 반면에 정신분석학은 무의식적 동기 부여와 성격의 역동성을 치밀하게 연구함으로써 정교한 연구와 관찰을 위한 기초를 놓았고, 그 덕분에 우리는 전통적인 영역을 넘어 삶의 규범이란 관점에서 쾌락을 논의할 수 있게 되었다.

정신분석학은 쾌락주의적 윤리를 반대하는 사상가들이 주장한 견해, 즉 만족이란 주관적 경험은 그 자체로 기만적이어서 보편타당한 가치 기준이 아니라는 견해를 확인해준다. 마조히즘적 열망의 본질에 대한 정신분석학적 연구에서도 쾌락주의를 반대하는 견해가 옳다는 게 확인된다. 모든 마조히즘적 욕망은 '전인격에 해로운 것에 대한 열망'으로 여겨질 수 있다. 더 명확히 말하면, 마조히즘은 육체적 고통을 갈구하는 열망이며, 그 고통에서 얻는 성적 쾌감이다. 변태 성욕으로서 마조히즘은 성적 흥분이나 성적 만족과 관계가 있으며, 고통에 대한 욕망은 의식적인 것이다. '도덕적 마조히즘(moral masochism)'은 정신적·육체적으로 학대당하고 억압당하려는 욕망이다. 대체로 이런 욕망은 의식적인 것이 아니지만 충성심이나 사랑 혹은 자기부정으로 합리화된다. 심지어 자연법과 숙명 및 자신을 초월하는 다른 힘에 대한 반응으로도 합리화된다. 정신분석학은 마조히즘적 열망이 얼마나 깊이 억압되어 있고, 얼마나 교묘하게 합리화되고 있는가를 보여준다.

하지만 마조히즘적 현상은 객관적으로 보아도 해로운 무의식적 욕망의 특별한 한 사례에 불과하다. 모든 신경증 현상은 인간의 성장을 방해하고 해치는 무의식적 열망의 결과로 여겨질 수 있다. 해로운 것에 대한 열망은 정신질환의 본질 자체다. 따라서 쾌락은 인간의 실질적인 이익과 배치될 수 있다는 사실이 모든 신경증에서 확인된다.

신경증적 욕망의 해소에서 얻는 쾌락은 무의식적인 것일 수 있지만 반드시 그런 것은 아니다. 마조히즘적 도착(masochistic perversion)은 신경증적 욕망에서 비롯되는 의식적 쾌락의 한 사례다. 사디즘의 경향을 띤 사람은 상대를 학대함으로써 만족을 얻고, 수전노는 하루하루 쌓여가는 돈에서 환희를 얻는다. 이런 사람들은 자신의 열망을 충족할 때 쾌락이란 감정이 샘솟는 걸 의식할 수도 있고 그렇지 않을 수도 있다. 이런 쾌락이 의식되느냐 억압되어 있느냐는 두 요인에 따라 달라진다. 하나는 자신의 비합리적인 욕망에 대항하는 내면의 힘이고, 다른 하나는 그런 쾌락을 제재하고 불법화하는 사회의 관습이다. 쾌락의 억압도 두 가지 형태로 나타날 수 있다. 하나는 상대적으로 느슨하지만 더 빈번하게 나타나는 형태의 억압이다. 이 경우에 쾌락은 의식적으로 느껴지지만 일반적인 의미에서의 비합리적인 욕망과 관계가 없고, 오히려 그런 욕망을 합리화한 형태와 관계가 있다. 예컨대 수전노는 가족을 세심하게 돌보고 있기 때문에 만족감을 느끼기에 충분하다고 생각할 수 있고, 사디스트는 자신의 쾌락이 도덕적인 분노에서 오는 것이라 생각할 수 있다. 다른 하나는 어떤 쾌락도 자각되지 않는 상대적으로 급진적인 형태를 띠는 억압이다. 많은 사디스트가 상대의 굴욕적인 모습을 본다고 쾌락의 감정이 느껴지는 것은 아니라고 진심으로 부정한다. 하지만 그들의 꿈과 자유연상(free association)을 분석해보면 무의식적인 쾌락이 존재한다는 게 밝혀진다.

고통과 불행도 무의식적일 수 있고, 이에 대한 억압도 쾌락에 관련해 언급한 형태와 똑같은 모습을 띨 수 있다. 자신이 원하는 수준의 성공을 이루지 못했기 때문에, 건강이 손상됐기 때문에, 혹은 삶을 위협하는 외적인 환경 때문에 우리는 불행하다고 느낄 수 있다. 하지만 이러한 불행의 근본적인 이유는 생산의 결여, 공허한 삶, 사랑할 수 없는 무력감일 수 있다. 달리 말하면, 우리를 불행하게 만드는 많은 '내적 결함(inner defect)'이 있다. 우리는 이런 불행을 합리화하기 때문에, 그 불행이 실질적인 원인과 관련 있다는 걸 인식하지 못한다. 결국 불행에 대한 의식이 전혀 없기 때문에 불행은 더욱더 철저히 억압된다. 이런 경우에 우리는 자신이 더할 나위 없이 행복하다고 믿지만 실제로는 불행하고 불만스러워한다.

무의식적 행복과 무의식적 불행이란 개념에 제기되는 중대한 반론에 따르면, 행복과 불행은 행복하다고 혹은 불행하다고 느끼는 우리의 의식적인 감정과 동일한 것이다. 따라서 영문도 모른 채 즐거워하거나 고통스러워하는 것은 결국 즐거워하지 않은 것이나 고통스러워하지 않은 것과 다를 바가 없다. 이런 주장은 이론적으로도 상당히 중요하지만, 사회적이고 윤리적인 맥락에서도 무척 중요하다. 가령 노예가 자신의 운명 때문에 고통받고 있다는 걸 자각하지 못한다면, 외부인이 인간의 행복이란 명목으로 어떻게 노예제도를 반대할 수 있겠는가? 또 현대인이 겉으로 드러내는 것만큼 정말 행복하다면, 우리가 이론적으로 가능한 최상의 세계를 세웠다는 증거가 아니겠는가? 행복이란 환상은 그 자체로 충분한 것이 아닐까? 더 정확히 말하면, 행복이란 환상은 자기모순적인 개념이 아닐까?

이런 반론들은 행복과 불행이 단순히 어떤 마음 상태가 아니라는 사실을 망각하고 있다. 행복과 불행은 유기체 전체, 즉 전인격의 상태를 나타내기 때문이다. 행복은 활력의 증진으로 이어지며, 감정과 생각과 생산의 표현이 더욱 강렬해진다. 반면에 불행은 이런 능력과 기능의 감소로 이어진다. 행복과 불행은 우리 전인격의 상태를 뚜렷이 드러내기 때문에 의식적인 감정보다 몸의 반응으로 표현되는 경우가 더 많다. 예컨대 무력감과 피로감으로 일그러진 얼굴 표정, 두통이나 그보다 훨씬 심각한 질병의 증상은 불행의 전형적인 표현으로 여겨지는 반면, 편안한 감정을 몸으로 보여주는 느긋한 모습은 행복함으로 보여주는 '징후'라 할 수 있다. 행복한 상태를 드러내는 데 몸이 정신보다 더 솔직한 것은 사실이다. 따라서 언젠가는 몸의 화학적 반응을 조사해서 행복과 불행의 존재와 강도를 추론해낼 가능성도 충분하다. 지적 능력과 정서 능력의 기능 작용도 행복과 불행이란 감정의 영향을 받는다. 따라서 이성의 냉철함과 감정의 강도도 행복과 불행이란 감정의 그늘에서 벗어날 수 없다. 불행은 우리 신체 기능을 약화시키거나 마비시키지만, 행복은 우리 신체 기능을 강화시킨다. 행복하다는 주관적인 감정이 전인격의 편안한 상태를 가리키지 않는다면, 어떤 느낌에 대한 착각에 불과하고 진정한 행복과는 아무런 관계가 없다.

머릿속에서만 존재하며 인격과는 아무런 관계가 없는 행복이나 쾌락을 나는 '가짜 쾌락(pseudo-pleasure)' 혹은 '가짜 행복'이라 칭하고자 한다. 예컨대 어떤 사람이 여행을 하며 행복을 의식한다고 해보자. 그런데 그가 여행에서 반드시 느껴야 하는 감정을 행복이라고 생각하기 때문에 행복하다고 느끼는 것일 수 있다. 실제로 그는 무의식적 차원에서 실망하고 불행할 수 있다. 그는 꿈에서 진실한 속마음을 볼 수도 있겠지만, 어쩌면 나중에야 그의 행복이 진정한 것이 아니었다는 걸 깨달을 것이다. 슬픔이나 불행이 관습적으로 기대되기 때문에 그렇게 느껴야 하는 상황에서는 가짜 고통이 어렵지 않게 관찰된다. 엄격히 말하면, 가짜 쾌락과 가짜 고통은 꾸며진 감정에 불과하고, 진정한 정서적 경험이 아니라 '감정에 대한 생각'이다.

2. 쾌락의 유형들

앞에서 이미 지적했듯이, 다양한 유형의 쾌락이 질적으로 어떻게 다른지에 대한 분석은 쾌락과 윤리적 가치의 관계라는 문제를 해결하기 위한 열쇠다.[55]

프로이트를 비롯한 몇몇 사상가가 모든 쾌락의 본질이라 생각했던 유형의 쾌락은 '고통스런 긴장으로부터 해방되는 안도감'을 동반하는 감정이다. 허기와 갈증, 수면과 육체 운동 및 성적 만족을 채우려는 욕망은 모두 유기체의 화학작용에 원인이 있다. 이런 요구를 채우려는 객관적이고 생리적인 필요성은 주관적인 욕망으로 인식되고, 이 요구가 오랫동안 충족되지 않으면 고통스런 긴장이 느껴진다. 이 긴장이 해소되면, 그로 인한 안도감이 쾌락으로 느껴진다. 나는 이때의 쾌락을 '만족감(satisfaction)'이라 부르고 싶다. 'satisfacere(충분하게 만들다)'에서 파생된 '만족감'이란 용어가 이런 유형의 쾌락을 칭하는 데 훨씬 더 적절한 듯하다.

유기체는 만족하면 체내에서 생리적 변화가 일어나며 긴장 상태가 끝난다. 생리적으로 조건화되는 모든 욕구의 본질이 그렇다. 예컨대 우리는 허기를 느껴 밥을 먹는다. 그런데 음식을 충분히 섭취한 뒤 어느 수준을 넘어서면 먹는 것 자체가 고통스러워진다. 고통스런 긴장으로부터 해방되는 만족감은 심리적으로 가장 쉽게 또 가장 흔히 얻을 수 있는 쾌락이다. 한편 긴장이 상당히 오랫동안 지속된 까닭에 긴장 자체가 무척 극심했다면 그런 긴장으로부터 해방된 만족감은 가장 강렬한 쾌락으로 여겨지기에 충분할 것이다. 이런 유형의 쾌락이 중요하다는 건 의심할 여지가 없지만, 적지 않은 사람이 그들의 삶에서 경험하는 거의 유일한 형태의 쾌락인 것도 분명한 듯하다.

역시 긴장으로부터의 해방이 원인이지만 앞의 경우와 질적으로 다른 유형의 쾌락, 즉 정신적 긴장(psychic tension)과 관련된 쾌락이 있다. 많은 사람이 몸의 요구에서 비롯된다고 생각하지만 실제로는 비합리적인 '정신적' 욕구에 의해 결정되는 욕구다. 예컨대 우리를 괴롭히는 극심한 허기의 원인이 생리적으로 조건화된 정상적인 욕구가 아니라, 불안감이나 우울증을 완화하려는 정신적인 욕구인 경우가 있다(하지만 불안감과 우울증은 비정상적인 생화학적 과정에 수반되기도 한다). 물을 마시려는 욕구가 갈증 때문이 아니라 정신적으로 조건화된 것이란 사실은 이제 널리 알려져 있다.

강렬한 성욕도 생리적 욕구가 아니라 정신적 욕구에서 야기되는 경우가 있다. 자신감이 없는 사람이 자신의 가치를 자신에게 입증하는 동시에 자신의 매력을 주변 사람들에게 과시하며 그들을 성적으로 유혹함으로써 지배하려는 강렬한 욕망에 휩싸이면, 그 자신도 강렬한 성적 욕망을 쉽게 느낄 것이고, 그런 욕망이 채워지지 않으면 고통스런 긴장을 떨쳐내기 힘들 것이다. 그는 자신의 강렬한 욕망이 몸의 요구라고 생각하겠지만, 몸의 요구는 실제로 그의 정신적인 욕구에 의해 결정된 것이다. 신경증적 졸림증은 정상적인 피로감 같은 신체 조건에서 비롯되는 것으로 여겨지는 욕망의 사례지만, 실제로는 억압된 불안증과 두려움 및 분노 같은 정신적 조건이 원인이다.

이런 욕망은 결핍이나 결여에서 비롯된다는 점에서 생리적으로 조건화된 정상적인 욕구와 비슷하다. 달리 말하면, 정상적인 화학 과정이 결핍의 원인인 경우도 있지만 정신적인 기능 장애가 결핍의 원인인 경우도 있다. 두 경우 모두에서 결핍이 긴장의 원인이며, 긴장으로부터 해방되면 쾌락을 느낀다. 육체적 욕구의 형태를 띠지 않는 모든 비합리적인 욕망, 예컨대 명성과 지배와 복종을 바라는 강렬한 열망 및 시기와 질투 등도 인간의 성격 구조에 바탕을 두고 있어, 인격의 장애나 왜곡에서 생겨난다. 신경증에 의해 조건화된 신체적 욕망의 경우가 그렇듯이, 이런 열정을 충족할 때 느끼는 쾌락도 정신적 긴장으로부터의 해방감이 원인이다.

정상적인 생리적 욕구와 비합리적인 정신적 욕구를 충족할 때 느끼는 쾌락이 긴장으로부터의 해방에서 비롯되지만, 두 쾌락은 질적으로 상당히 다르다. 허기와 갈증 등 생리적으로 조건화된 욕망은 생리적으로 조건화된 긴장을 제거하면 충족되고, 생리적인 욕구가 다시 일어나는 경우에만 다시 나타난다. 따라서 생리적으로 조건화된 욕망은 사실상 주기적이다. 반면에 비합리적인 욕망은 끝도 없고 바닥도 없다. 시샘하는 사람, 소유욕이 강한 사람, 사디즘적 성향을 띤 사람의 욕망은 결코 사라지지 않는다. 욕망이 충족되더라도 잠깐 사라질 뿐 금세 되살아난다. 이런 비합리적인 욕망은 본질적으로 '충족'될 수 없다. 비합리적인 욕망은 내면의 불만에서 생겨난다. 생산의 결여 및 그에 따르는 무력감과 두려움이 비합리적 욕망의 근원이다. 우리가 권력과 파괴를 향한 욕망을 어느 정도 충족할 수 있더라도 우리의 두려움과 외로움은 해소되지 않을 것이고, 따라서 긴장도 사라지지 않을 것이다. 상상력이란 축복은 저주로 돌변한다. 인간은 어차피 두려움에서 벗어나지 못하기 때문에, 만족감이 점점 커져가면 탐욕도 치유되고 내면의 균형도 회복될 것이라 상상한다. 그러나 탐욕은 바닥이 없는 구덩이고, 욕망의 충족에서 해방감을 얻는다는 생각은 신기루에 불과하다. 흔히 말하듯이 탐욕은 인간에게 내재된 수성(獸性)에서 비롯되는 게 아니라 인간의 마음과 상상에서 생겨나는 것이다.

지금까지 살펴본 바에 따르면, 생리적 욕구와 신경증적 욕망을 충족할 때 얻는 쾌락은 고통스런 긴장을 해소한 결과물이다. 그러나 생리적 욕구를 충족해서 얻는 쾌락은 진정으로 만족스럽고 정상적이며 행복을 위한 조건인 반면, 신경증적 욕망을 해소함으로써 얻는 쾌락은 기껏해야 욕구의 일시적인 완화에 불과하며, 기능 작용이 정상적이지 않다는 증거다. 따라서 정상적인 생리적 욕망을 충족할 때 얻는 쾌락을 '만족감'이라 칭했듯이, 비합리적 욕망의 충족에서 얻는 쾌락은 '비합리적인 쾌락(irrational pleasure)'이라 칭하고 싶다.

윤리의 문제에서는 비합리적 쾌락과 행복의 차이가 비합리적 쾌락과 만족의 차이보다 훨씬 더 중요하다. 이런 차이를 정확히 이해하려면, '심리적 결핍과 심리적 풍요'라는 개념을 도입하는 게 도움이 될 듯하다.

몸의 욕구가 충족되지 않으면 긴장이 생겨나고, 긴장을 해소하면 만족감을 얻는다. 따라서 결핍이 만족의 근원이 된다. 시야를 넓혀보면, 비합리적인 욕망도 결핍이 원인이다. 구체적으로 말하면, 불안감과 불확신에서 비합리적인 욕망이 생겨난다. 불안할 때 우리는 증오하거나 시샘하고, 굴복하기 때문이다. 이런 합리적인 욕망이 충족될 때 얻는 쾌락은 근본적으로 생산의 결여가 원인이다. 결국 생리적인 욕구와 비합리적인 정신적 욕구는 결핍의 영역에 속하는 것이다.

그러나 결핍이란 영역 위에는 풍요라는 영역이 있다. 동물의 경우에도 잉여 에너지가 존재하며 놀이라는 형태로 표출되지만,[56] 풍요라는 영역은 본질적으로 인간계의 현상이다. 풍요라는 영역은 생산의 영역이고, 정신이 활동하는 영역이다. 인간이 순전히 생계를 위해 일할 필요가 없는 곳, 따라서 에너지의 대부분을 탕진할 필요가 없는 곳에만 이 영역은 존재할 수 있다. 인간의 진화를 한마디로 규정하면, 풍요의 영역을 확대한 과정이라 할 수 있다. 다시 말하면, 생존을 넘어서는 목적을 성취하는 데 필요한 잉여 에너지를 증대한 과정이다. 인간이 이루어낸 특별한 '인간적'인 모든 성취는 풍요에서 생겨난다.

모든 활동 영역에는 결핍과 풍요가 있기 마련이고, 따라서 허기와 섹스 같은 기본적인 기능에서도 만족과 행복의 차이가 존재한다. 극심한 허기라는 생리적 욕구가 채워지면 긴장이 해소되기 때문에 기분도 좋아진다. 허기의 충족에서 얻는 쾌락은 식욕의 충족에서 얻는 쾌락과 질적으로 다르다. 식욕은 즐거운 미각을 경험하게 될 거라는 기대감이기 때문에, 허기와 달리 긴장을 야기하지는 않는다. 이런 점에서 미각은 음악이나 미술에 대한 취향처럼 문화 발전과 교양의 산물이며, 문화적으로나 심리적으로 풍요로운 상황에서만 발달할 수 있다. 허기는 결핍의 한 현상이고, 허기의 충족은 반드시 필요한 것이다. 한편 식욕은 풍요의 한 현상이고, 식욕의 충족은 반드시 필요한 것이 아니라 자유와 생산의 표현이므로 이때 수반되는 쾌락은 '환희(joy)'라 일컬어지기에 충분하다.[57]

성욕에 관련해서도 허기와 식욕의 차이와 유사한 구분이 가능하다. 성욕에 대한 프로이트의 생각에 따르면, 성욕도 허기처럼 생리적으로 조건화된 긴장에서 생겨나지만 어떻게든 충족되면 해소되는 충동이다. 그러나 프로이트는 오직 풍요의 영역에만 존재하고 전적으로 인간적인 현상인 식욕에 상응하는 성욕과 쾌락을 다루지 않았다. 성적으로 '굶주린' 사람은 생리적인 긴장이나 정신적인 긴장을 해소해야 만족한다. 그에게는 이때의 만족이 쾌락으로 이어진다.[58] 그러나 우리가 환희라고 일컫는 성적 쾌락은 풍요와 자유에서 기인하며, 감각적이고 정서적인 생산 능력의 표현이다.

환희와 행복은 대체로 사랑을 동반하는 행복과 동일한 것으로 여겨진다. 많은 사람이 사랑을 행복의 유일한 원천이라 생각하는 것은 사실이다. 하지만 모든 인간 활동이 그렇듯이 사랑의 경우에도 생산적인 형태와 비생산적인 형태로 구분된다. 앞에서도 지적했듯이 비생산적인 사랑, 즉 비합리적인 사랑은 마조히즘적인 공생이거나 사디즘적 공생일 수 있다. 이런 경우에 두 사람의 관계는 상호 존중과 상호 성실에 기반하지 않는다. 자신에게 의존할 수 없기 때문에 상대에게 의존하는 관계일 뿐이다. 다른 모든 비합리적인 열망이 그렇듯이 이런 사랑도 결핍이 원인이다. 구체적으로 말하면, 생산 능력과 내적 안정의 결여가 원인이다. 한편 생산적인 사랑은 두 사람의 관계가 가장 친밀한 형태인 동시에 각자의 온전함이 보존되는 형태다. 또한 풍요의 한 현상이므로, 생산적인 사랑을 나누는 능력은 인간적으로 성숙했다는 증거다. 환희와 행복은 생산적인 사랑에 동반되는 것이다.

인간의 모든 활동 영역에서 결핍과 풍요의 차이는 경험되는 쾌락의 질을 결정한다. 누구나 만족과 비합리적인 쾌락과 환희를 경험한다. 각자의 삶에서 이런 쾌락들 하나하나에 어느 정도의 중요성을 두느냐는 사람마다 다르다. 만족과 비합리적인 쾌락을 얻는 데는 정서적인 노력이 필요하지 않다. 긴장을 완화하는 조건을 만들어내는 능력이 필요할 뿐이다. 환희는 일종의 성취다. 따라서 내적인 노력, 생산적인 활동이라는 노력이 있어야 한다.

행복은 인간의 내적인 생산력이 만들어내는 성취이지, 신의 선물이 아니다. 행복과 환희는 생리적인 결핍이나 심리적인 결핍에서 비롯되는 욕구의 충족이 아니다. 행복과 환희는 긴장으로부터의 해방이 아니라 생각과 감정과 행위 등에서 행해지는 생산적인 활동에 수반되는 것이다. 환희와 행복은 질적인 면에서 그다지 다르지 않다. 환희는 단일한 행위인 반면에 행복은 연속적이고 통합적으로 경험되는 환희로 여겨질 수 있다는 점에서만 둘은 구분된다. 따라서 '환희'는 복수로 쓰일 수 있지만, '행복'은 복수로 쓰이지 않는다.

행복은 인간이 인간의 존재 조건에 대한 해답을 찾아냈다는 증거라 할 수 있다. 즉, 인간에게 내재된 잠재력을 생산적으로 실현하고, 세상과 하나가 되면서도 온전한 자아를 보존하는 방법을 알아냈다는 뜻이다. 인간은 자신의 에너지를 생산적으로 활용할 때 힘을 키우고, "헛되이 소모되지 않고 활활 타오른다".

행복은 삶의 기술에서 탁월함을 증명하는 기준이며, 인본주의적 윤리에서 행복이 갖는 의미로 보면 미덕의 기준이다. 논리적으로 생각하면 행복은 슬픔이나 고통의 반대편에 있는 것으로 여겨진다. 신체적 고통이나 정신적 고통은 인간 존재의 일부이며, 그런 고통의 경험은 삶의 과정에서 피할 수 없는 것이다. 어떤 대가를 치르더라도 슬픔을 겪고 싶지 않다면, 완전히 초탈한 삶을 살며 행복의 경험마저 포기해야 한다. 따라서 행복의 반대편에 있는 것은 슬픔이나 고통이 아니라 내적인 불안과 비생산성에서 비롯되는 우울증이다.

지금까지 우리는 윤리 이론과 관련된 쾌락의 유형들, 예컨대 만족과 비합리적인 쾌락, 환희와 행복에 대해 살펴보았다. 상대적으로 덜 복잡하지만, 그래도 간략하게나마 살펴봐야할 두 유형의 쾌락이 있다. 하나는 우리가 어떤 이유로든 시작한 과제를 끝낸 뒤에 얻는 쾌락이다. 나는 이런 유형의 쾌락을 '희열(gratification)'이라 부르고 싶다. 완수하고 싶었던 과제를 완결하면, 그 활동이 반드시 생산적인 활동은 아니더라도 기분이 좋고 흐뭇하다. 자신이 외부 세계에 성공적으로 대처하는 힘과 능력을 지녔다고 증명한 셈이기 때문이다. 희열은 특별한 활동에 크게 좌우되지는 않는다. 테니스 경기를 멋지게 해낸 경우에 느끼는 희열이나 사업에서 성공했을 때의 희열은 똑같을 수 있다. 중요한 것은 완수해야 하는 과제가 꽤나 어려운 것인데도 만족할 만한 결과를 얻었느냐는 것이다.

다른 하나는 노력해서 얻는 쾌락이 아니라 정반대로 휴식으로부터 얻는 쾌락이다. 힘들지 않고 재밌는 활동에 수반되는 쾌락이다. 휴식의 중요한 생물학적인 기능은 유기체의 주기적인 변화를 조절하는 기능이다. 유기체라고 쉬지 않고 활동할 수는 없지 않은가. '쾌락'이란 단어는 어떤 수식어도 덧붙여지지 않으면, 휴식에서 오는 '좋은 기분'을 뜻하는 게 가장 적절할 듯하다.

우리는 이 장을 시작하면서 쾌락주의적 윤리의 특징에 대해 가장 먼저 살펴보았다. 삶의 목표가 쾌락이라 주장한 쾌락주의적 윤리에 따르면, 쾌락은 그 자체로 좋은 것이다. 그 후로도 다양한 유형의 쾌락을 분석한 결과를 바탕으로, 이제 윤리와 쾌락의 관련성에 대한 우리 의견을 제시할 수 있게 되었다. 생리적으로 조건화된 긴장으로부터 해방되며 얻는 만족감은 선한 것도 아니고 악한 것도 아니다. 윤리적 평가에서 그런 만족감은 희열이나 쾌락과 마찬가지로 윤리적으로 중립적이다. 한편 비합리적인 쾌락과 행복과 환희는 윤리적인 의미를 띠는 경험이다. 비합리적인 쾌락은 탐욕의 징조고, 인간 존재의 문제를 해결하지 못했다는 징후다. 반면에 행복과 환희는 '삶의 기술'에서 부분적으로 혹은 전적으로 성공했다는 증거다. 행복은 인간이 이루어낼 수 있는 최고의 성취며, 자신과 외부 세계를 향한 생산적 지향에 대한 전인격의 반응이다.

쾌락주의에 바탕을 둔 사상은 쾌락의 본질을 충분히 분석해내지 못했다. 그 결과로 삶에서 가장 쉬운 것, 예컨대 어떤 형태로는 쾌락을 누리는 게 가장 가치 있는 것처럼 보이게 되었다. 하지만 가치 있는 것은 어떤 것도 쉽지 않다. 따라서 자유와 행복을 논박하고, 쾌락을 부인하는 자체가 선함의 증거라고 주장하기가 한결 쉬워진 것도 쾌락주의의 오류에서 비롯되었다. 인본주의적 윤리가 행복과 환희를 주된 미덕으로 가정하는 게 당연할 수 있지만, 그런 가정은 인간에게 가장 쉬운 과제를 요구하는 게 아니라 가장 까다로운 과제, 즉 '생산 능력의 완전한 성숙'을 요구하는 것이다.

3. 수단과 목적

수단에서 얻는 쾌락에 비교하면, 목적에서 기대되는 쾌락이란 문제는 현대사회에서 무척 중요하다. 현대사회에서는 수단에 대한 강박적 관심으로 목적이 쉽게 잊히기 때문이다.

목적과 수단이란 문제는 허버트 스펜서가 무척 명확히 정리해주었다. 스펜서는 쾌락이 어떤 목적과 관련되면 그 목적의 수단도 즐겁고 재밌는 것이 된다고 주장했다. 또한 인류가 사회 상황에 완전히 적응한 상태에서는 "특수한 경우든 일반적인 경우든 간에 장래의 행복에 도움을 줄 뿐만 아니라 즉각적으로도 즐거움을 주는 행동만이 절대적으로 옳고, 잘못된

행동에는 시간의 문제일 뿐 반드시 고통이 수반된다."라고 주장했다.[59]

언뜻 보면 스펜서의 가정은 그럴듯하게 여겨진다. 예컨대 우리가 여행을 계획하면 그 준비 과정이 무척 즐거울 수 있지만 모든 경우가 그런 것은 아니다. 원하는 목적을 위해 준비하는 행위가 즐겁지 않은 경우도 많다. 또 어떤 환자가 고통스런 치료를 견뎌야 하는 경우, 건강 회복이라는 궁극적인 목적이 치료 자체를 즐겁게 해주지는 않는다. 분만의 고통도 아기의 탄생과 관련되어 있지만 그렇다고 즐거운 것이 되지는 않는다. 원하는 목적을 성취하려면 우리는 불쾌한 일도 사양하지 않아야 한다. 이성이 우리에게 그런 일도 해야 하는 거라고 요구하지 않는가! 또 궁극적으로 쾌락을 기대하는 마음이 있으면, 불쾌함이 다소나마 줄어드는 법이다. 궁극적인 목표인 쾌락에 대한 기대감은 수단과 관련된 불편함을 상쇄하고도 남는다.

그러나 수단과 목적이란 문제의 중요성에 대한 논의가 이처럼 간단히 끝나지는 않는다. 훨씬 더 중요한 문제가 있고, 그 문제는 무의식적인 동기를 고려하는 경우에만 제대로 이해된다. 이 경우에도 스펜서가 제시해주는 수단과 목적의 관계에 대한 사례가 유익하게 사용될 수 있다. 스펜서는 한 기업가가 장부에서 수입과 지출을 점검할 때 1센트까지 맞아떨어지는 경우에 느끼는 쾌락을 예로 들며 "실제로 돈을 버는 행위와 동떨어지고, 삶의 즐거움과는 더더욱 동떨어진 그 복잡한 과정이 즐겁게 느껴지는 이유가 뭐냐고 묻는다면, 장부를 정확히 작성하는 작업은 돈을 번다는 궁극적인 목적을 위한 조건을 수행하는 것이고, 일정한 소득을 확보함으로써 자신과 배우자와 자녀를 부양하는 의무를 이행한다는 당면한 목적 — 이행해야 할 의무 — 이 된다고 대답할 것이다."라고 말했다.[60] 스펜서의 설명에 따르면, 장부 작성이라는 수단에서 얻는 쾌락은 삶의 즐거움 혹은 의무라는 목적을 성취할 때 예상되는 쾌락에서 생겨나는 것이다. 그런데 스펜서는 두 가지 문제를 알아차리지 못했다. 상대적으로 확실한 문제부터 소개하면, 의식적으로 인지하는 목적은 무의식적으로 인지되는 목적과 다를 수 있다는 것이다. 우리는 삶의 목적이나 동기가 즐거운 삶의 향유나 가족에 대한 의무 이행이라고 '생각'할지 모르지만, 무의식에 감추어진 실질적인 목적은 돈을 통해 얻는 권력이나 돈을 저축함으로써 얻는 쾌락일 수 있다.

두 번째 문제는 앞에서 언급한 문제보다 더 중요하다. 수단과 관련된 쾌락은 목적과 관련된 쾌락에서 필연적으로 파생된다는 추정에서 야기된다. 물론 스펜서가 추정했듯이, 목적에서 기대되는 쾌락, 예컨대 미래에 사용할 돈을 생각하면 목적을 달성하는 데 필요한 수단(장부 작성)이 즐거워질 수 있지만, 장부 작성에서 얻는 쾌락이 완전히 다른 근원에서 파생되는 것일 수 있고, 이때 그 쾌락과 목적의 관계는 허구로 꾸민 것이 될 수 있다. 장부 작성을 무척 즐기며 계산이 1센트까지 맞아떨어지면 한없이 즐거워하는 강박적인 기업가가 좋은 예다. 그의 쾌락을 조사하면, 그가 불안과 의심에 찌든 사람이란 걸 확인할 수 있을 것이다. 그가 장부 작성을 즐기는 이유는 결정을 내리거나 위험을 무릅쓰지 않고도 '활동적'일 수 있기 때문이다. 장부에서 수입과 지출이 맞아떨어지면 그는 즐거워한다. 계산의 정확함은 그가 자신과 삶에 대해 품은 의심을 해소해주기 때문이다. 그에게 장부 정리는 어떤 사람이 혼자 카드놀이를 하거나, 집에 있는 창문의 수를 헤아리는 행위와 똑같은 기능을 한다. 이 경우에 수단은 목적과 별개의 것이 된다. 게다가 수단이 목적의 역할을 빼앗은 까닭에 목적은 상상에만 존재하는 것이 된다. 목적에서 기대되는 쾌락 때문이 아니라 목적과 완전히 분리된 요인들 때문에 목적과 완전히 별개의 것이 되고 즐거움을 주는 수단의 가장 확실한 예는 종교개혁 이후로 수백 년 동안, 특히 칼뱅주의 영향하에서 발달한 노동의 의미일 것이다. 어떤 의미에서 이 예는 스펜서가 제시한 예와 무관하지 않다.

이제부터 살펴보려는 문제는 현대사회에서 가장 아픈 곳과 관계가 있다. 현대인의 삶에서 가장 두드러진 심리학적 특징 중 하나라면, 목적을 위한 수단의 활동들이 목적의 자리를 점점 빼앗아가는 반면에 목적 자체는 불분명하고 실체가 없는 존재로 전락하고 있다는 사실이다. 우리는 돈을 벌려고 일한다. 우리는 재밌게 살기 위해 돈을 번다. 노동, 즉 일은 수단이고, 즐거움은 목적이다. 그러나 실제로는 어떤가? 우리는 더 많은 돈을 벌기 위해 일하고, 돈을 활용해서 더욱더 많은 돈을 벌고자 한다. 삶의 즐거움이란 목적 자체가 시야에서 사라졌다. 우리는 항상 시간에 쫓기고, 더 많은 시간을 절약하려고 이것저것을 만들어낸다. 그렇게 확보한 시간을 활용해 분주하게 돌아다니며 다시 더 많은 시간을 절약하려 애쓴다. 결국 우리는 지칠 대로 지치고 녹초가 되어 절약한 시간마저 사용할 수 없는 지경이 된다. 실제로 우리는 온갖 수단의 덫에 걸려 허우적대며 목적을 잊고 말았다. 라디오는 우리에게 최고의 음악과 문학을 전해줄 수 있지만, 실제로 우리가 듣는 것은 저속한 잡지에나 실리는 쓰레기 같은 정보거나 우리 지성과 취향을 모욕하는 광고가 대부분이다. 우리에게는 인간이 여태껏 만들어낸 최고의 도구와 수단이 있지만, 누구도 분주한 발걸음을 늦추고 '그것이 무엇 때문에 존재하는가?'라고 진지하게 묻지 않는다.[61]

목적을 지나치게 강조하면, 수단과 목적 간의 조화로운 균형이 여러 형태로 왜곡되는 경향이 있다. 목적만을 강조하고 수단의 역할을 충분히 고려하지 않는 경우가 대표적인 예다. 이런 식으로 왜곡하면, 목적이 추상화되고 비현실적으로 변질되어 결국 몽상으로 추락할 위험이 있다. 존 듀이가 이런 위험을 자세히 다루었다. 목적이 수단과 분리되면 역효과를 낳는다. 이런 경우 목적은 이념적으로 유지되더라도 그 목적의 수단이라 주장되는 활동으로 초점을 이동하기 위한 구실로만 이용될 것이 뻔하기 때문이다. 이런 메커니즘은 "목적이 수단을 정당화한다!"라는 구호를 내세운다. 하지만 이런 원리를 옹호하는 사람들은 파괴적인 수단을 사용하면 목적이 이념적으로 유지되는 경우에도 목적을 실질적으로 변형시키는 결과를 낳을 수 있다는 사실을 알지 못한다.

즐거운 활동의 사회적 기능에 대한 스펜서의 생각도 목적과 수단의 문제와 사회적으로 중요한 관계가 있다. 인간의 행복을 증진하는 데 도움이 되는 활동을 재밌고, 더 나아가 매력적으로 만드는 생물학적 기능이 쾌락에 있다는 견해와 관련해, 스펜서는 "사회적 삶의 요구에 적합하도록 인간의 본성을 개조하면 사회적 삶에 필요한 모든 활동이 즐겁게 바뀌겠지만, 그런 요구를 맞추지 못한 활동은 불쾌하게 느껴질 것"이라 말했고,[62] "어떤 활동이든 삶을 유지하는 데 도움이 되고, 그 상태가 계속된다면, 어떤 유형의 활동이든 쾌락의 원천이 되지 않을 이유가 없을 것이므로, 궁극적으로는 사회적 조건이

요구하는 행동과 움직임에는 반드시 쾌락이 동반될 것이다." 라고 덧붙였다.[63]

이쯤에서 스펜서는 사회에서 가장 중요한 메커니즘 중 하나를 거론했다. 어떤 사회에나 구성원들이 사회적 기능을 수행하려면 반드시 해야 할 행위를 자발적으로 행하도록 유도하는 방향으로 구성원들의 성격 구조를 형성하는 경향이 있다는 것이다. 그러나 구성원들의 실질적인 이해관계를 해치는 사회에서도 구성원에게는 해롭지만 그 사회의 기능 작용에는 유익한 활동이 만족감의 근원이 될 수도 있다는 사실을 스펜서는 알지 못했다. 노예도 자신의 운명에 만족하는 방법을 터득하고, 압제자도 잔혹한 행위를 즐기는 방법을 배우지 않는가. 즐거운 것으로 바꿔갈 수 없는 활동은 거의 없다! 사회의 결속은 이런 사실에 기반해 이루어진다. 스펜서가 제시한 현상이 사회의 진보를 가로막는 동시에 촉진하는 근원일 수 있다는 걸 넌지시 알려주는 사실이 아닐 수 없다. 결국 중요한 것은 특정한 활동의 의미와 기능을 정확히 파악하는 것이고, 그 활동에서 얻는 만족을 인간 본성과 삶의 적정한 조건이란 관점에서 이해하는 것이다. 앞에서도 말했듯이, 비합리적인 노력에서 얻는 만족은 인간의 행복에 도움을 주는 활동에서 얻는 쾌락과 질적으로 다르기 때문에 그런 만족은 가치 기준이 될 수 없다. 사회적으로 유익한 모든 활동은 쾌락의 원천이 될 수 있다는 스펜서의 주장은 옳지만, 그런 활동과 관련된 쾌락이 그런 활동의 도덕적 가치를 입증한다는 그의 주장은 잘못된 것이다. 인간의 본성을 분석하고, 인간의 실질적인 관심과 사회가 인간에게 부과한 관심 사이의 모순을 밝혀내야만, 스펜서가 찾아내려고 애쓴 규범, 즉 객관적으로 타당한 규범을 찾아갈 수 있을 것이다. 스펜서는 인간 사회와 그 미래를 낙관적으로 보았지만, 비합리적인 열망과 그 열망이 채워지는 현상을 심리학적 측면에서 다루지 않았다. 이 때문에 자신도 모르게 스펜서는 윤리학에서 요즘 팽배해진 상대주의를 위한 길을 놓았다.

04 신앙과 성격 특성

> 믿음은 영혼의 목소리를 받아들이는 데 있고, 불신은 영혼
> 의 목소리를 부정하는 데 있다.
>
> _____ 랄프 왈도 에머슨

신앙(faith)은 요즘 세계의 지적 분위기에 적합한 개념은 아닌 듯하다. 대체로 우리는 신앙이란 개념을 하느님이나 종교적 교리와 관련시키며, 합리적이고 과학적인 사고와는 모순되는 것이라 생각한다. 합리적이고 과학적인 사고는 사실에 기반을 둔 영역을 가리키는 것으로 여겨지며, 과학적인 사고가 들어설 곳이 없고 오직 신앙만이 지배하는 초월적인 영역과 구분된다. 하지만 이런 구분을 인정하지 않는 사람이 많다.

신앙이 합리적인 사고와 화합할 수 없다면, 구세대 문화의 시대착오적인 잔존물로서 제거되고, 지적으로 명료하고 입증될 수 있는 사실과 이론을 다루는 과학으로 대체되었어야 마땅했을 것이다.

신앙에 대한 현대인의 자세는 어떤 유형의 생각이든 통제하려는 교회의 권위와 주장에 맞서 오랫동안 지루하게 투쟁한 후에야 형성된 것이다. 따라서 신앙에 대한 회의주의는 이성의 발달과 밀접한 관계가 있다. 현대의 회의주의에는 이처럼 건설적인 면도 있지만 지금껏 무시된 이면도 있다.

현대인의 성격 구조와 요즘의 사회현상을 분석해보면, 신앙이 전반적으로 사라졌지만 수세대 전에 신앙이 빚어낸 진보적 현상도 더는 눈에 띄지 않는다는 사실을 확인할 수 있다. 과거에 신앙과의 투쟁은 영적인 족쇄로부터 해방되려는 투쟁이었고, 비합리적인 믿음에 맞선 투쟁이었다. 또한 자유와 평등과 형제애라는 원칙이 지배하는 사회질서(social order)를 인간이 이성적으로 확립할 수 있을 거라는 확신의 표현이기도 했다. 신앙이 결여된 요즘의 현상은 깊은 혼란과 절망이 지배한다는 방증이기도 하다. 회의주의와 합리주의가 과거에는 사상의 발전을 끌어가는 동력이었다면, 지금은 상대주의와 불확실성을 합리화하는 수단이 되었다. 사실을 모으고 또 모아야 진실을 알 수 있게 된다는 믿음이 이제는 미신으로 전락하고 말았다. 어떤 면에서 진실 자체가 형이상학적 개념으로 여겨지고, 과학은 정보를 수집하는 영역에 제한되는 것으로 여겨진다. 전면에 내세워진 합리적인 확실성의 뒤에는 심원한 불확실성이 있어 우리는 깊은 인상을 주는 철학을 적극적으로 혹은 적당히 타협적으로 받아들인다.

그런데 우리가 뭔가에 대해 신뢰하는 믿음 없이 살아갈 수 있을까? 젖먹이는 엄마의 젖가슴에 대한 절대적인 믿음이 있지 않을까? 우리 모두는 동료에 대한 믿음, 우리가 사랑하는 사람과 우리 자신에 대한 믿음이 있지 않을까? 우리 삶을 규정하는 규범의 타당성을 신뢰하지 않으면서도 살아갈 수 있을까? 하지만 신앙과 같은 믿음이 없다면 우리는 희망과 상상력을 상실하고, 우리 존재 자체를 두려워하게 될 것이다.

과거에 신앙과의 투쟁은 철저하지 않았고, 이성의 성취는 아무런 실효성이 없었던 것일까? 이제 우리는 다시 종교로 회귀하거나, 아니면 신앙이 없는 삶을 체념적으로 받아들여야 하는 것일까? 신앙은 하느님이나 종교적 교리에 대한 믿음의 문제일까? 신앙은 종교와 운명을 공유해야 할 정도로 서로 밀접한 관계가 있는 것일까? 신앙은 합리적 사고와 모순되므로, 별개의 것으로 다루어질 수밖에 없는 것일까? 이런 의문들에 대답하려면 신앙을 인간의 기본적인 마음가짐, 즉 인간의 모든 경험에 스며들어 있고 인간이 착각하지 않고 현실을 직시

하게 해주지만 자신의 신앙에 따라 살도록 해주는 성격 특성
이라 생각하는 경우에만 가능하다는 걸 보여주려 한다. 신앙
을 뭔가에 대한 믿음이라 생각하지 않고, 별로 중요하게 생각
하지 않는 특정한 대상에 대한 마음가짐으로 생각하기는 어렵
다. 따라서 구약성서에서 '에무나(emunah)'로 표현된 '신앙'이
란 단어가 '견고함', '확고함'을 뜻한다는 걸 기억하면, '신앙'
이 인간의 어떤 특성, 즉 뭔가에 대한 믿음의 내용보다 성격
특성을 가리키는 것으로 결론짓는 데 도움이 될 듯하다.

신앙의 문제를 정확히 이해하려면, 의심의 문제를 먼저 다
루는 것도 유익할 듯하다. 의심(doubt)은 일반적으로 이런저
런 추정이나 생각 혹은 사람에 대해 믿지 못하는 마음으로 이
해되지만, 한 사람의 인격에 스며든 마음가짐으로 해석되기도
한다. 이 경우에 그가 의심하는 특정한 대상 자체는 별로 중요
하지 않다. 의심이란 현상을 정확히 이해하기 위해서는 합리
적인 의심과 비합리적인 의심을 구분해야 한다. 여기에서 나
는 신앙이란 현상에 관련해서도 똑같이 구분해보려 한다.

비합리적인 의심은 부적절하거나 명백히 잘못된 추정에
대한 지적인 반응이 아니라, 어떤 사람의 삶에 정서적으로나
지적으로 영향을 미치는 의심을 가리킨다. 그에게는 삶의 어
떤 영역에서도 확실하게 경험하는 것이 없다. 모든 것이 의심
스럽고 확실한 것은 하나도 없다.

가장 극단적인 형태의 비합리적인 의심은 강박신경증적 의심이다. 이런 병적인 의심에 시달리는 사람은 머릿속에 떠오르는 모든 것을 강박적으로 의심하고, 자신이 지금 행하는 일에도 의심을 품는다. 의심이 삶에서 가장 중요한 문제나 결정과 관계되는 경우도 적지 않다. 예컨대 어떤 양복을 입어야 하고, 파티에 참석해야 하는지 등과 같은 사소한 결정에도 의심한다. 의심의 대상과 상관없이, 또 그 대상이 사소한 것이든 중요한 것이든 간에 비합리적인 의심은 주변 사람을 힘들고 피곤하게 만든다.

강박적 의심의 메커니즘에 대한 정신분석학적 연구에 따르면, 강박적 의심은 무의식의 차원에서 일어나는 정서적 갈등을 합리화하려고 표면화되는 현상이며, 전인격의 통합을 이루지 못했다는 극심한 무력감과 무기력에서 비롯되는 병적인 증상이다. 무력감에서 비롯되는 의지력의 마비를 극복하려면 의심의 뿌리를 알아내야만 한다. 그런 통찰을 이루어내지 못하면 만족스럽지 않더라도 다른 해결책, 구체적으로 말하면 적어도 당사자에게 괴로움을 주는 명백한 의심을 제거하는 대안적 해결책이 모색된다. 이런 대안적 해결책 중 하나가 강박 행위고, 그 행위를 통해 당사자는 일시적인 위안을 구할 수 있다. 또 다른 대안적 해결책은 어떤 '신앙'을 받아들이며, 그 '신앙'으로 자신과 자신의 의심을 은폐하는 것이다.

하지만 오늘날 전형적인 형태의 의심은 위에서 언급한 것처럼 적극적인 의심이 아니라, "모든 것이 가능하지만 확실한 것은 하나도 없다."라는 식의 무관심에 가깝다. 노동과 정치와 도덕 등 모든 것에서 갈팡질팡하는 사람의 수가 점점 증가하는 추세며, 엎친 데 덮친 격으로 그들은 그런 혼란이 정상적인 마음 상태라고 생각한다. 그들은 소외감과 당혹감과 무력감에 시달리며, 자신만의 생각과 감정과 감각 지각(sense perception)으로 삶을 경험하지 않고, 그들이 마땅히 겪어야 한다고 생각하는 경험을 근거로 삶을 살아간다. 이처럼 자동인형처럼 변해버린 사람들에게서 적극적인 의심은 사라지고 무관심과 상대주의가 그 자리를 차지했다.

비합리적인 의심과 달리, 합리적인 의심은 개인적인 경험이 아니라 권위에 대한 믿음에 의해 타당성이 결정되는 추정에 의문을 제기한다. 이런 합리적인 의심은 인격의 발달에도 중요한 기능을 한다. 처음에 어린아이는 모든 개념을 받아들이며 부모의 권위에 어떤 의문도 제기하지 않는다. 부모의 권위로부터 벗어나고, 자아를 개발하는 과정에서 어린아이는 비판적으로 변해간다. 이렇게 성장하는 과정에서 어린아이는 전에는 아무런 의심 없이 받아들였던 전설들을 의심하기 시작한다. 비판적 능력의 향상은 부모의 권위로부터 독립하고 성인이 되는 과정에 정비례한다.

역사적으로 보면, 합리적인 의심은 현대사상이 발달하게 된 주요 원인 중 하나였다. 합리적 의심을 통해 과학뿐만 아니라 근대 철학도 가장 긍정적인 자극을 받았다. 개인의 발달이 그랬듯이, 합리적 의심의 생성도 권위로부터의 해방, 즉 교회와 국가로부터의 해방과 밀접한 관계가 있다.

신앙에 대해서도 의심의 경우와 똑같은 식으로 구분하고자 한다. 달리 말하면, 비합리적 신앙과 합리적 신앙으로 구분하고 싶다. 따라서 비합리적인 신앙은 직접적으로 경험한 생각이나 느낌에 기인하는 믿음이 아니라, 사람과 사상 및 상징 등 비합리적인 권위에 대한 정서적인 굴복에 기반을 둔 믿음을 뜻한다.

신앙에 대한 이야기를 계속하기 전에, 지적이고 정서적인 과정과 복종의 관계를 더 깊이 살펴봐야 할 필요가 있다. 내적인 독립을 포기하고 권위체에 복종한 사람은 권위체의 경험을 자신의 경험으로 대체하는 경향을 띤다. 이와 관련된 가장 인상적인 사례를 어떤 사람이 다른 사람의 권위에 굴복하는 최면에 걸린 상황에서 찾을 수 있다. 최면에 걸린 사람은 최면술사가 "그에게 생각하고 느끼게 만든 것"을 그대로 생각하고 느끼기 때문이다. 최면에서 깨어난 후에도 그는 최면술사의 명령을 따르지만, 자신의 판단과 결단을 따르고 있는 것이라 생각한다. 예컨대 최면술사가 실험 대상자에게 어떤 시간에 추위를 느끼며 외투를 입게 될 거라는 암시를 주면, 최면에서 깨어난 후에도 실험 대상자는 추위를 느끼고 그에 따라 행동한다. 하지만 그런 느낌과 행동이 현실에 기반한 것이고 순전히 자신의 확신과 의지에 따라 움직이는 것이라 생각할 것이란 뜻이다.

최면 상태는 권위에 대한 복종과 사고 과정의 상관관계를 입증해주는 가장 결정적인 실험이지만, 상대적으로 동일한 메커니즘을 보여주는 경우가 비일비재하다. 강력한 연상력을 지닌 지도자에 대한 일반인들의 반응은 반최면 상태의 좋은 예다. 그들은 자신에게 제시된 지도자의 의견에 대한 비판적인 평가나 자신의 고유한 판단으로 지도자의 의견을 전폭적으로 받아들이는 게 아니다. 지도자에 대한 정서적인 복종으로써 지도자의 의견을 거의 무조건적으로 받아들인다. 그럼에도 지도자가 제안한 의견들에 합리적으로 동의하고 찬성한다고 착각한다. 요컨대 그들은 지도자의 의견에 동의하기 때문에 지도자를 인정하는 것이라 생각하지만, 실제의 전후관계는 정반대다. 그들은 반최면에 빠진 듯이 지도자의 권위에 복종하기 때문에 지도자의 의견을 받아들이는 것이다. 히틀러는 정치적 선전을 위한 회합을 밤에 개최하는 게 유리하다고 역설하며, 위의 과정을 설득력 있게 설명해주었다. "군중을 압도하는 설교자적 자질을 지닌 탁월한 웅변가가 저녁 시간을 이용하면,

자신의 에너지와 의지력을 완벽하게 통제하는 사람은 예외일지라도 어떤 식으로든 저항력의 약화를 경험하고는 다시 새롭게 의지를 가다듬은 사람의 마음을 자연스럽게 또 상대적으로 쉽게 사로잡을 수 있을 것이다."[64]

비합리적 신앙에 관련해서는 "그것이 부조리하기 때문에 나는 그것을 믿는다!"라는 구절이 심리학적 타당성을 갖는 듯하다.[65] 누군가 합리적으로 타당한 말을 했다면, 그는 원칙적으로 누구라도 할 수 있는 말을 한 것이다. 하지만 합리적으로 판단할 때 부조리한 말을 했다면, 그는 상식 수준을 넘어섬으로써 자신을 보통 사람 위에 놓는 마법의 힘을 과시하는 것이다.

비합리적인 신앙의 역사적인 사례는 무궁무진하게 많다. 유대인의 이집트 탈출에 대한 성경 이야기는 신앙의 문제를 가장 설득력 있게 설명한 사례라 할 수 있다. 이 이야기에서 유대인들은 노예로 살며 고통받지만 노예로서 누리는 안전한 삶을 잃지 않으려고 반항하는 것조차 두려워한다. 유대인들이 힘의 언어를 이해하는 이유는 그 언어를 두려워하지만 복종하기 때문이다. 모세는 자신을 하느님의 대리인이라 선포하라는 하느님의 명령에 반박하며, 유대인은 이름을 알지 못하는 신을 믿지 않을 거라고 말한다. 하느님은 어떤 이름도 갖기를 원하지 않지만 확실성을 갈구하는 유대인의 의문을 해소해주려고 이름을 갖는다. 그러자 모세는 유대인에게 하느님을 믿게 하려면 이름만으로는 충분하지 않다고 주장한다. 이번에도 하느님은 다시 양보하며, "그들 조상의 하느님, 아브라함과 이삭과 야곱의 하느님이 너에게 나타났다는 걸 그들이 믿도록" 모세에게 기적을 행하는 법을 가르친다. 여기에서 인용된 문장에 깊이 감추어진 역설은 오해의 여지가 없다. 하느님이 유대인들에게 바라는 신앙은 그들의 직접적인 경험이나 유대 민족의 역사에서 비롯된 것이었겠지만, 유대인은 노예가 되었다. 결국 유대인들의 신앙은 노예의 신앙이었고, 마법으로 강력한 힘을 과시하는 권력자에의 순종에 근거한 믿음이었다. 따라서 유대인들은 다른 마법, 예컨대 이집트인이 사용하는 마법과 다르지만 더 강력한 마법에도 얼마든지 흔들릴 수 있었다.

요즘 세계에서 비합리적인 신앙에 가장 가까운 현상은 독재자에 대한 신앙이다. 이런 신앙을 옹호하는 사람들은 독재자를 위해 기꺼이 목숨까지 바치는 사람이 무수히 많다는 사실을 지적하며, 이런 맹목적 신앙의 진정성을 입증해보려 한다. 신앙이 어떤 사람이나 대의(大義)에 대한 맹목적인 헌신으로 정의되고, 그를 위해 목숨이라도 내놓을 정도의 각오로 측정된다면, 선지자들이 주장하는 정의와 사랑에 대한 신앙과, 그들과 달리 강력한 힘을 옹호하는 사람들의 신앙은 대상만 다를 뿐 근본적으로 같은 것이다. 따라서 자유를 옹호하는 사람들의 신앙과 자유를 억압하는 사람들의 신앙은 다른 사상을 믿음의 대상으로 내세운다는 점에서만 다를 뿐이다.

비합리적인 신앙은 어떤 사람이나 사상에 대한 광적인 확신이며, 인격체든 아니든 간에 비합리적인 권위체에 대한 복종에 근거를 두고 있다. 한편 합리적인 신앙은 생산적이며 지적이고 정서적인 활동에 기반을 둔 굳건한 확신이다. 합리적인 사고에는 신앙이 들어설 자리가 없어야 마땅한 듯하지만, 합리적인 사고에서 합리적인 신앙은 중요한 부분을 차지한다. 예컨대 과학자는 어떻게 새로운 것을 발견하는가? 자신이 찾아내려고 기대하는 것을 전혀 보지 못하면서도 실험을 거듭하며 확인된 사실을 하나씩 모아가지 않는가? 어떤 분야에서나 중대한 발견은 거의 이런 식으로 이루어졌다. 환상만을 좇는 사람은 어떤 중요한 결론에도 이르지 못한다. 인간의 노력이 더해지는 분야에서 창의적인 사고 과정은 '합리적 상상(rational vision)'이라 일컬어질 만한 것으로 시작하는 게 원칙이며, 그 합리적 상상은 과거에 행해진 무수한 연구와 관찰 및 반성적 사고(reflective thinking)의 결과다. 과학자가 처음에 상상한 것이 그럴듯하게 여겨지기에 충분할 정도로 자료를 수집하거나 수학적 공식을 끌어내는 데 성공하면, '잠정적인 가정'을 설정할 만한 단계에 이른 것이라 평가된다. 그 가정을 치밀하게 분석하며 그 안에 담긴 의미를 찾아내고, 분석 결과를 뒷받침하는 자료를 축적하면 더욱더 적절한 가정을 세우고, 결국에는 어떤 포괄적인 이론에 그 가정을 끼워 넣을 것이다.

과학의 역사에는 이성에 대한 믿음과 진실을 향한 예지력으로 가득하다. 코페르니쿠스, 요하네스 케플러, 갈릴레오 갈릴레이, 아이작 뉴턴은 모두 이성의 힘을 굳건히 믿었던 과학자였다. 조르다노 브루노(Giordano Bruno, 1548~1600)는 사상의 자유를 지키려고 화형을 당했고, 스피노자는 파문을 당하는 고통을 겪었다. 합리적 상상을 구상할 때부터 어떤 이론을 확립할 때까지 매 단계에 '신앙'에 버금가는 굳건한 믿음이 반드시 필요하다. 예지력이 담긴 상상을 합리적으로 타당한 목표로 받아들이는 신앙, 가정을 그럴듯하고 합당한 제안으로 인정하는 신앙, 최종적인 이론의 타당성에 대해 전반적인 합의가 있을 때까지 그 이론을 굳게 믿는 신앙이 있어야 한다. 이런 신앙은 자신의 직접적인 경험, 자신의 사고력과 관찰력과 판단력에 대한 확신에서 비롯된다. 비합리적인 신앙은 권위체나 다수가 진실이라고 말하기 때문에 뭔가를 진실로 받아들이지만, 합리적인 신앙은 자신의 생산적인 관찰과 사고에 기반한 독자적인 확신에서 비롯된다.

생각과 판단에서만 합리적인 신앙이 작동하는 것은 아니다. 인간관계라는 세계에서 신앙은 우정과 사랑만큼 중요하고 필요한 자질이다. '어떤 사람에게 신앙을 갖다(have faith in another person)'라는 말은 그의 근본적인 태도, 즉 그의 핵심적 인격이 항상 신뢰할 만하고 결코 변하지 않을 것이라고 확신한다는 뜻이다. 그렇다고 그 사람이 개인적인 의견을 바꾸지 않는다는 뜻은 아니다. 그의 기본적인 동기가 항상 똑같을 것이란 뜻이다. 예컨대 인간의 존엄성을 존중하는 그의 마음가짐은 곧 그의 자아를 이루는 일부이므로 변화의 대상이 아니라는 뜻이다.

같은 의미에서 우리는 우리 자신에게도 신앙을 갖는다. 우리는 자아의 존재를 알고 있다. 쉽게 말하면, 변화무쌍한 환경에서, 또 생각과 느낌의 변덕스런 변화에도 불구하고 우리 삶에서 끈덕지게 유지되며 변하지 않는 핵심적인 인격이 존재한다는 걸 알고 있다. 이 핵심은 '나'라는 단어 뒤에 실재하는 것이며, 이 핵심을 근거로 우리는 자신의 정체성을 확신하게 된다. 우리가 자아의 존속을 신앙처럼 굳게 믿지 않는다면 우리 정체성도 위협을 받을 것이고, 결국 우리는 다른 사람들에게 의존적인 존재가 될 것이다. 그런 지경에 이르면, 다른 사람들의 인정이 우리 자신의 정체성을 결정하는 기준이 될 것이다. 하지만 자신을 믿고 신뢰하는 사람만이 다른 사람에게도 충실할 수 있는 법이다. 그런 사람만이 오늘이나 내일이나 자신이 똑같은 사람이라 확신하며, 오늘이나 내일이나 똑같은 방향으로 느끼고 생각할 수 있기 때문이다. 자신에 대한 '신앙'은 우리가 뭔가를 약속할 수 있는 능력을 갖기 위한 조건이다. 니체가 지적했듯이 인간이 약속할 수 있는 능력으로 정의된다면, 자신에 대한 신앙은 인간이 존재하기 위한 조건 중 하나기 때문이다.

누군가를 믿는다는 말에는 우리가 다른 사람과 우리 자신, 즉 인류의 잠재력에 갖는 믿음과 관련된 의미도 담겨 있다. 그런 믿음의 가장 기초적인 형태는 어머니가 갓난아이에게 품는 믿음이다. 어머니는 아기가 건강하게 자라서 정상적으로 걷고 말할 것이라 믿는다. 하지만 대체로 아기는 정상적으로 성장하기 때문에 이에 대한 기대에는 특별한 믿음과 신앙이 필요하지는 않은 듯하다. 하지만 개발하는 데 실패할 수 있는 잠재력의 경우는 다르다. 사랑하고 행복하게 지내며, 이성을 활용하는 잠재력, 더 나아가 예술적 재능 같은 특별한 잠재력이 대표적인 예다. 이런 잠재력은 적절한 발달 조건이 주어지는 경우에만 성장하고 결실을 맺는 씨앗이다. 반대로 적절한 조건이 갖추어지지 않으면 그런 잠재력은 억눌려 발달하지 못한다. 이런 조건 중 아이의 삶에서 중요한 위치를 차지하는 사람들이 이런 잠재력을 믿어주는 것이 가장 중요하다. 이런 믿음의 존재 여부가 교육과 조종(manipulation)의 차이로 이어진다. 교육은 아이가 자신에게 잠재된 능력을 깨닫도록 돕는 과정이지만,[66] 조종에는 교육과 반대로 잠재력의 성장에 대한 믿음이 없다. 따라서 어른이 바람직한 것을 심어주고 바람직하지 않은 것을 차단해야만 아기가 올바르게 성장한다는 확신에서 조종이 시작된다. 로봇의 잠재력을 기대할 수 없는 이유는 로봇에게는 생명이 없기 때문이다.

다른 존재에 대한 믿음은 '인류'에 대한 믿음에서 최고조에 이른다. 서구 세계에서 이런 믿음은 유대교적 기독교에서 종교적 용어로 표현되었고, 세속적인 언어로는 지난 150년 동안 진보적인 정치사회적 사상에서 가장 강력하게 표현되었다. 어린아이에 대한 믿음과 마찬가지로, 인류에 대한 믿음도 인간의 잠재력은 적절한 조건이 주어지면 평등과 정의와 사랑이란 원칙이 지배하는 사회질서를 건설해낼 수 있다는 전제에 기반을 두고 있다. 인간은 아직 그런 사회질서를 이루어내지 못했다. 따라서 그렇게 해낼 수 있을 것이란 확신에는 신앙에 버금가는 믿음이 필요하다. 그러나 모든 합리적인 신앙이 그렇듯이 이런 믿음도 단순한 희망 사항이 아니라, 인류가 과거에 이루어낸 업적과 개개인의 내적인 경험, 즉 이성과 사랑의 직접적인 경험에 근거한 것이다.

비합리적인 신앙은 감히 범접하기 힘들 정도로 강력하고 전지전능하게 느껴지는 권력에 복종하며 자신의 힘과 강점을 포기하는 상황에서 시작되지만, 합리적인 신앙은 정반대의 조건에서 시작된다. 가령 우리가 어떤 사상을 합리적으로 믿고 받들게 되었다면, 우리 자신이 직접 관찰하고 사색한 결과로 그 사상이 맞다고 확신하기에 이르렀기 때문이다. 또 우리가 다른 사람과 우리 자신 및 인류의 잠재력을 믿는다면, 완벽하게는 아니더라도 우리 자신의 잠재력이 성장하는 걸 직접 경험하고, 우리에게 내재된 이성과 사랑의 힘이 상당한 강점을 지녔다는 걸 직접 경험했기 때문일 것이다. 합리적인 신앙의 출발점은 생산에 있고, 우리가 각자의 신앙을 기준으로 살아간다는 것은 생산적으로 살아간다는 뜻이며, 유일하게 확실한 것이기도 하다. 그런 확실성은 생산적인 활동, 특히 우리 각자가 능동적 주체로서 참여하는 생산적인 활동에서 비롯되는 확실성이다. 따라서 지배 권력에 대한 믿음과 권력의 과시는 신앙과 배치된다는 결론을 내릴 수 있다. 달리 말하면, 현재를 지배하는 권력을 믿는다는 것은 아직 실현되지 않은 잠재력의 성장 가능성을 믿지 않는다는 뜻이다. 이런 결론은 명백히 드러난 현재를 근거로 미래를 예측한 것이다. 그러나 알고 보면 이런 예측은 중대한 오산이며, 인간의 잠재력과 인간의 성장을 간과하고 있다는 점에서 비합리적인 예측이기도 하다. 권력과 관련해서는 합리적인 신앙이라 할 것이 없다. 권력에 대한 복종이 있거나, 권력을 보유한 사람이 현재의 권력을 계속 유지하려는 욕망이 있을 뿐이다. 많은 사람에게 권력은 가장 실질적인 것으로 보일 수 있지만, 인류의 역사에서 증명된 바에 따르면 권력은 인간의 업적 중 가장 불안정한 것이다. 신앙과 권력은 상호배타적이라는 사실 때문인지, 원래 합리적인 신앙에 기초해 세워진 종교와 정치체계도 권력에 의존하거나 권력과 결탁하면 필연적으로 부패하며, 결국에는 본래의 강점마저 상실한다.

신앙과 관련된 오해 하나를 여기에서 간략히 언급해둘 필요가 있다. 신앙은 우리가 자신의 바람이 실현되기를 소극적으로 기다리는 상태라고 정의되는 경우가 적지 않다. 이런 정의는 비합리적인 신앙의 특징에 불과하며, 지금까지 살펴본 바에 따르면 합리적인 신앙에는 해당되지 않는 정의다. 합리적인 신앙이 자신의 생산 능력에 대한 직접 경험에 근거한 것이라면 수동적일 수 없으며, 진실한 정신 활동의 표현인 것이 분명하다. 이런 생각은 유대인의 오랜 전설에서 분명히 드러나 있다. 모세가 홍해에 지팡이를 던졌을 때, 홍해는 양쪽으로 갈라지며 유대인이 건너갈 수 있도록 마른 길을 드러내지 않았다. 요컨대 기대하던 기적은 일어나지 않았다. 하지만 한 남자가 용기 있게 홍해로 뛰어들자 약속했던 기적이 일어나며 홍해가 양쪽으로 갈라졌다.

이 글을 시작할 때 나는 마음가짐으로서의 신앙, 즉 성격 특성으로서의 신앙과 어떤 사상이나 사람에 대한 믿음으로서의 신앙을 구분했다. 지금까지 우리는 전자의 신앙만을 다루었다. 이제는 성격 특성으로서의 신앙과 신앙의 대상 사이에 실질적인 관련성이 있는지에 대한 의문이 자연스레 제기된다. 합리적인 신앙과 비합리적인 신앙을 비교하며 분석해본 결과에 따르면, 둘 사이에는 관련성이 분명히 존재한다. 합리적인 신앙은 우리 자신의 생산적인 경험에 기반을 두기 때문에, 인간의 경험을 초월하는 것은 어떤 것도 합리적인 신앙의 대상이 될 수 없다. 또한 우리가 직접 경험의 결과로서가 아니라 사랑과 이성과 정의라는 개념을 믿으라고 배웠다는 이유만으로 그런 개념을 믿는다면, 합리적인 신앙을 말할 자격이 없다. 종교적인 신앙은 합리적인 신앙도 될 수 있고, 비합리적인 신앙도 될 수 있다. 교회와 권력을 공유하지 않았던 몇몇 종파들, 인간에게 내재된 사랑의 힘은 물론이고 인간과 하느님의 유사성을 역설한 신비주의자들이 종교적 상징성에서도 합리적인 신앙이란 태도를 견지하며 구축해왔다. 종교에 적용되는 것은 세속적 형태의 신앙, 특히 정치사회적 사상에도 그대로 적용된다. 자유와 민주주의라는 개념도 개개인의 생산적인 경험에 기반을 두지 않고, 국가나 정당이 우리에게 그냥 믿도록 강요하는 식으로 제시된다면 비합리적인 신앙으로 전락하고 말 것이다. 신비주의자의 하느님에 대한 신앙은 무신론자의 인간에 대한 합리적인 신앙보다 칼뱅주의자의 하느님에 대한 신앙을 닮았다. 칼뱅주의자의 신앙은 인간은 무력한 존재

이므로 하느님의 힘을 두려워해야 한다는 확신에 뿌리를 두고
있기 때문이다.

인간은 뭔가에 대한 신앙을 갖지 않고는 살 수 없다. 우리
세대와 다음 세대에게 중대한 문제는 그런 신앙이 지도자나
기계 혹은 성공에 대한 비합리적인 신앙이 되느냐, 아니면 개
개인의 생산적인 활동에 기반한 인간에 대한 합리적인 신앙이
되느냐는 것이다.

05 　　　　　인간에게 내재한 도덕력

세상에는 경이로운 것이 많지만, 인간만큼 경이로운 것은
없다.

_____ 소포클레스,《안티고네》

1. 인간은 선한 존재인가, 악한 존재인가

인본주의적 윤리가 취하는 입장에 따르면, 인간은 어떤 것
이 선한 것인지 알 수 있고, 따라서 선천적인 잠재력과 이성에
의지해 행동할 수 있다. 하지만 인간은 선천적으로 악하다는
주장이 맞다면 이런 입장은 수긍되지 않는다. 인본주의적 윤

리에 반대하는 학자들의 주장이 맞다면, 인간은 공포로 억눌리지 않으면 천성적으로 동료에게 적대적이며, 시기하고 질투하며 게으르고 나태한 성향을 띤다. 한편 인본주의적 윤리를 옹호하는 학자들은 이런 부정적인 주장에 맞서서 인간은 선천적으로 선하며 파괴성은 인간의 본성에 속하지 않는다고 주장한다.

이처럼 모순되는 두 견해의 논쟁은 서구 사상을 끌어온 기본적인 주제 중 하나다. 소크라테스는 악의 근원은 인간의 선천적인 성향이 아니라 무지라고 생각했다. 소크라테스에게 악덕은 오류에 불과했다. 반면에 구약성서에서는 인간의 역사가 죄를 범하는 행위로 시작되고, "욕망은 어린 시절부터 계속되는 사악함"이라고 말한다. 중세 초기에는 아담의 타락을 다루는 성경의 신화를 어떻게 해석하느냐를 두고 대립한 두 견해 사이에 치열한 논쟁이 벌어졌다. 아우구스티누스(Aurelius Augustinus, 354~430)는 에덴동산의 추방 이후로 인간 본성이 타락했고, 최초의 인간이 불순종한 탓에 시작된 저주를 안은 채 우리 모두가 태어났으며, 교회와 교회의 성례를 통해서 전달되는 하느님의 은혜만이 인간을 구원할 수 있다고 생각했다. 한편 펠라기우스(Pelagius, 360~418)는 아우구스티누스의 이론적인 적수답게, 아담의 죄는 순전히 개인적인 것이므로 아담 이외에 누구에게도 영향을 미치지 않았다고 주장했다. 따라서 모든 인간은 타락 이전의 아담처럼 깨끗하게 태어나며, 죄는 유혹의 결과고 사악한 표본이라 주장했다. 이 논쟁에서 아우구스티누스가 승리를 거두었고, 그 결과가 그 이후로 수세기 동안 인간의 정신을 결정하고 암흑에 가두어놓았다.

중세 후기에 들어 인간의 존엄성과 능력 및 선천적인 선함에 대한 믿음이 조금씩 고개를 들기 시작했다. 13세기의 사상가 토마스 아퀴나스(Thomas Aquinas, 1225~1274)를 비롯한 신학자들과 르네상스 시대의 사상가들이 이런 생각을 표명했지만, 인간에 대한 그들의 의견은 본질적인 점에서 많이 달랐다. 특히 아퀴나스는 '이단'으로 일컬어지던 펠라기우스의 극단주의로 회귀하지는 않았다. 오히려 인간은 태생적으로 악하다는 정반대의 주장이 루터와 칼뱅의 교리에서 명시적으로 표현되며, 오히려 아우구스티누스의 주장이 되살아났다. 그들은 인간에게는 성직자를 중재자로 개입하지 않고 직접 하느님을 대면할 수 있는 권리와 의무 및 영적인 자유가 있다고 주장했지만, 인간은 태생적으로 악하고 무력한 존재라고 고발했다. 그들의 주장에 따르면, 인간의 구원을 가로막는 가장 큰 장애물은 인간 자신의 오만함이었다. 그들은 죄책감을 느끼고 회개하며 하느님에게 무조건 순종하고 하느님의 자비를 믿어야만 인간이 그런 오만함을 극복할 수 있다고 가르쳤다.

이런 두 줄기의 가닥이 근대 사상에도 뒤얽혀 있다. 인간의 존엄과 능력이란 사상은 계몽주의 철학, 19세기의 진보적인 자유주의 사상에서 표명되었고, 특히 니체에게서 가장 극명하게 드러났다. 하지만 인간은 무가치하고 덧없는 존재라는 사상이 권위주의적 체제에서 새로운 모습, 달리 말하면 완전히 세속화된 형태로 되살아났다. 국가와 사회가 최고 지도자로 올라선 권위주의적 체제에서 개인은 자신의 무가치함을 인정하며 순종하고 복종해야 마땅했다. 두 사상은 철학적 관점에서 민주주의와 권위주의로 명확히 구분된다. 하지만 우리 문화를 생각해보면 두루뭉술한 형태로 뒤섞여 있고, 감정적인 면에서는 더더욱 그렇다. 요즘 우리는 아우구스티누스의 신봉자인 동시에 펠라기우스의 신봉자다. 또 루터를 좋아하면서도 조반니 피코 델라 미란돌라(Giovanni Pico della Mirandola, 1463~1494; 인간의 존엄을 역설한 이탈리아 철학자)를 좋아하며, 토머스 홉스(Thomas Hobbes, 1588~1679)를 신뢰하면서도 토머스 제퍼슨(Thomas Jefferson, 1743~1826)을 응원한다. 우리는 의식적으로는 인간의 능력과 존엄을 믿지만, 무의식적으로는 인간, 특히 우리 자신의 무력함과 악함을 믿으며, 그런 무력함과 악함을 '인간의 본성(human nature)'으로 설명한다.[67]

프로이트의 글에서는 대립된 두 개념이 심리학적 이론으로 설명된다. 많은 점에서 프로이트는 계몽주의 정신을 대변하는 전형적인 사상가였다. 실제로 프로이트는 이성의 존재를 믿었고, 더 나아가 인간에게는 사회적 관습과 문화적 압력에 저항할 천부적인 권리도 있다고 믿었다. 하지만 프로이트는 인간은 천성적으로 나태하고 방종하기 때문에 사회적으로 유용한 활동에 강제로 내밀려야 한다고 생각했다.[68] 인간이 태생적으로 파괴적이라는 견해는 '죽음의 본능'에 대한 프로이트의 이론에서 가장 급진적인 형태로 그려진다. 제1차 세계대전 이후, 프로이트는 인간의 격정적인 파괴성에 크게 충격을 받았던지, 본능에는 성 본능과 자기보존 본능이라는 두 유형이 있다고 설명한 과거의 이론을 수정하며 비합리적인 파괴성을 덧붙였고 여기에 지배적인 위치를 부여했다. 프로이트의 수정된 가설에 따르면, 인간은 엇비슷한 위력을 지닌 두 힘이 맞부딪치는 전쟁터였다. 하나는 삶의 충동이었고, 다른 하나는 죽음의 충동이었다. 두 힘은 인간을 비롯해 모든 유기체에서 발견되는 생물학적 힘이었다. 죽음의 충동이 외부의 대상에게 향하면 파괴의 충동으로 나타나고, 유기체 내에 머물면 자기파괴(self-destruction)를 지향한다.

프로이트의 이론은 이원론적이다. 프로이트는 인간을 본질적으로 선하거나 본질적으로 악한 존재로 보지 않았다. 동등한 위력을 가진 두 개의 모순된 힘에 영향을 받는 존재로 보았다. 많은 종교적 교리와 철학에서 표현되던 이원론적 관점과 크게 다르지 않았다. 삶과 죽음, 사랑과 다툼, 밤과 낮, 흑과

백, 오르무즈드와 아흐리만(조로아스터교에서 선의 신과 악의 신)은 이원론을 상징하는 많은 표현 중 일부에 불과하다. 이런 이원론은 인간 본성을 연구하는 학자에게 무척 매력적이고 유혹적이다. 인간은 선한 존재라는 사상을 받아들일 만한 여지를 제공하면서도 피상적이고 희망적인 분석에서만 무시되는 인간의 무시무시한 파괴적인 속성까지 설명해주기 때문이다. 하지만 이원론은 출발점에 불과할 뿐 우리가 제기하는 심리학적이고 윤리적인 문제에 대한 대답이 아니다. 삶의 충동과 파괴의 충동은 인간에게 태생적으로 내재한 동등한 세기의 힘을 뜻하는 것으로 이원론을 이해하고 있는 것일까? 그렇다면 인본주의적 윤리는 권위주의적인 명령이나 제재 없이 인간의 본성에서 파괴적인 면을 어떻게 억제할 수 있느냐는 물음과 마주하게 된다.

혹시 인본주의적 윤리의 원칙에서 더욱 적합한 해답을 찾아낼 수 있을까? 또 삶의 충동과 파괴의 충동 사이에 존재하는 양극성이 다른 의미로 이해될 수 있을까? 우리가 이런 의문에 대답할 수 있느냐 없느냐는 적개심과 파괴성의 본질을 어떻게 파악하느냐에 달려 있다. 이 문제를 본격적으로 논의하기 전에 얼마나 많은 것이 윤리 문제에 대한 대답에 달려 있는지 파악해두는 것이 현명할 듯하다.

삶과 죽음은 윤리에서 가장 기본적인 선택의 문제다. 생산성과 파괴성, 성적 능력과 성적 불능, 미덕과 악덕도 양자택일의 문제다. 인본주의적 윤리의 관점에서 보면, 모든 사악한 열망은 생명을 방해하고, 모든 선한 열망은 생명을 보존하고 전개하는 데 도움을 준다.

파괴성의 문제에 접근하기 위한 첫 단계는 두 종류의 증오를 구분하는 것이다. 하나는 합리적이고 '반발적인' 증오, 다른 하나는 비합리적이고 '성격에 영향을 받는' 증오다. 합리적이고 반발적인 증오는 자신이나 다른 사람의 자유와 생명과 사상에 가해지는 위협에 대한 반발이다. 이런 증오의 전제는 생명에 대한 존중이다. 합리적인 증오는 생물학적으로도 중요한 기능을 한다. 따라서 정서적인 면에서 보면 생명을 보호하는 행동과 다를 바가 없다. 합리적인 증오는 중대한 위협에 대한 반발로서 생겨나지만, 그 위협이 제거되면 사라진다. 따라서 합리적인 증오는 삶을 위한 열망과 대립되는 것이 아니라 그 열망에 수반되는 것이다.

'성격에 영향을 받는 증오'는 합리적인 증오와 질적으로 다르다. '성격에 영향을 받는 증오'는 일종의 성격 특성이며, 적대감을 품은 사람의 내면에 지속적으로 머물며 언제라도 표면화되는 증오이지, 외부의 자극에 대한 적대적인 반응이 아니다. 비합리적인 증오도 반발적인 증오를 불러일으키는 똑같은 종류의 실질적인 위협에 의해 나타날 수 있다. 그러나 비합리적인 증오는 대체로 불필요한 증오며, 반발적인 증오로 표현되고 합리화되려고 온갖 기회를 활용한다. 증오하는 사람은 마음속에서 맴돌던 적대감을 표출할 기회를 얻으면 행복해지는 것처럼 일종의 안도감을 느끼는 듯하다. 증오심을 해소함으로써 얻는 즐거움을 얼굴 표정에서도 확인할 수 있을 정도다.

윤리는 주로 비합리적인 증오에서 비롯되는 문제, 예컨대 삶을 파괴하고 훼손하려는 열정과 밀접한 관계가 있다. 비합리적인 증오는 성격에 원인이 있으며, 증오의 대상은 크게 중요하지 않다. 비합리적인 증오는 다른 사람뿐만 아니라 자신까지 겨냥하지만, 자신을 증오하는 경우보다 다른 사람을 증오하는 경우가 훨씬 자주 자각된다. 또한 우리 자신을 향한 증오는 흔히 자기희생과 이타심, 자기비난과 열등감으로 합리화된다.

'반발적인' 증오의 빈도는 생각보다 훨씬 많다. 우리는 자신의 진실성과 자유에 가해지는 위협이나, 명확하거나 분명하지 않고 사랑과 보호로 교묘하게 위장된 위협에는 주로 증오로 대응하기 때문이다. 그러나 성격에 영향을 받는 증오는 사랑과 증오가 두 개의 근본적인 힘으로 작용하는 이원론이 사실에 정확히 맞아떨어지는 것처럼 여겨질 정도로 흔한 현상이다. 그러면 이원론이 맞다고 인정해야 하는 것일까? 이 질문에 대답하려면 이원론의 특징을 더 깊이 연구해봐야 한다. 선과 악은 똑같은 정도의 힘을 갖고 있을까? 선과 악은 모두 인간에게 처음부터 내재된 성향일까? 혹시 선과 악 사이에 다른 관계가 존재할 수는 없는 것일까?

프로이트에 따르면, 파괴성은 모든 인간에 내재하는 성향이다. 파괴성은 주로 그 대상에 따라 달라진다. 물론 그 대상은 자신인 경우도 있고 다른 사람인 경우도 있다. 이런 관점에서 보면, 자신에 대한 파괴성은 다른 사람에 대한 파괴성과 반비례 관계에 있게 된다. 하지만 이런 추정은 파괴성이 자신이든 다른 사람이든 누구를 향하든 상관없이 우리는 각자가 서로 다른 파괴성의 총량을 가진다는 사실과 모순된다. 자신에게 별다른 적대감이 없는 사람에게서는 다른 사람을 향한 대단한 파괴성도 발견할 수 없다. 한편 자신과 다른 사람에 대한 적대감은 서로 정비례 관계에 있는 게 확인된다. 게다가 개개인에게서 삶을 파괴하는 힘은 삶을 촉진하는 힘과 반비례 관계에 있다는 것도 확인된다. 요컨대 삶을 파괴하는 힘이 강해지면 삶을 촉진하는 힘이 약해진다. 물론 그 반대의 경우도 마찬가지다. 이런 사실에서 삶을 파괴하는 에너지를 이해하는 단서를 포착할 수 있다. 파괴성의 정도는 우리의 능력 발휘가 방해받는 정도에 비례한다는 것이다. 이때 능력 발휘의 방해는 이런저런 욕망을 채우지 못한 좌절을 뜻하는 게 아니다. 감각적 능력과 정서적 능력, 신체적 능력과 지적 능력의 자발적인 표현을 방해받는 경우, 즉 우리의 생산적인 잠재력이 억제되는 경우를 뜻한다. 성장하며 살아가려는 삶의 성향이 억눌리면, 그 때문에 차단된 에너지가 변화 과정에 돌입하고 결국 삶을 파괴하는 에너지로 변한다. 파괴성은 '삶답지 못한 삶'의 결과다. 삶을 촉진하는 에너지를 억제하는 데 중요한 역할을 하는 개인적인 조건과 사회적인 조건이 파괴성을 야기하고, 그렇게 형성된 파괴성이 원인으로 작용하며 다양한 형태의 악이 생겨난다.

생산적 에너지가 차단당한 결과로 파괴성이 발달하는 게 사실이라면, 파괴성이 인간 본성에 내재하는 잠재력이라 일컬어지는 것은 당연한 듯하다. 그렇다면 선과 악은 인간의 내면에서 동등한 힘을 지닌 잠재력일까? 이 질문에 대답하려면 잠재력이란 용어의 의미를 정확히 살펴봐야 한다. 뭔가가 '잠재적'으로 존재한다는 말은 그것이 앞으로 존재할 것이란 뜻일 뿐만 아니라, 그 미래의 존재가 현재에 이미 준비되고 있다는 뜻이기도 하다. 발달 단계에서 현재와 미래의 이런 관계는 미래가 현재에 실질적으로 존재한다는 말로 설명될 수 있다.

그럼 현재 단계가 존재하면 미래 단계는 '필연적으로' 존재하게 된다는 뜻일까? 결코 그렇지 않다. 나무가 씨앗 속에 잠재적으로 존재한다고 말한다고 해서, 나무가 반드시 모든 씨앗에서 발아해야 한다는 뜻은 아니다. 잠재력의 실현은 적정한 조건이 갖추어지는지의 여부에 달려 있다. 예컨대 씨앗의 경우에는 적절한 흙과 물과 햇빛이 있어야 한다. 잠재력은 실현을 위해 필요한 조건들과 관련되지 않으면 그 개념 자체가 아무런 의미도 갖지 못한다. 나무가 씨앗 속에 잠재적으로 존재한다는 말은 씨앗이 성장을 위해 반드시 필요한 조건에 놓이는 경우에만 그 씨앗에서 나무가 자란다는 뜻으로 구체화되어야 한다. 적정한 조건이 갖추어지지 않으면, 예컨대 흙이 지나치게 축축해서 씨앗의 성장에 적정하지 않으면, 씨앗은 나무로 성장하지 못하고 썩어 없어질 것이다.

　동물도 식량을 빼앗기면 성장을 위한 잠재력을 실현하지 못하고 죽고 말 것이다. 따라서 씨앗이나 동물에게는 두 종류의 잠재력이 있고, 발달 단계에 따라 각각의 잠재력으로부터 어떤 결과가 생겨난다고 말할 수 있을 듯하다. 하나는 적정한 조건이 충족되면 실현되는 '기본적인 잠재력(primary potentiality)'이고, 다른 하나는 조건이 생존에 필요한 것과 충돌하는 경우에 실현되는 '부차적인 잠재력(secondary potentiality)'이다. 기본적인 잠재력은 물론이고 부차적인 잠재력도 유기체의 본질을 이루는 일부다. 기본적인 잠재력과 마찬가지로 부차적인 잠재력도 반드시 실현되어야 한다. 여기에서 '기본적'과 '부차적'이란 수식어가 사용된 이유는 간단하다. 요컨대 '기본적'이라 일컬어지는 잠재력은 정상적인 조건에서 발달하고, '부차적'인 잠재력은 비정상적이고 병적인 조건에서만 나타난다는 걸 의미하려는 목적에서 두 수식어가 사용된 것이다.

파괴성이 우리가 기본적인 잠재력을 실현하지 못한 경우에만 나타나는 부차적인 잠재력이라는 가정이 맞다면, 인본주의적 윤리에 대한 반론 중 하나에 대답한 셈이 된다. 지금까지 살펴본 바에 따르면, 인간은 애초부터 악한 존재가 아니라 성장하고 발달하기 위한 적정한 조건이 충족되지 않는 경우에만 악한 존재가 된다. 달리 말하면, 악은 독자적으로 존재하지 못한다. 악은 선이 없는 상태며, 삶을 실현하지 못한 결과에 불과하다.

인본주의 윤리에 대한 또 다른 반론도 살펴봐야 한다. 인간은 스스로 자신의 능력을 개발할 만한 어떤 동기도 내면적으로 갖고 있지 않기 때문에, 선(善)의 개발을 위한 적정한 조건에는 보상과 처벌이 포함되어 있어야 한다고 주장하는 반론이다. 따라서 여기에서 나는 정상적인 개인이라면 누구나 발전하고 성장하며 생산적으로 활동하려는 경향을 띠며, 이런 성향의 마비가 그 자체로 정신 질환의 징후라는 걸 입증해 보이려고 한다. 신체 질환과 마찬가지로 정신 질환도 개인이 외부로부터 강요받는 최종적인 목표가 아니다. 그 목표를 위한 동기는 개개인의 내부에 있고, 그 목표를 억누르려면 환경적

으로 개개인에 반발하고 저항하는 강력한 힘이 필요하다.[69]

인간은 태생적으로 성장과 융합을 지향하는 욕망이 있다고 가정하더라도 완벽을 지향하는 추상적인 욕망이 인간에게 주어진 특별한 선물이라는 뜻은 아니다. 인간 본성에서 끌어낸 가정이고, "행동하는 능력에서 그 능력을 사용하려는 욕구가 생겨나고, 그 능력을 사용하지 못하면 기능장애와 불행을 야기한다."라는 원칙으로부터 유도된 가정이다. 인간의 생리적인 기능을 고려하면 이 원칙의 타당성은 쉽게 인정된다. 인간에게는 걷고 움직이는 힘과 능력이 있다. 따라서 그 능력을 사용하는 걸 방해받으면 신체적으로 심각한 불편과 질병이 야기될 것이다. 여성에게는 아기를 낳고 양육하는 능력이 있다. 그 능력을 사용하지 않은 채 방치하면, 즉 여성이 어머니가 되지 않으면, 또 아기를 낳고 사랑하는 능력을 사용하지 못하면 욕구불만을 경험하게 될 것이고, 그 욕구불만은 삶의 다른 분야에서 다른 능력을 찾아내고 개발하는 경우에만 치유될 것이다.

프로이트는 성적 에너지의 억제가 신경증 장애의 원인이라는 걸 알아내고는 성적 에너지를 발산하지 못하는 것도 고통의 원인이라 지적했다. 프로이트가 성욕의 충족을 지나치게 중요하게 평가한 것은 사실이지만, 그의 이론은 인간에게 내재한 능력을 사용하고 소비하지 못하면 질병과 불행을 야기하게 된다는 사실을 상징적으로 표현한 것이라 할 수 있다. 정신적인 능력과 신체적인 능력이란 관점에서 보면 이 원칙은 분명히 타당하다. 인간은 말하고 생각하는 능력을 타고난다. 외부의 억압으로 그 능력을 제대로 사용하지 못하는 사람은 심각한 피해를 입을 것이 뻔하다. 인간에게는 사랑하는 능력도 있다. 만약 사랑하는 능력을 사용하지 못한다면, 그 사람은 그런 불운에서 비롯되는 고통을 피할 수 없다. 그런 불운을 온갖 방법으로 합리화하더라도, 또 사랑하지 못하는 까닭에 빚어지는 고통으로부터 탈출하기 위해 문화적으로 정형화된 방법을 동원해 그 고통을 애써 무시하려고 노력하더라도 달라지는 것은 없다.

자신의 능력을 사용하지 못할 때 불행으로 이어지는 이유는 인간 존재의 조건 자체에서 찾을 수 있다. 인간 존재는 실존적 이분법으로 특징지어진다. 앞에서 이미 언급했듯이, 인간은 자신의 능력을 생산적으로 이용하는 방법 이외에 세상과 하나가 되는 동시에 자신과 하나가 되며, 다른 사람과 관계를 맺으면서도 독립된 개체로서 자신의 온전함을 유지할 수 있는 다른 방법이 없다. 이렇게 해내지 못하면 누구도 내적인 조화와 융합을 이루어낼 수 없다. 결국 자신의 능력을 생산적으로 사용하지 못할 때 필연적으로 뒤따르는 무력감과 답답함과 무기력에 온몸이 갈기갈기 찢어지는 기분을 느낄 것이고, 자신으로부터 도피하려는 욕망에 사로잡힐 것이다. 인간은 숨이 붙어 있는 한 살기를 바라는 게 당연하고, 성공적인 삶을 살아가는 유일한 방법은 자신의 능력을 사용하고, 자신이 가진 것을 소비하는 것이다.

생산적이고 융합된 삶의 실패에서 비롯되는 결과를 신경증만큼 명확히 보여주는 현상은 없는 듯하다. 모든 신경증은 인간의 타고난 능력과 그 능력의 발달을 방해하는 힘이 충돌한 결과다. 신체적인 질병의 징후와 마찬가지로 신경증의 징후도 인격에서 건강한 부분이 자신의 건전한 발달을 견제하는 악영향에 맞서 싸우는 다툼의 표현이다.

하지만 융합과 생산의 결여가 항상 신경증으로 이어지는 것은 아니다. 실제로 그렇게 된다면, 압도적 다수를 신경증 환자로 여겨야 할 것이다. 그렇다면 신경증이란 결과를 낳은 특별한 조건이 무엇일까? 간략하게 언급할 수밖에 없지만 몇 가지 조건이 있다. 예컨대 다른 아이에 비해 유난히 낙담하는 아이의 경우에는 기본적인 욕망과 불안감 사이의 갈등이 상대적으로 격렬해서 견디기 힘든 수준일 수 있다. 또 보통 사람보다 자유로움과 독창성이란 부분에서 발달한 아이의 경우에는 패배를 쉽게 받아들이지 못할 것이다.

그러나 신경증을 야기하는 조건들을 열거하는 대신, 위의 질문을 뒤집어 "많은 사람이 생산적이고 융합된 삶을 살지 못하는데도 신경증에 걸리지 않는 이유가 무엇일까? 요컨대 신경증의 발병을 차단하는 조건이 무엇일까?"라고 묻고 싶다. 따라서 이쯤에서 두 가지 개념, 즉 '결함(defect)'이란 개념과 '신경증'이란 개념을 구분하는 게 유익할 듯하다.[70]

인간이라면 누구나 자유로움과 자발성을 객관적인 목표로 지향해야 한다고 가정한다면, 성숙한 분별력과 자발성을 획득하지 못한 사람, 또 자아를 진정으로 경험하지 못한 사람은 심각한 결함을 지닌 것으로 여겨질 수 있다. 그런데 어떤 사회에서나 다수의 구성원이 그 목표에 이르지 못한다면, '사회적으로 정형화된 결함'이란 현상이 존재하게 된다. 개인은 그런 결함을 다수와 공유하기 때문에 그 결함을 결함으로 인식하지 못한다. 따라서 다른 사람들과 다르다는 경험, 말하자면 버림받은 사람이라는 사실을 인식함으로써 그의 안전이 위협받지는 않는다. 풍요로움과 행복을 진정으로 경험하지 못하는 까닭에 적잖은 것을 상실하겠지만, 그 정도는 그가 알고 지내는 다른 모든 사람들과 어울리며 얻는 안전감으로 상쇄된다. 심지어 그의 결함이 그가 소속된 문화권에서 미덕으로 추어올리며, 그에게 크나큰 성취감까지 안겨줄 수 있다. 칼뱅주의의 교리가 사람들에게 야기하는 죄책감과 불안감이 대표적인 예다. 자신의 무력함과 무가치함, 구원이냐 영벌(永罰)의 저주냐에 대한 끝없는 의혹에 짓눌린 사람, 진정한 즐거움을 누리지 못한 채 기계의 톱니바퀴처럼 살아가는 사람, 이런 사람이야말로 심각한 결함이 있다고 말할 수 있지 않을까? 하지만 이런 결함은 우리 사회에서 문화적으로 정형화된 것인 까닭에 오히려 특별히 소중한 것으로 여겨지고, 따라서 그 결함을 지닌 사람은 신경증에 걸리지 않는다. 하지만 똑같은 결함이 부적절하게 여겨지며 당사자에게 소외감까지 안겨주는 문화였다면, 그 결함을 지닌 사람은 신경증에서 벗어나지 못했을 것이다.

스피노자는 사회적으로 정형화된 결함의 문제를 무척 명확하게 정리해주었다. "많은 사람이 하나의 동일한 정서에 일관되게 사로잡힌다. 어떤 사람의 모든 감각이 하나의 대상으로부터 강력한 영향을 받는 까닭에 그 대상이 실제로 존재하지 않아도 존재하는 것으로 믿는다고 해보자. 그 사람이 환한 대낮에도 이런 반응을 보인다면 십중팔구 미친 사람이라 여겨질 것이다. … 하지만 탐욕스런 사람이 오직 돈과 재물만을 생각하고, 야심적인 사람이 오직 명성만을 생각하더라도 누구도 그들을 미친 사람이라 생각하지 않을 것이다. 그저 짜증스런 사람이라 생각하고 말 것이다. 또 일반적으로 대다수가 그런 사람을 경멸한다. 그런데 탐욕과 야망 등은 일종의 광기지만 누구도 그 증상을 '질병'으로 생각하지 않는다."[71] 이 말은 거의 300년 전에 쓰였지만, 지금도 여전히 유효하다. 문화적으로 정형화된 결함은 더 이상 경멸할 만한 것이나 짜증스런 것으로 여겨지지 않는 게 일반적 현상이기 때문이다.

　요즘 자동인형처럼 행동하고 느끼는 사람이 많다. 그런 사람은 진정으로 자신의 것이라 할 만한 사건을 경험하지 못하며, 단지 그에게 요구되는 인간으로서 자신과 세상을 경험할 뿐이다. 따라서 미소가 호탕한 웃음을 대체하고, 무의미한 수다가 진심어린 연설을 몰아냈으며, 따분한 절망이 진정한 슬픔을 대신한다. 이런 사람에 대해서는 두 가지 해석이 가능하다. 첫째로, 그는 자발성과 개성에서 치유가 힘든 결함으로 고통받고 있다는 것이다. 하지만 그는 동일한 상황에 있는 많은 사람과 근본적인 면에서 다른 게 없다고도 말할 수 있다. 다만 그 결함과 관련된 문화유형 덕분에 대부분의 사람이 신경증에 걸리지 않는다. 하지만 일부에게는 문화유형이 기능하지 않아, 결함이 다소 심각한 신경증으로 나타난다. 이 경우에서 보듯이 문화유형이 신경증의 발병을 방지하는 데 충분하지 않은 이유는 병적인 요인의 힘이 더 크거나, 문화유형이 신경증의 발병을 억제하더라도 신경증과의 싸움을 계속하려는 건강한 힘이 더 강하기 때문이다.

　건강을 추구하는 힘의 강도와 끈기를 관찰하는 데 정신분석적 치료만큼 더 나은 기회를 제공하는 상황은 없다. 물론 정신분석가는 환자의 자기실현(self-realization)과 행복을 방해하는 강력한 힘에 끊임없이 맞닥뜨리지만, 대부분의 환자가 정신적인 건강과 행복을 쟁취하려는 충동에 압박을 받지 않았다면 훨씬 오래전에 투병을 포기했을 것이란 사실에 깊은 인상을 받는다. 특히 환자의 어린 시절에 생산성을 방해하던 조건들의 위력을 알게 되면 더더욱 그렇다. 따라서 건강을 회복하려는 충동은 신경증 치료에서 반드시 필요한 조건이라 할 수 있다. 정신분석 과정이 인간의 감정과 생각에서 분열된 부분들을 통찰하는 데 있더라도 그런 지적인 통찰이 신경증 치료를 위한 충분조건은 아니다. 그래도 이런 통찰이 있을 때 우리는 막다른 골목에 이르렀다는 걸 깨닫고, 그 문제를 해결하려던 과거의 시도가 실패로 끝날 수밖에 없었던 이유를 이해할 수 있다. 그러나 이런 통찰은 정신적인 건강과 행복을 추구하는 내면의 힘이 효과적으로 작동할 수 있는 방향을 제시할 뿐이다. 거듭 말하지만 지적인 통찰만으로는 신경증 치료에 충분하지 않다. 치료적 효과가 있는 통찰은 경험에 기반한 통찰, 즉 자아에 대해 지적으로는 물론이고 정서적으로도 알고 있는 통찰이다. 이처럼 경험에 기반한 통찰 자체는 건강과 행복을 얻으려는 인간의 태생적인 욕구의 크기에 영향을 받는다.

정신적인 건강과 신경증이란 문제는 윤리의 문제와 밀접한 관계가 있다. 모든 신경증에는 도덕적인 문제가 감춰져 있다고 말해도 괜찮을 것이다. 전인격의 성숙함과 융합을 이루려는 노력의 실패는 인본주의적 윤리에서 도덕적 실패로 여겨진다. 더 구체적으로 말하면, 많은 신경증이 도덕적 문제의 표현이며, 신경증적 징후는 해결되지 않는 도덕적 갈등에서 비롯된다. 예컨대 신체적으로는 어떤 이유도 없는데 간혹 현기증으로 고생하는 사람이 있다고 해보자. 그는 정신분석가에게 이런 증상에 대해 하소연하다가 직장에서 상당한 어려움을 겪고 있다고 무심코 말한다. 그는 성공한 교사지만, 몇 번이나 자신의 신념과 어긋나는 견해를 발표해야 했다. 하지만 그는 성공하면서도 도덕적 성실함을 지키는 문제를 나름대로 해결했다고 굳게 믿으며, 그런 믿음이 옳다는 걸 복잡한 합리화를 통해 끊임없이 자신에게 입증하려 애쓴다. 그는 현기증이란 징후가 그의 도덕적 문제와 관계가 있을 거라는 정신분석가의 진단에 화를 낸다. 하지만 계속된 분석에서 그의 믿음이 잘못되었다는 게 밝혀진다. 또한 현기증은 그에게 자신의 성실성을 침해하고 자발성을 억누르도록 강요하던 정형화된 삶에 대한 더 나은 자아, 즉 기본적으로 도덕적인 인격의 반발이었다는 것도 밝혀진다.

어떤 사람이 겉으로는 다른 사람에게만 파괴적으로 보일지라도 실제로 이는 그 자신에게도 삶의 원칙을 위배하는 것이다. 종교적 언어로 이 원칙은 예부터 "하느님의 형상대로 창조된 인간"으로 표현되었다. 따라서 인간을 모독하는 행위는 하느님에게 범하는 죄가 된다. 이 원칙을 세속적 언어로 표현하면, 선한 짓이든 악한 짓이든 간에 우리가 다른 사람에게 행하는 모든 것은 우리 자신에게도 행하는 것이다. "남이 너에게 행하는 걸 원하지 않는 일을 남에게 하지 마라!"라는 말은 윤리에서 가장 기본적인 원칙 중 하나다. 그러나 "네가 남에게 행하는 일은 무엇이든 너 자신에게도 행하는 것이다!"라는 말도 역시 타당하다. 인간에게 내재된 삶을 향한 힘을 침해하면, 그 결과는 필연적으로 우리 자신에게도 영향을 미친다. 우리 자신의 성장과 행복과 강점은 삶을 향한 힘을 존중할 때 가능한 것이다. 따라서 다른 사람에게 내재된 삶을 향한 힘을 침해하면 우리 자신도 어떤 식으로 영향을 받기 마련이다. 삶의 존중, 즉 우리 자신의 삶에 대한 존중과 다른 사람의 삶에 대한 존중은 삶의 과정에서 수반되는 것이며, 정신적인 건강을 위한 조건이기도 하다. 어떤 면에서 다른 사람을 향한 파괴성은 자살 충동에 비견되는 병적인 현상이다. 어떤 사람이 파괴적인 충동을 무시하거나 합리화하는 데 성공하더라도 그의 삶을 비롯한 모든 삶을 지탱하는 원칙과 모순되는 행동에는 반응하며 영향을 받지 않을 수 없다.

지금까지의 연구에 따르면, 파괴적인 사람은 파괴라는 목표를 달성하는 데 성공하더라도 결코 행복하지 않다. 파괴로 인해 그 자신의 존재까지 약화되고 훼손되었기 때문일 것이다. 반대로 건강한 사람은 예절과 사랑과 용기를 동경하며, 그와 관련된 행위에 영향을 받는다. 예절과 사랑과 용기가 그의 삶을 떠받치는 힘이기 때문이다.

2. 억압과 생산

인간은 근본적으로 파괴적이고 이기적이라는 견해에서 보자면 끊임없는 자기 통제가 없을 때 누구나 쉽게 빠져드는 사악한 열망을 억누르기 위해서라도 윤리적 행동이 필요하다는 주장이 자연스레 생겨난다. 이 원칙에 따르면, 인간은 자신을 단속하는 감시인이 되어야 한다. 첫째로 인간은 자신의 본성이 악하다는 걸 인정해야 하고, 둘째로는 의지력을 동원해 그런 태생적인 사악함을 억눌러야 한다. 사악함을 억누르느냐 (suppression), 아니면 사악함을 탐닉하느냐는 결국 우리에게 주어진 선택의 문제다.

정신분석학적 연구 덕분에 억제의 본질과 다양한 유형의 억제 및 억제의 결과에 대한 많은 자료가 축적되어 있다. 여기에서 우리는 ① 사악한 충동에 의한 행동의 억제, ② 사악한 충동에 대한 자각의 억제, ③ 사악한 충동에 맞서는 건설적인 투쟁을 구분해야 한다.

첫 번째 유형의 억제에서는 충동 자체가 억압되는 게 아니라 그 충동에서 비롯되는 행위를 억제하는 것이다. 다른 사람을 고통스럽게 하거나 지배하며 만족감을 얻고 즐거워하는 사디즘적 열망을 지닌 사람이 적절한 예다. 가령 주변 사람들에게 인정받지 못할 거라는 두려움이나 그 자신이 받아들인 도덕적 계율이 그에게 충동에 따라 행동해서는 안 된다고 다그친다고 해보자. 따라서 그는 충동적으로 행동하지 않으려고 조심하고 그가 원하는 대로 행동하지 않는다. 사람들은 그가 자신을 억제하는 데 성공했다는 걸 부인하지 않겠지만, 그 자신이 실제로 변한 것은 아니다. 말하자면 그의 성격은 예전과 달라진 데가 없고, 우리는 그의 '의지력'을 칭찬할 뿐이다. 그러나 그런 행동의 도덕적 평가를 제외하면 파괴적인 성향을 견제하는 안전장치로서 그런 행동의 효율성은 만족스럽지 못하다. 그런 사람이 충동에 따라 행동하지 않으려면 엄청난 의지력이나 가혹한 제재에 대한 두려움이 있어야 한다. 모든 결정이 모순된 내면의 욕망과 다투는 투쟁의 결과일 것이기 때문에, 선(善)이 승리할 가능성은 무척 불안정하기 때문에, 사회의 이익이란 관점에서 보면 이런 유형의 억제는 신뢰하기 어렵다.

사악한 열망이 의식되지 않도록 차단한다면 의식적인 유혹도 없을 것이기 때문에, 사악한 열망을 훨씬 더 효과적으로 다룰 수 있을 듯하다. 프로이트는 이런 유형의 억제를 '억압

(repression)'이라 칭했다. 억압은 충동이 존재하더라도 의식의 영역에 들어오는 것을 허용하지 않거나 신속히 제거한다는 걸 뜻한다. 위에서 사용한 예를 다시 사용하면, 사디즘적 성향을 지닌 사람이 다른 사람을 파괴하거나 지배하려는 자신의 욕망을 자각하지 못하도록 하는 것이다. 그러면 유혹도 없고, 당연히 내적인 갈등도 없을 것이기 때문이다.

사악한 열망의 억압은 권위주의적 윤리에서 미덕으로 가는 가장 안전한 길이라고 암묵적으로나 명시적으로 믿고 신뢰하는 억제의 방법이다. 그러나 억압이 행동을 견제하는 안전 장치인 것은 사실이지만, 그 효과는 억압을 옹호하는 사람들이 생각하는 정도에 훨씬 미치지 못한다.

충동의 억압은 충동을 의식에서 제거한다는 뜻이지, 존재 자체를 제거한다는 뜻은 아니다. 프로이트가 증명한 바에 따르면, 충동은 억압된 상태에서도 계속 기능하며 당사자에게 깊은 영향을 미치지만 당사자가 그 존재를 자각하지 못할 뿐이다. 억압된 충동이 당사자에게 미치는 영향은 억압이 의식되는 경우보다 반드시 적지는 않다. 주된 차이라면, 억압된 충동은 명시적으로 기능하지 않고 위장된 형태로 기능한다는 것이다. 따라서 행동하는 사람이 자신이 어떤 행동을 하고 있는지도 모른다. 예컨대 사디즘적 성향을 띤 사람은 자신의 사디즘을 자각하지 못하기 때문에, 상대를 최상으로 배려하는 마음에서 혹은 강렬한 의무감에서 상대를 지배하는 것이라고 생각할 수 있다.

그러나 프로이트가 보여주었듯이, 억압된 열망이 항상 그렇게 합리적으로 발현되는 것은 아니다. 예컨대 억압된 열망과는 정반대로 지나치게 염려하거나 지나치게 친절하게 행동하는 '반동 형성'을 보여주는 사람이 있을 수 있다. 하지만 이때 억압된 열망의 힘이 간접적으로 나타난다. 프로이트가 '억압의 귀환(return of the repressed)'이라 칭했던 현상이다. 이 경우에 자신의 사디즘적 성향에 대한 반동 형성으로 지나친 배려라는 태도를 선택한 사람은 이 '미덕'을 사용함으로써, 본래의 사디즘적 행동으로 취할 수 있었던 동일한 효과, 즉 지배하고 통제하는 효과를 기대할 것이다. 그는 자신이 도덕적이고 우월하다고 느끼겠지만, 상대는 '멋진 미덕'에 저항하기 힘들기 때문에 상대에게 미치는 영향은 훨씬 더 파괴적일 수 있다.

파괴적인 충동에 대한 세 번째 유형의 반응은 억제나 억압과 완전히 다르다. 억제에서는 충동이 여전히 존재하며 행동만이 금지되고, 억압에서는 충동 자체가 의식 세계에서 제거되며 위장된 형태로 발현되는 반면, 세 번째 유형의 반응은 삶을 촉진하는 힘이 우리의 내면에서 파괴적이고 사악한 충동에 맞서 싸우는 경우다. 사악한 충동을 자각하는 정도가 커지면 그에 저항하는 강도도 커지기 마련이다. 의지력과 이성만이

327

사악한 충동과의 싸움에 참여하는 게 아니다. 우리 내면에서 파괴적 성향으로부터 공격 받는 정서적인 힘도 그 싸움에 참여한다. 예컨대 사디즘적 성향을 지닌 사람이 사디즘과의 싸움을 통해 진정한 친절을 배우고, 그 친절함이 결국 성격의 일부가 되면, 그는 자신을 감시하며 '자기 통제'를 위해 끊임없이 의지력을 발휘해야 하는 의무로부터 해방될 것이다. 이런 반응 작용에서 강조되는 것은 죄책감과 회한의 감정이 아니라, 인간의 내면에 생산적인 힘이 존재한다는 사실과 그 활용이다. 따라서 선과 악이 생산적으로 충돌한 결과로서의 악 자체가 미덕의 원천이 된다.

인본주의적 윤리의 관점에서 보면, 사악함을 억누르느냐 아니면 사악함을 탐닉하느냐는 윤리적인 선택의 문제가 아니다. 억압과 탐닉은 모두 구속의 두 양상에 불과하다. 따라서 윤리적으로 올바른 방향은 억압과 탐닉 중 하나를 선택하는 것이 아니라, 억압과 탐닉을 모두 배제하고 생산적인 방향을 선택하는 데 있다. 결국 인본주의적 윤리의 목표는 인간의 사악함을 억압하는 게 아니라, 인간에게 내재한 기본적인 잠재력을 생산적으로 사용하는 것이다. 미덕은 우리가 성취하는 생산성의 정도에 비례한다. 사회가 구성원들을 도덕적으로 만들어가려 한다면, 구성원들을 생산적으로 키워가려고 노력해야 할 것이고, 따라서 생산성 향상을 위한 조건을 조성하는 데도 관심을 가져야 할 것이다. 이때 가장 중요한 조건은 모든 구성원의 발전과 성장이 모든 사회정치적인 활동의 목표가 되는 것이며, 인간은 그 자체로 유일한 목적이고 목표가 되어야 한다는 것이다. 한마디로, 인간은 자신을 제외하고 누구의 수단으로도 여겨져서는 안 된다.

생산적 지향은 자유와 미덕과 행복을 위한 기초다. 그리고 경각(vigilance)은 미덕을 위해 치러야 하는 대가다. 하지만 사악한 죄수를 감시해야 하는 교도관의 경각이 아니라, 자신의 생산성 향상을 위한 조건을 알아내고 조성해야 하는 합리적 존재의 경각을 뜻한다. 또한 생산적 활동을 방해하며 사악함을 조장하는 요인들을 제거하는 경각이기도 한다. 사악함은 일단 발현되면 외적인 힘이나 내적인 힘을 통해서만 차단되기 때문이다.

권위주의적 윤리는 선한 사람이 되려면 각고의 노력이 필요하다는 생각을 우리에게 심어주었다. 또 인간은 끊임없이 자신과 싸워야 하고, 잘못을 범하면 어김없이 재앙이 닥칠 수 있다는 생각도 심어주었다. 이런 생각은 권위주의적인 전제에서 비롯되는 것이다. 인간이 사악한 존재고, 자신에 대해 승리를 거두는 극기(克己)만이 미덕이라면, 미덕의 성취는 어마어마하게 힘들 것이다. 그러나 미덕이 생산과 동일한 것이라면 미덕의 성취는 쉽지는 않겠지만 어마어마하게 힘들고 까다로운 과제는 아닐 것이다. 앞에서 보았듯이, 자신의 능력을 생산적으로 이용하려는 욕구는 인간에게 태생적으로 내재하는 욕구며, 주로 자신과 주변 환경에 감추어진 장애물을 제거하는 데 집중된다. 주변 환경은 우리가 본래의 성향을 따라 개인적인 능력을 생산적으로 사용하는 걸 방해하는 경우가 많기 때문이다. 생산적인 결실을 맺지 못하고 파괴적으로 변해버린 사람이 점점 무력하게 변하며 결국에는 악순환의 덫에 사로잡히지만, 자신의 능력을 자각하고 그 능력을 생산적으로 사용하는 사람은 강점과 믿음을 확보하고 행복을 누림으로써 자신으로부터 소외될 위험은 점점 줄어든다. 우리 식으로 말하자면, '선순환(virtuous circle)'을 만들어낸다. 앞에서도 보았듯이, 환희와 행복은 생산적인 삶의 결과기도 하지만 생산적인 삶을 다시 자극하기도 한다. 자신의 행동을 후회하는 자기 징벌적 마음에서 사악함을 억압하게 되지만, 인본주의적 윤리에서 생산적 활동을 할 때마다 어김없이 동반되는 환희와 행복만큼 선함을 유도하는 데 도움이 되는 것은 없다. 사회가 구성원에게 환희와 즐거움을 제공해줄 수 있다면, 어떤 징벌의 경고나 미덕의 설교보다 사회 구성원을 위한 윤리 교육에 훨씬 효과적일 것이다.

3. 성격과 도덕적 판단

도덕적 판단이란 문제는 흔히 '자유의지론'과 결정론'의 문제와 연결된다. 결정론(determinism)에 따르면, 인간은 자신이 통제할 수 없는 환경에 의해 완전히 결정되므로, 인간은 자신의 결정에서 자유롭다는 생각은 착각에 불과하다. 이렇게 전제하면, 인간은 의사결정에서 자유롭지 않기 때문에 그의 행동에 대해 옳고 그름을 심판받을 수 없다는 결론이 내려진다. 한편 정반대편에 있는 자유의지론(freedom of will)에 따르면, 인간은 심리적이고 외적인 조건과 환경에 상관없이 행사할 수 있는 자유의지라는 능력을 지녔으므로, 자신의 행동에 대해 책임이 있고 그의 행동에 따라 당연히 심판받을 수 있다.

심리학자는 결정론에 동의할 수밖에 없는 듯하다. 성격 발달을 연구한 심리학자라면 누구나 알겠지만, 어린아이는 도덕적으로 중립된 상태에서 삶을 시작하며, 성격은 가장 강력한 힘을 발휘하는 외적인 영향으로 형성된다. 어린아이는 세상에 대한 별다른 지식이 없는 데다 성격을 결정하는 환경을 바꿀 힘도 없다. 삶의 조건을 바꾸려고 시도할 만한 나이에는 성격이 이미 형성되었고 변화가 필요한 시기에는 삶의 조건을 조사해서 변화를 시도해보려는 의욕과 동기가 부족한 편이다. 인간의 도덕성이 성격에 기인한다고 가정하면, 우리는 자신의 성격을 형성하는 데 어떤 자유도 허용되지 않았기 때문에 우리 행동에 대해 심판받을 이유가 없다고 말할 수 있지 않을까? 또 성격 형성과 관련된 조건에 대해 점점 더 많은 것이 밝혀질수록 누구도 도덕적으로 심판받을 이유가 없다는 의견이 더욱더 불가피해지지 않을까?

자유의지론자들이 때때로 제시하는 타협안을 고려하면, 심리적인 이해와 도덕적 판단 중 하나를 선택해야 하는 곤경을 피할 수 있을 듯하다. 우리 삶에는 자유의지의 행사를 방해하며 도덕적 판단도 배제하는 상황이 적지 않다는 주장이 있다. 실제로 현대 형법은 이런 견해를 받아들여 정신이상자에게는 행동에 대한 책임을 묻지 않는다. 이렇게 수정된 자유의지론을 지지하는 사람들은 한 걸음 더 나아가 정신이상자는 물론이고 신경증에 걸린 사람도 자신이 통제할 수 없는 충동에 휩싸인 상태에서 자행한 행동에 대해서는 심판받지 않을 수 있다는 걸 인정한다. 하지만 수정 자유의지론의 지지자들은 대부분의 사람이 원하면 언제나 훌륭하게 행동할 자유가 있으므로 그런 사람은 도덕적으로 심판받아야 마땅하다고 주장한다.

그러나 더 자세히 조사해보면, 이런 견해도 지지할 수 없다는 게 밝혀진다. 스피노자가 이미 간접적으로 말했듯이, 우리는 자신의 바람이 무엇인지는 알지만 그런 바람을 갖게 된 동기에 대해서는 모른다. 이런 이유에서 우리는 어디에도 얽매이지 않고 자유롭게 행동한다고 믿는 경향을 띤다. 우리의 동기는 성격에서 작동하는 여러 힘들이 특별히 결합된 결과물이다. 우리가 어떤 결정을 내릴 때마다 그 결정은 선한 힘이나 악한 힘 중 지배적인 힘에 의해 결정된다. 따라서 어떤 집단에서 특별한 힘이 압도적으로 강하면, 그 집단의 성격과 지배적인 가치 기준을 아는 사람은 그 집단의 결정 방향을 어렵지 않게 예측할 수 있다(하지만 그 집단의 구성원은 자신이 '자유롭게' 결정한다고 착각하며 살아갈 가능성이 크다).

한편 파괴적인 힘과 건설적인 힘이 균형을 이루어 어떤 결정을 내릴지 경험적으로 예측하기 힘든 사람들도 있다. 우리가 어떤 사람이 다르게 행동할지 모른다고 말한다면, 그 사람은 후자에 속할 가능성이 크다는 뜻이다. 만약 그라면 다른 식으로 행동할 수 있다는 말은 우리가 그의 행동을 예측할 수 없다는 것을 뜻할 뿐이다. 하지만 그의 결정은 선한 쪽이든 악한 쪽이든 한쪽의 힘이 더 강하다는 걸 보여주며, 그 경우에도 그의 결정이 그의 성격에 의해 결정된다는 것을 보여준다. 따라서 그의 성격이 달랐더라면 다르게 행동했겠지만, 역시 그의 성격 구조에 충실히 따랐을 것이다. 의지력은 우리가 성격과 별개의 것으로 보유하는 추상적인 힘이 아니다. 오히려 의지력은 성격의 표현에 불과하다. 자신의 이성을 신뢰하고 자신과 다른 사람을 사랑할 수 있는 생산적인 사람에게는 도덕적으로 행동할 만한 의지력이 있지만, 이런 자질을 개발하지 못하고 비합리적인 열정의 노예가 되어버린 비생산적인 사람에게는 그런 의지가 없다.

성격이 의사결정에 중대한 영향을 미친다는 견해는 결코 숙명론이 아니다. 인간도 다른 모든 피조물과 마찬가지로, 자신을 결정하는 힘에 영향을 받지만 이성을 지닌 유일한 피조물이다. 달리 말하면, 자신을 지배하는 힘을 이해할 수 있고, 그런 이해를 바탕으로 자신의 운명에 적극적으로 참여하며 선(善)을 얻는 데 필요한 요소들을 강화할 수 있는 유일한 존재다. 인간은 양심을 지닌 유일한 피조물이기도 하다. 인간의 양심은 인간을 본래의 자신에게로 되돌려보내는 목소리며, 양심을 통해 인간은 본래의 자신으로 되돌아가기 위해 무엇을 해야만 하는지 깨닫는다. 또한 양심은 우리가 삶의 목표를 항상 의식하며, 목표를 달성하는 데 필요한 규범을 잊지 않도록 돕는다. 따라서 우리는 환경에 의해 무력하게 희생되는 존재가 아니다. 내면의 힘과 외부의 힘을 지배하며 바꿀 수 있고, 우리에게 영향을 미치는 조건을 어느 정도까지는 통제할 수 있다. 선을 추구하고 실현하는 데 필요한 조건들을 조성하고 개량할 수도 있다. 그러나 이성과 양심이 있어 우리는 삶의 과정에 적극적으로 참여할 수 있지만, 이성과 양심 자체는 성격과 불가분의 관계가 있다. 파괴적인 힘과 비합리적인 열정이 우리의 성격에서 지배력을 갖게 되면, 이성과 양심이 영향을 받아 적절히 기능하지 못한다. 누가 뭐라 해도 이성과 양심은 우리가 끊임없이 계발하고 사용해야 하는 가장 소중한 능력이다. 그러나 이성과 양심은 독립된 것이 아니고 완전히 결정된 것도 아니며, 우리의 경험적 자아와 떨어져서는 존재할 수 없는 것이다. 이성과 양심은 전인격 구조 내에 존재하는 힘이며, 그 구조를 이루는 모든 부분과 마찬가지로 구조 전체에 의해 결정되는 동시에 구조 자체를 결정하는 데 한몫한다.

어떤 사람에 대한 도덕적 판단이 그가 다르게 의지력을 발휘할 수 있었는가를 기준으로 삼는다면 어떤 도덕적 판단도 내려질 수 없을 것이다. 예컨대 어떤 사람은 어린 시절부터 줄곧 영향을 미친 환경의 힘에 저항하고, 어떤 사람은 똑같은 환경의 힘에 굴복한다. 그런 저항 여부를 결정하는 게 내적인 힘이라면, 우리가 다른 사람의 내적인 힘이 얼마나 강한지를 어떻게 알 수 있겠는가? 또 어떤 사람이 삶의 과정에서 선하고 사랑스런 사람을 우연히 만났지만, 그 사건은 그의 성격이 어느 한쪽으로 발달하는 데 아무런 영향을 미치지 못했다고 하자. 하지만 만약 그런 사람을 만나지 못했다면 성격이 정반대 방향으로 발달하도록 영향을 미쳤을 수도 있다는 걸 우리가 어떻게 알 수 있겠는가? 그렇다, 정말 알 수 없다. 설령 그가 다른 식으로 행동할 수 있었다는 전제에 도덕적 판단의 근거를 두더라도, 그의 성격 발달에 영향을 미치는 체질적인 요인과 환경적인 요인은 무수히 많은 데다 복잡한 까닭에 그가 다른 방향으로 발달할 수 있었느냐에 대해 확정적으로 판단하는 건 실제로 불가능하다. 따라서 환경적인 요인으로 그렇게 발달했을 것이라 가정하는 수밖에 없다. 결국 어떤 사람을 도덕적으로 판단하기 위해 그가 다른 식으로 행동할 수 있었느냐를 먼저 알아야 한다면, 성격을 연구하는 학자로서 우리는 윤리적 판단에 관한 한 패배를 인정할 수밖에 없다는 결론에 이른다.

하지만 이런 결론은 부적절하다. 잘못된 전제에서 출발하기도 했지만, 판단의 의미도 헛갈리고 있기 때문이다. '판단하다'에는 두 가지 의미가 있다. 첫째는 단언이나 예측 같은 정신적 기능을 행사한다는 뜻이고, 둘째는 무죄와 유죄를 결정하는 '판사'의 기능을 행사한다는 뜻이기도 하다.

두 번째 유형의 도덕적 판단은 "평범한 인간을 초월하는 권위체가 그에 대해 판결을 내린다."라는 생각에 기반을 두고 있다. 이 권위체에게는 무죄를 선고하거나, 유죄를 선고하며 처벌을 내리는 특권이 있다. 권위체는 평범한 인간을 초월하고, 인간에게는 허락되지 않은 지혜와 능력을 가진 까닭에 그의 의견은 절대적이다. 민주 사회에서는 판사가 선출되는 데다 이론적으로도 동료 인간보다 우월하지 않지만, 그래도 판사의 이미지에는 심판하는 신이라는 전통적인 의미가 덧씌워져 있다. 그는 인간으로서는 초인적인 권능을 갖고 있지 않지만, 판사라는 직책으로 인해 그런 권능을 갖는다. 따라서 판사에게 주어지는 존경의 표시는 초인적 권위체에 주어지던 존경의 잔재며, 법정 모독은 심리적으로 '불경죄(lèse majesté)'와 밀접한 관계가 있다. 그러나 판사라는 직책을 갖지 않은 사람들도 도덕적 판단을 내릴 때는 판사의 역할을 떠맡으며 무죄와 유죄를 결정한다. 그들의 태도에는 사디즘과 파괴성이 담겨 있을 때가 적지 않다. 질투나 증오가 미덕을 가장하여 행해진다는 점에서 '도덕적 분노(moral indignation)'만큼 파괴적인 감정이 담긴 현상은 아마 없을 것이다.[72] 이때 '분노한' 사람은 상대를 경멸하고 '열등한 존재'로 취급함으로써 만족감을 얻고, 자신은 우월하고 정의롭다고 생각한다.

윤리적 가치의 인본주의적 판단은 일반적으로 합리적인 판단 못지않게 논리적이다. 우리는 가치 판단을 내릴 때 사실을 판단할 뿐, 자신이 신적인 존재고 상대보다 우월해서 벌을 주거나 용서할 자격이 있다고 생각하지 않는다. 어떤 사람이 파괴적이고 탐욕스러우며 시샘하고 질투한다는 판단은 심장이나 폐의 기능장애에 대한 의사의 진단과 크게 다르지 않다. 예컨대 병력에 대해 잘 알고 있는 살인자를 판단해야 한다고 해보자. 그의 유전적 특징, 어린 시절과 그 이후의 환경 등 모든 것에 대해 알 수 있다면, 우리는 그가 전혀 통제할 수 없는 조건하에 있었다는 결론에 어렵지 않게 도달할 것이다. 실제로 이런 상황에 있는 살인범이 하찮은 절도범보다 훨씬 더 많으며, 따라서 절도범보다 훨씬 더 정상참작을 한다. 그렇다고 그의 사악함을 심판하지 않아야 한다는 뜻은 아니다. 우리는 그가 현재의 상황에 이르게 된 과정과 이유를 참작할 수 있지만, 현재의 그에 대해 심판할 수도 있다. 물론 우리도 동일한 상황에서 살았더라면 그처럼 되었을 것이라고 가정할 수 있다. 그러나 그렇게까지 고려하면 우리가 신과 같은 역할을 해내기는 힘들지만, 도덕적 판단까지 방해받는 것은 아니다. 성격을 이해하고 판단하는 문제는 인간의 다른 행위를 이해하고 판단하는 문제와 별로 다르지 않다. 가령 내가 구두의 가치나 그림의 가치를 판단해야 한다면, 그 대상에 내재한 객관적인 기준에 따라 판단할 것이다. 내가 구두나 그림의 수준이 떨어진다고 판단하면, 누군가가 제화공이나 화가가 무척 열심히 노력했지만 주변 상황 때문에 더 나은 구두나 그림을 만들어낼 수 없었다고 지적하더라도 나는 그 작품에 대한 내 판단을 바꾸지 않을 것이다. 제화공이나 화가에게 연민과 동정심을 느끼고, 그를 돕고 싶은 유혹도 받을 수 있겠지만, 그의 작업 환경이 열악하다는 걸 알고 있다는 이유로 내가 그의 작품을 판단할 수 없다고 말할 수는 없다.

인간의 삶에서 주된 과제는 자신을 잉태하는 것이다. 다시 말하면, 잠재된 자신이 되는 것이다. 인간이 자신의 노력으로 만들어내는 가장 중요한 결과물은 자신의 인격이다. 누군가 자신의 과제를 어느 정도까지 성공적으로 수행했고, 잠재력을 어느 정도까지 실현했는지 객관적으로 평가하는 게 가능하다. 한편 누군가 과제의 수행에 실패하면 우리는 그 실패를 인지하고, 그 실패를 눈에 보이는 그대로, 예컨대 도덕적 실패로 평가할 수 있다. 설령 그가 엄청나게 불리한 상황에 있어, 다른 사람이어도 똑같은 상황에서는 틀림없이 실패했을 것이라는 걸 알더라도 그에 대한 판단은 달라지지 않는다. 그를 현재의 그로 만든 상황을 완벽하게 안다면 그를 동정할 수는 있지만, 그런 동정심에 판단의 타당성까지 바뀌지는 않는다. 누군가를 이해한다고 그를 용서하고 용납한다는 뜻은 아니다. 우리가 하느님이라도 된 것처럼, 혹은 그를 위에서 내려다보는 심판자처럼 그를 비난하지 않는다는 뜻일 뿐이다.

06   절대적 윤리와 상대적 윤리

어떤 대상에 사람들이 깊이 영향을 받아, 그 대상이 실제로 존재하지 않는데도 그것이 그들의 눈앞에 있다고 믿는 경우가 종종 있다. 두 눈을 멀쩡히 뜨고 있는 사람이 그런 현상을 보이면, 우리는 제정신이 아니거나 미쳤다고 말한다. 사랑의 불길에 휩싸여 밤낮으로 정부나 매춘부만을 꿈꾸는 사람들도 우리를 웃게 만든다는 점에서, 그들 못지않게 미쳤다고 여겨질 수 있다. 그러나 오직 이득과 금전만을 생각하는 탐욕스런 사람이나 영예 이외에 어떤 것도 생각하지 않는 야심적인 사람은 우리에게 해를 끼치기 때문에 증오의 대상이 되지만, 그렇다고 미쳤다고 생각되지는 않는다. 엄격히 말하면 탐욕과 야망과 욕정은 광기의 일종이지만,

질병으로 여겨지지는 않는다.

_____ 스피노자,《에티카》

　'절대적'과 '상대적'이란 용어를 무비판적으로 남용한 결과, 절대적 윤리(absolute ethics)와 상대적 윤리(relative ethics)의 비교 분석이 불필요할 정도로 상당히 혼란스러워졌다. 여기에서는 두 용어에 함축된 의미들을 구분하고 그 의미들을 따로따로 살펴보려 한다.

　'절대적 윤리'라는 표현에서 첫 번째 의미라면, 윤리적 명제가 의심할 나위 없이 항구적인 진실이므로 어떤 수정도 허용되지 않는다는 뜻이다. 이런 절대적 윤리라는 개념은 권위주의적 체제에서 흔히 발견되는 듯하다. 이렇게 전제하면, 타당성의 기준은 의심할 여지 없이 우월하고 전능한 권위체의 힘이라는 논리적인 결론이 내려진다. 권위체는 오류를 범할 수 없고, 권위체의 명령과 지시는 영원히 변하지 않는 진실이라는 주장에 우월성의 본질이 있다. 간략하게 말하면, 윤리적 규범이 타당하기 위해서는 '절대적'이어야 한다는 개념으로 정리된다. 이 개념은 '절대적 존재 = 완벽한 권능자'며, 절대적인 존재에 비교하면 인간은 필연적으로 '상대적 존재 = 불완전한 존재'라는 유신론적 전제에 바탕을 두고 있기 때문에, 과학적 사상의 모든 분야에서 이미 퇴출되었다. 이제 일반적으로 과학계에서는 절대적인 진리는 없고, 객관적으로 타당한 법칙과 원리만이 존재한다고 생각한다.

앞에서도 지적했듯이 과학적 설명이나 합리적으로 타당한 설명이 되려면, 이성의 힘이 관찰을 통해 확보할 수 있는 모든 자료에 적용되고, 원하는 결과를 얻을 목적에서 어떤 자료도 배제되거나 왜곡되지 않아야 한다. 과학의 역사는 불완전하고 불충분한 진술의 역사다. 새로운 통찰이 탄생할 때마다 과거의 명제가 부적절했다는 걸 깨닫게 되고, 한층 적합한 공식을 만들어내기 위한 도약의 발판이 제시된다. 사상의 역사는 진실에 끊임없이 가까워지려는 노력의 역사다. 과학적 지식은 절대적인 것이 아니라 '최적(optimal)'의 것이다. 과학의 지식에는 특정한 역사적 시점에서 도달할 수 있는 최적의 진리가 담겨 있다. 다양한 문화가 진리의 다양한 얼굴을 강조해왔다. 따라서 인류가 문화적으로 통합되면 그 다양한 얼굴들이 결합되며 완전한 모습을 갖추어갈 것이다.

다른 의미에서도 윤리적 규범은 절대적이지 않다. 윤리적 규범이 과학적 명제처럼 수정될 뿐만 아니라, 원천적으로 해결될 수 없는 상황인 까닭에 '적절한 선택'이라 여겨질 만한 선택이 가능하지 않는 상황도 존재하기 때문이다. 허버트 스펜서는 상대적 윤리와 절대적 윤리를 논의한 대목에서,[73] 구체적인 사례를 들어 이런 갈등을 설명한다. 한 소작농이 총선

거에서 투표에 적극적으로 참여하려 한다. 그런데 그가 알기에 지주는 보수당원이다. 따라서 그가 진보적인 자신의 신념에 따라 투표하면 소작하는 땅을 빼앗길 위험이 있다. 국가를 선택할 것인가, 아니면 가정을 선택할 것인가? 스펜서는 소작농의 갈등을 이렇게 설명하고는 "많은 경우에서 그렇듯이 이 경우에도 어떤 선택이 상대적으로 덜 나쁘다고 결정할 수 없다."라고 결론짓는다.[74] 하지만 이 경우의 선택은 스펜서가 정확히 설명하지 못한 듯하다. 가족이 없고 자신의 행복과 안전만이 위험해지더라도 윤리적 갈등은 있을 것이다. 한편 국가의 이익뿐만 아니라 그의 진실성마저 위험해질 수도 있다. 혹은 육체적인 건강과 더 나아가 정신적인 건강을 선택할 것이냐, 아니면 자신의 진실성을 선택할 것이냐는 양자택일의 상황에 실질적으로 맞닥뜨릴 수도 있다. 그가 어느 쪽을 선택하더라도 그 선택은 옳은 동시에 잘못된 것이다. 그가 직면한 문제는 원천적으로 해결될 수 없는 문제기 때문에 타당한 선택을 할 수 없다. 이처럼 해결될 수 없는 윤리적 갈등이 팽배한 상황은 필연적으로 실존적 이분법과 관련되어 생겨난다. 하지만 이 경우에 우리 앞에 놓인 문제는 인간 상황에 내재한 실존적 이분법이 아니라, 결코 제거할 수 없는 역사적 이분법이다. 소작농은 결국 해결할 수 없는 갈등에 직면한 셈이고, 그 원인은 전적으로 사회질서에 있다. 사회질서가 그에게 제시한 상황에서는 어떤 만족스런 해결책도 가능하지 않기 때문이다. 사회구조가 달라지면 윤리적 갈등은 사라지겠지만, 그런 조건이 존재하는 한 소작농이 어떤 결정을 내리더라도 그 결정은 올바른 것인 동시에 잘못된 것이다. 하지만 진실성을 지키는 결정이 삶에 유리한 결정보다 도덕적으로 우월한 위치를 차지할 수 있을 것이다.

끝으로, 절대적 윤리와 상대적 윤리라는 표현에 담긴 가장 중요한 의미에 대해 살펴보자. 그 의미를 더욱 적절하게 표현한다면 보편적 윤리(universal ethics)와 사회내재적 윤리(socially immanent ethics)의 차이가 될 것이다. 여기에서 '보편적 윤리'는 인간의 성장과 발전을 목표로 하는 행동 규범을 뜻하고, '사회내재적 윤리'는 특정한 유형의 사회와 그곳에서 살아가는 사람들의 기능과 생존에 필요한 규범을 뜻한다. 보편적 윤리에 속하는 개념은 "네 이웃을 네 몸과 같이 사랑하라", "살인하지 말라" 등과 같은 규범에서 찾을 수 있다. 모든 위대한 문화권의 윤리 체계는 인간의 발달에 필요하다고 여겨지는 것, 즉 인간의 성장에 필요한 조건들과 인간의 본성에서 유도되는 규범들과 놀라울 정도로 유사하다.

사회내재적 윤리는 특정한 사회의 올바른 기능과 생존을 위한 목적에서 필요한 규범들을 가리킨다. 어떤 문화에서든 명령과 금지 체계가 필요하고, 사회의 생존을 위해서는 구성원들이 특별한 생산방식과 생활방식을 유지하는 데 반드시 필요한 규칙들을 준수해야 한다. 집단은 구성원들이 "기존의 환경에서 반드시 해야만 하는 일을 자발적으로 하고 싶어 하도록" 그들의 성격 구조를 형성할 수 있어야 한다. 예컨대 용기와 자주성은 전사 사회(warrior society)에서 절대적인 덕목이 되고, 인내와 협동심은 농업 생산이 지배적인 사회에서 미덕이 된다. 현대사회에서는 근면이 최고의 미덕이란 수준까지 올랐다. 현대 산업사회에서는 가장 중요한 생산력 중 하나로 노동의 욕구가 필요하기 때문이다. 특정한 사회를 운영할 때 높이 평가되는 자질들이 그 사회를 지탱하는 윤리 체계에 포함된다. 어떤 사회나 구성원들이 규칙을 준수하고 미덕을 신봉하도록 유도하는 방법에 지대한 관심을 갖는 이유는 사회의 생존이 규칙과 미덕의 유지에 달려 있기 때문이다.

사회 전체의 이익을 위한 규범 이외에, 계급에 따라 다른 윤리적 규범도 있다. 하층계급에서는 겸손과 순종이 미덕으로 강조되는 반면에 상층계급에서는 야망과 진취력이 미덕으로 강조되는 것이 대표적인 예다. 계급 구조가 고정되고 제도화될수록 계급마다 적용되는 규범의 차이가 한층 뚜렷해진다. 예컨대 봉건 문화에서는 자유인의 규범과 농노의 규범이 달랐고, 미국의 남부에서는 백인과 흑인의 규범이 달랐다. 현대 민주 사회에서는 계급의 차이가 사회의 제도화된 구조에 속하지 않기 때문에 다양한 유형의 규범들을 동시에 가르친다. 예컨대 신약성서의 규범과 사업의 성공에 효과적인 규범을 별개로 가르친다. 개개인의 사회적 위치와 재능에 따라 각자 자신이 사용할 유형의 규범을 선택하며 다른 유형의 규범을 말로만 인정할 뿐이다. 가정 교육과 학교 교육에서도 차이가 있다. 예컨대 영국의 공립학교와 미국의 일부 사립학교는 교육 방식이 무척 다르다. 예컨대 상층계급에 속한 가정과 학교에서는 하층계급을 직접적으로 부정하지는 않지만 상층계급의 지위에 어울리는 가치관을 강조하는 경향을 띤다.

어떤 사회에서나 윤리 체계는 그 사회의 생명을 지탱하는 기능을 한다. 그러나 사회내재적 윤리는 개인의 이익을 위한 것이기도 하다. 사회는 개인의 힘으로는 변화시킬 수 없는 방식으로 구조화되어 있기 때문에 개인의 이익은 사회의 이익과 밀접한 관계를 가질 수밖에 없다. 하지만 사회의 생존에 필요한 규범이 구성원의 충분한 발전에 필요한 보편적 규범과 모순되고 충돌하는 방식으로 사회가 구조화되는 경우도 있다. 특권 집단이 다른 모든 구성원을 지배하고 착취하는 사회가 대표적인 예다. 특권 집단의 이익이 다수의 이익과 충돌하지만 사회가 그런 계급 구조를 기반으로 하는 한, 특권 집단이 모든 구성원에게 강요하는 규범은 모두의 생존을 위해 필요한 것이다. 결국 그런 규범이 달라지려면 사회구조가 근본적으로 변해야 한다.

이런 문화에서 지배적인 이데올로기는 모순의 존재를 부인하는 경향을 띤다. 첫째로 그들은 사회의 윤리적 규범이 모든 구성원에게 동등한 가치를 지닌다고 주장하며, 기존의 사회구조를 옹호하는 규범들이 인간의 실존에 필요한 보편적 규범이라고 강조한다. 예컨대 절도를 금지하는 규정은 살인을 금지하는 규정과 동일한 필요성에서 생겨난 것이라 설명한다. 따라서 특정한 유형의 사회를 유지하는 데만 필요한 규범에도 인간의 실존에 반드시 필요한 보편적 규범의 가치가 주어진다. 어떤 유형의 사회구조를 역사적으로 반드시 거쳐야 한다면, 개인은 그런 윤리적 규범을 의무적으로 받아들이는 수밖에 없다. 그러나 어떤 사회가 구조적으로 다수의 이익에 반하는 방향으로 작동하고 있다면, 변화를 위한 준비가 갖추어져 있더라도 사회질서를 바꿔가는 분위기를 조성하기 위해서는 기존 규범에서 사회적으로 조건화된 특징을 파악하는 게 중요하다. 물론 구질서를 옹호하는 사람들은 이런 시도를 비윤리적이라고 매도한다. 자신의 행복을 원하는 사람은 '이기적'이라 일컬어지고, 현재의 특권을 유지하려는 사람들은 '책임감이 철저하다'고 미화되는 것과 다를 바가 없다. 한편 복종은 '헌신' 혹은 '무욕'의 미덕으로 칭송된다.

사회내재적 윤리와 보편적 윤리 간의 갈등은 인간의 진화 과정에서 꾸준히 줄어들었다. 하지만 사회의 이익과 구성원의 이익이 완전히 일치되는 사회를 건설하지 못하는 한 두 유형의 윤리 사이의 충돌을 피할 수 없다. 결국 인간이 진화를 거듭하며 그 수준에 이르지 못한다면, 역사적으로 조건화된 사회적 필요는 개인의 생존에 내재하는 보편적인 필요와 충돌할 수밖에 없다. 물론 개인이 500년 혹은 1,000년을 산다면, 그런 충돌이 존재하지 않거나 크게 줄어들 것이다. 인간이 그렇게 오랜 시간을 산다면, 눈물을 흘리며 씨앗을 뿌렸던 것을 수확할 즈음에는 즐거워할 수 있을 것이기 때문이다. 예컨대 역사적으로 한 시대의 고통이 다음 시대에 알찬 결실을 맺으면 개인에게도 보람찬 결실을 안겨줄 수 있지 않겠는가. 그러나 인간은 평균적으로 60~70년을 살기 때문에 생전에 수확의 결실을 보지 못할 가능성이 크다. 하지만 인간은 아주 특별한 존재로 태어났고, 내면에 지닌 모든 잠재력을 발현하는 게 인류에게 주어진 과업이다. 인간 과학을 연구하는 학자의 임무는 이런 모순을 얼버무리고 넘어가며 '조화로운' 해결책을 모색하는 게 아니라, 모순을 매섭게 관찰하며 찾아내는 것이다. 윤리 사상가의 임무는 양심의 목소리를 지탱하고 강화하는 것이며, 사회의 진화 과정에서 특정한 시기에 사회에 미치는 선악의 영향에 구애받지 않고 인간에게 선한 것과 악한 것을 알아내는 것이다. 그 윤리 사상가는 '광야에서 홀로 외치는' 사람일

수 있지만, 그 목소리가 여전히 살아남아 적당히 타협하지 않
는다면 광야가 기름진 땅으로 변할 것이다. 그렇게 되면 사회
가 인간 중심으로 변하는 정도에 따라, 즉 사회가 모든 구성원
의 완전한 발달을 위해 신경 쓰고 배려하는 정도에 따라, 사회
내재적 윤리와 보편적 윤리 간의 모순이 줄어들 것이고 결국
에는 사라지는 방향으로 나아갈 것이다.

05

우리 시대의 도덕적 문제

Man for Himself

철학자들이 왕이 되거나, 이 세계의 왕과 군주가 철학적 정신
과 권능을 가질 때까지, 또 위대한 정치인과 지혜로운 사람이
하나가 되고, 다른 이들을 배척하려는 평민들은 한쪽으로 비켜
설 때까지 국가는 재앙에서 완전히 벗어날 수 없을 것이고, 내
생각에는 인류도 역시 마찬가지일 것이다. 그런 조건이 갖추어
져야만 여기에서 우리가 말하는 국가는 생명의 가능성을 가질
것이고 광명의 빛도 누리게 될 것이다.

– 플라톤, 《국가》

오늘날 우리가 특별히 직면한 도덕적 문제가 있을까? 그 도덕적 문제는 시대를 막론하고 항상 인간이 겪었던 동일한 문제가 아닐까? 그렇다. 하지만 어떤 문화에나 독특한 구조에서 비롯되는 고유한 도덕적 문제가 있지만, 그것은 인간에게 제기되는 도덕적 문제의 다채로운 모습에 불과하다. 그 특별한 모습이 어떤 것이든 인간의 기본적이고 일반적인 문제와 비교해서만 이해될 수 있을 것이다. 이 마지막 장에서 나는 결론을 대신해 일반적인 도덕적 문제의 한 단면, '폭력과 권능에 대한 인간의 태도'에 대해 집중적으로 살펴보려 한다. 이 문제가 심리학적인 관점에서 무척 중요한 문제지만, 많은 사람이 이 문제를 이미 해결했다는 착각에 사로잡혀 회피하려는 성향을 보여주기 때문이기도 하다.

폭력에 대한 인간의 태도는 인간의 존재 조건 자체에 뿌리를 두고 있다. 물리적 존재로서 우리는 권능, 즉 자연의 힘과 인간의 권력에 영향을 받는다. 물리적 폭력은 우리에게서 자유와 목숨을 빼앗아갈 수 있다. 우리가 물리적 폭력에 저항하고 이겨낼 수 있느냐는 체력과 무기의 위력이란 우연적 요소에 달려 있다. 한편 우리 정신은 외부의 권위에 직접적으로 영향을 받지 않는다. 우리가 인정하는 진실, 우리가 믿고 신뢰하는 사상은 폭력에 의해 무효화되지 않는다. 완력과 이성은 서로 다른 차원에 존재하는 것이므로 폭력이 진실을 부정하지 못한다.

그렇다면 인간은 노예로 태어나더라도 자유롭다는 뜻일까? 사도 바울과 루터가 주장했듯이, 노예의 정신도 주인의 정신만큼 자유로울 수 있다는 뜻일까? 그렇다면 인간 존재라는 문제는 무척 단순화될 것이다. 하지만 이런 생각은 사상과 진실이 인간과 별개로 동떨어져 존재할 수 없다는 사실, 또 인간의 정신은 육체의 영향을 받는다는 사실, 즉 인간의 정신 상태는 물리적이고 사회적인 상태로부터 영향을 받는다는 사실을 간과한 것이다. 인간은 진실을 알 수 있고 사랑할 수 있다. 그러나 물리적인 존재로서, 더 나아가 전인격체로서 인간이 강력한 물리력으로부터 위협을 받으면 무력감과 두려움에 빠지고, 그로 인해 정신까지 영향을 받으면 정신 작용이 비틀리고 마비되기 마련이다. 권력이 불러일으키는 두려움도 정신을 마비시키는 데 적잖은 역할을 하지만, 권력을 쥔 사람들이 '약한 사람들'에게 복종의 대가로 그들을 보호하고 지켜주겠다는 약속이나 권력자가 사회적 질서를 보장하고 개개인에게는 안심할 만한 위치를 부여함으로써 불확실성과 자신에 대한 책임이란 부담으로부터 자유롭게 해주겠다는 달콤한 약속도 정신의 올바른 작동을 방해하는 요인이다.

이처럼 위협과 약속이 결합된 힘에 복종하는 현상이야말로 인간의 진정한 '추락'이 아닐까. 지배력을 휘두르는 권력에 복종함으로써 우리는 자기만의 능력을 상실한다. 우리를 진정으로 인간답게 해주는 모든 잠재력을 활용할 수 있는 힘과 능력을 잃어버린다. 이성이 기능을 멈추는 것이다. 따라서 똑똑한 지능을 지녔고, 자신과 주변의 사물을 능숙하게 다루는 능력까지 지닌 사람이더라도, 그를 지배하는 사람들이 진실이라 칭하는 것만을 진실로 받아들인다. 그는 사랑하는 능력도 상실한다. 그가 의존하는 사람들에게 그의 정서까지 얽매여 있기 때문이다. 권력자들에게 의문을 제기하고 비판을 가해서는 안 된다는 생각이 주변의 것에 대한 도덕적 판단까지 방해하기 때문에 그는 도덕관념까지 잃어버린다. 게다가 그는 편견과 미신 같은 잘못된 믿음에 근거한 전제의 타당성에도 의

문을 품을 수 없기 때문에 편견과 미신의 먹잇감이 된다. 그는 자신을 지배하는 사람들의 목소리를 듣는 데 열중하느라 자신의 목소리를 듣지 못한다. 따라서 그 자신의 목소리도 그를 본래의 자아로 되돌릴 수 없다. 실제로 자유는 미덕의 필요조건이며, 행복의 필요조건이기도 하다. 이때 자유는 자의적으로 선택할 수 있다는 뜻도 아니고 순전히 필요에 의한 자유를 뜻하는 것도 아니다. 개개인의 잠재력을 실현할 수 있는 자유, 존재의 법칙에 따라서 인간의 진정한 본성을 구현하는 자유를 뜻한다.

권력에 맞서 자신의 진실성을 보존하는 능력인 자유가 도덕의 기본 조건이라면, 서구인은 도덕적 문제를 아직 해결하지 못한 것일까? 그 도덕적 문제가 구성원들로부터 신체의 자유와 정치적 자유를 빼앗는 권위주의적 독재 체제에서 살아가는 사람들의 문제만은 아니지 않을까? 물론 독재 체제가 국민의 이익을 위해 움직인다고 주장하지만, 현대 민주 사회가 획득한 자유에는 독재 체제에서는 기대할 수 없는 인간 발달의 가능성이 함축되어 있다. 하지만 그 가능성은 약속에 불과할 뿐, 아직 실현된 것이 아니다. 인류가 이루어낸 최고의 성취를 부정하는 생활방식과 우리 문화를 비교하는 데 관심을 집중한다면, 우리 자신의 도덕적 문제를 은폐하는 셈이다. 따라서 우리도 권력에 머리를 조아린다는 사실, 정확히 말하면 독재자나 독재자와 결탁한 정치적 관료 집단의 권력이 아니라 익명의 권력, 예컨대 시장과 성공, 여론과 상식 — 정확히 말하면, 진실로 꾸며진 거짓된 신화(common nonsense) — 과 우리를 하인으로 삼아가는 기계에 굴복한다는 사실을 무시하는 것이다.

우리 시대의 도덕적 문제는 자신에 대한 무관심이다. 우리가 개인의 중요성과 특이성에 담긴 의미를 상실하고, 우리 자신이 목적을 위한 도구로 전락하는 길을 자초하며, 다른 사람뿐만 아니라 우리 자신도 우리를 상품으로 취급하며, 우리 자신의 힘이 우리 자신으로부터 떨어져나갔다는 사실에 우리 시대의 도덕적 문제가 있는 듯하다. 우리는 사물이 되었고, 우리 이웃들도 사물이 되었다. 그 결과로 우리는 무력감에 시달리고, 그런 무기력을 이유로 우리 자신을 경멸한다. 우리는 자신의 힘을 신뢰하지 않기 때문에 인간을 믿지 않는다. 물론 우리 자신도 믿지 않고, 우리 자신의 힘이 만들어낼 수 있는 것도 믿지 않는다. 우리는 우리 자신의 판단도 신뢰할 용기가 없기 때문에 인본주의적 의미에서의 양심도 없다. 우리는 다른 사람들도 똑같은 길을 걷는 것을 보고, 지금 우리가 걷는 길이 틀림없이 목적지로 이어질 것이라 믿는 유목민과 같다. 우리는 어둠 속에 있지만, 모두가 우리와 똑같이 속삭이는 소리를 듣고 용기를 잃지 않는다.

도스토옙스키는 "하느님이 죽으면 모든 것이 허용된다."라고 말했다. 대부분의 사람이 이렇게 믿고 있는 것이 사실이다. 다른 점이 있다면, 도덕적 질서를 유지하기 위해서라도 하느님과 교회가 살아 있어야 한다고 생각하는 사람들이 있는 반면에, 모든 것이 허용되고 유효한 도덕적 원리는 존재하지 않으며 편의주의가 삶을 지배한 유일한 원칙이라고 생각하는 사람들이 있다는 것이다.

한편 인본주의적 윤리는 "인간은 살아 있다면 무엇이 허용되는지를 알고 있다."라는 입장을 취한다. 여기에서 '살아 있다'라는 말은 생산적이라는 뜻이다. 또한 인간을 초월하는 목적을 위해서가 아니라 자신을 위해서 자신의 힘을 사용하고, 자신의 존재를 이해하는 인간다운 인간이라는 뜻이기도 하다. 우리는 자신의 이상과 목적이 우리 밖에 있다고 믿는 한, 예컨대 구름 위에 있고, 과거나 미래에 있다고 믿는 한 엉뚱한 곳을 헤매며 이상과 목적을 성취해보려 하지만, 어디에서도 그 꿈을 이루어낼 수 없다. 결국 우리는 올바른 대답과 해결을 찾아낼 수 있는 유일한 곳, 즉 우리 자신의 내면을 제외하고 온갖 곳을 들쑤시며 대답과 해결 방법을 찾으려 하는 셈이다.

'현실주의자'는 윤리의 문제를 과거의 유물이라 우리에게 다그치고, 심리학적인 분석과 사회학적인 분석에서 이미 모든 가치는 문화에 따라 상대적이란 것을 밝혀내지 않았느냐고도 말한다. 또한 개인의 미래와 사회의 미래는 우리가 물질을 얼마나 효율적으로 사용하느냐에 의해서만 결정된다고도 주장한다. 그러나 이런 현실주의자들이 모르는 게 있다. 개인의 삶에서 공허함과 무계획성, 결국 생산의 결여와 그로 인해 비롯되는 자신과 인류에 대한 믿음의 상실이 오랫동안 지속되면 결국에는 정서적이고 정신적인 장애를 야기하고, 그런 장애로 말미암아 물질적인 목적의 성취도 불가능해진다는 사실을 그들은 모르는 듯하다.

한때 최후의 심판을 예언하는 목소리가 주목을 받았다. 그런 예언이 현재 상황에 잠재된 위험에 경각심을 불러일으키는 중요한 기능을 하지만, 인간이 자연과학과 심리학, 의학과 예술 등에서 이루어낸 성취에 담긴 긍정적인 가능성을 고려하지 못하고 있는 듯하다. 이런 성취들은 강력한 생산력의 증거로 쇠락하는 문화의 모습과 모순된 것도 사실이다. 우리 시대는 과도기다. 중세 시대는 15세기에 끝난 것이 아니고, 근대 시대가 그 직후에 시작된 것도 아니다. 끝과 시작이란 표현은 400년 동안 지속된 과정이 있었다는 걸 뜻하지만, 인간의 수명이란 관점이 아니라 역사라는 관점에서 보면 400년이란 시간은 무척 짧은 시간이다. 우리 시대는 끝이면서도 가능성을 잉태한 시작이다.

이 책을 시작하면서 제기했던 질문, 즉 "인간이 자부심을 느끼고 희망을 품을 만한 이유가 있을까?"라는 질문에 나는 다시 "그렇다!"라고 대답하겠지만, 지금까지 우리가 다루었던 내용을 바탕으로 '선한 결과도 악한 결과도 운명 지어지거나 미리 예정된 것은 아니다'라는 조건을 덧붙이고 싶다. 모든 결정은 인간의 몫이다. 자신의 삶과 행복을 얼마나 진지하게 받아들이느냐에 달려 있다. 또한 자신과 사회의 도덕적 문제를 직시하려는 적극적인 의지가 필요하고, 본래의 자신이 되고 자신을 위해 존재하려는 용기도 있어야 한다.

인간은 자유를 갈구한다고 흔히 말한다. 에리히 프롬은 《자유로부터의 도피》에서 현대인이 자신에게 허락된 자유로부터 도피하려는 성향을 띠는 이유를 분석했다. 한마디로, 많은 사람이 자유를 부담스럽고 두렵게 느낀다는 뜻이다. 그럼 현대사회에서 우리가 불안감에 짓눌리지 않으며 개인적인 자유와 권리를 추구하려면 어떻게 해야 할까? 이 질문에 대답하고 있다는 점에서 프롬은 이 책을 《자유로부터의 도피》의 후속편이라 생각해도 상관없다고 말한다.

개인의 권리와 자유를 오랫동안 연구한 끝에 프롬이 얻은 결론에 따르면, '너 자신을 알라' 혹은 '너 자신에 충실하라'라는 전제가 성립되어야 자유의 추구가 가능하다. 결국 우리 자신의 행동에 대한 면밀한 분석이 필요하다는 뜻이다. 하지만 심리학과 윤리 사이에는 중대한 연결 고리가 있고, 그 연결 고리가 우리 행동에 영향을 미친다는 게 프롬의 생각이다. 달리 말하면, 심리학이 윤리적 판단의 잘잘못을 결정하는 기준이 되고, 더 나아가서는 인간 행위의 객관적이고 타당한 규범을 구축하는 기초가 될 수 있다는 것이다. 이렇게 심리학과 철학과 윤리학을 넘나들며, 프롬은 "인간이란 무엇인가? 우리는 어떻게 살아야 하는가? 우리 내면에 존재하는 엄청난 에너지를 생산적으로 방출하고 활용하는 방법은 무엇인가?"라는 질문에 대한 대답을 찾고자 한다. 이 질문들의 대답을 찾아내고 자유로운 존재가 된다면, 우리는 현대인에게 운명처럼 덧씌워진 무의미한 역경에서도 해방될 수 있을 것이다. 프롬이 여기에서 제시하는 답들이 진실이라면, 이 책은 우리 모두의 삶을 완전하게 바꿔놓을 책이 된다.

그렇다면 프롬은 위의 질문들에 어떻게 대답하고 있을까? 상대주의를 극복한 인본주의적 윤리의 타당성을 인정하는 것이다. 우리 사회에 빗대어 말하면, 양성평등을 외치며 남녀가 다투기 전에, 또 갑질과 을의 눈물을 왈가왈부하기 전에 인간에 대한 근본적인 사랑이 있다면 이와 관련된 문제는 자연스레 해결될 것이다. 그럼 사랑하는 방법이 무엇일까? 예수는 이 질문에 "네 이웃을 네 몸처럼 사랑하라."고 대답했다. 하기야 자신을 사랑하지 못하는 사람이 어떻게 다른 사람을 사랑할 수 있겠는가? 따라서 인본주의 윤리에서 최고의 가치는 자기 포기나 이기심이 아니라 자신을 사랑하는 자기애며, 독립적인 개인을 부정하는 것이 아니라 진정으로 인간적인 자아를 인정하는 것이다.

만화 《슬램덩크》에서 주인공 강백호는 "왼손은 거들 뿐!"
이라고 말한다. 사회학적으로 말하면, 시스템은 우리의 삶에
서 부차적인 요소에 불과하다는 뜻이다. 또 우리의 삶에서는
운명 지어지거나 미리 예정된 것은 없다. 주어진 환경에서 순
간순간의 선택은 전적으로 개개인의 몫이다. 이런 점에서 우
리는 희망을 품어도 괜찮을 듯하다. 물론 '성숙하고 생산적인
사람이 되어야 한다'라는 조건이 필요하다. 자신과 사회의 윤
리적인 문제를 직시하려는 적극적인 의지가 있고, 본래의 자
신이 되고 자신을 위해 존재하려는 용기가 있으면 된다. 요컨
대 어떤 상황에서도 체념하지 말고 자신의 삶을 진지하게 받
아들이면 된다.

충주에서 _____ 강주헌

미주

2장

1 《In Time and Eternity, A Jewish Reader》, edited by Nabum N. Glatzer, New York: Schoeken Books, 1946.

2 하지만 여기에서 사용된 '기술'이란 용어는 아리스토텔레스가 구분해서 사용하는 두 용어―만들기(making)와 행하기(doing)―와 완전히 다른 것이다.

3 자살은 병리적 현상이므로 이 일반적인 원칙과 모순되지 않는다.

4 내가 여기에서 제시하는 '인간 과학'은 전통적인 개념의 인류학보다 더 폭넓은 개념이다. 문화인류학자 랠프 린턴이 유사한 의미에서 '인간 과학'이란 용어를 사용했다. 《The Science of Man in the World Crisis》, edited by Ralph Linton, New York: Columbia University, 1945.

5 《Ethica Nicomachea》, translated by W. D. Ross, London, New York: Oxford University Press, 1925, 1102a, 17~24.

6 앞의 책, 1099a, 3~5.

7 Baruch de Spinoza, 《Ethics》, translated by W. Hale White, revised by Amelia Hutcheson Sterling-Humphrey Milford, London: Oxford University Press, 1927, III, Prop. 6. (In Scribner's Spinoza Selections.)

8 앞의 책, IV, Prop. 24.

9 앞의 책, IV, pref.

10 마르크스도 스피노자와 유사한 견해를 피력했다. "개가 어디에 유익한지 알고 싶다면 개의 속성을 연구해야 한다. 개의 본성 자체는 효용의 원리로부터 추론되지 않는다. 이 관계를 인간에 적용할 경우, 행위와 움직임 및 관계 등 인간과 관련된 모든 것을 효용의 원리에 기초해 비판하려면 먼저 인간 본성을 전반적으로 다루고, 그 후에는 역사적 시대에 따라 변형된 인간 본성을 다루어야 할 것이다. 제러미 벤담이 이에 관련해 간략히 연구했다. 지극히 순진하게도 벤담은 요즘의 상인, 특히 영국 상인을 정상적인 인간으로 받아들인다." Karl Marx, 《Capital》, 3판, translated by Samuel Moore and

Edward Aveling, edited by Frederick Engels; Ernest Untermann의 4판으로 수정하고 보완, New York: The Modern Library, Random House, Inc., I, p.688, footnote. 허버트 스펜서의 철학적 견해는 무척 다르지만, 선과 악이 인간의 고유한 기질에 따라 결정되고 행동과학은 인간에 대한 우리 지식에 기반을 둔다고 주장한다는 점에서 윤리학적 견해는 유사하다. 특히 스펜서는 존 스튜어트 밀에게 보낸 편지에서 다음과 같이 말했다. "제 생각을 말씀드리자면, 도덕은 올바른 행동의 학문이라 불려야 마땅한 만큼, 어떤 행동은 해롭고 어떤 행동은 이로운 이유와 근거를 알아내는 걸 목표로 삼아야할 것입니다. 그리하여 결정된 선악의 판정은 우연적인 것이 아니라, 사물의 특성에서 비롯되는 필연적인 결과이어야 할 것입니다."《The Principles of Ethics》, Vol. I, New York: D. Appleton Co., 1902, p.57.

11   John Dewey and James H. Tufts, 《Ethics》, New York: Henry Holt and Company, rev. ed., 1932, p.364.

12   John Dewey, 《Problems of Men》, New York: Philosophical Library, 1946, p.254.

13   앞의 책, p.260.

14   John Dewey, 〈Theory of Valuation〉, 《International Encyclopedia of Unified Science》, Chicago: The University of Chicago Press, 1939, XI, No.4, p.34.

15   John Dewey, 《Human Nature and Conduct》, New York: The Modern Library, Random House, 1930, p.34f.

16   앞의 책, p.36.

17   유토피아는 수단이 구체화되기 전에는 머릿속의 목적이다. 그렇다고 그런 유토피아가 무의미한 것은 아니다. 오히려 유토피아에 대한 몽상은 인간의 미래에 믿음을 지탱하는 데 상당한 역할을 해냈고, 게다가 사상의 발전에도 크게 공헌했다.

18   John Dewey, 《Human Nature and Conduct》, p.86.

19   정신분석학적 관점이 가치의 문제에 대해 남긴 간단하지만 중대한 공헌은 패트릭 멀레이(Patrick Mullahy)의 논문 〈Values, Scientific Method and Psychoanalysis〉(《Psychiatry》, May, 1943)에 잘 정리되어 있다. 이 책의 원

고를 수정하는 동안에 출간된 플루겔(J. C. Flugel)의 《Man, Morals and So-
ciety》(New York: International Universities Press, 1945)는 정신분석학자가 정
신분석학의 성과를 윤리학 이론에 체계적으로 적용한 최초의 사례라 할 수
있다. 한편 정신분석학적 관점에서 윤리학을 철저하게 비판—정확히 말하
면 비판의 수준을 넘어섰다—하며 문제를 제기한 대표적인 저서로는 모티
머 아들러(Mortimer J. Adler)의 《What Man Has Made of Man》(New York:
Longmans, Green & Co., 1937)이 있다.

20 John Dewey, 《Problems of Men》, pp.250~272와 Philip B. Rice, 〈Objec-
    tivity of Value Judgment and Types of Value Judgment〉, 《Journal of
    Philosophy》, XV, 1934, 5~14, pp.533~543 참조.

21 S. Freud, 《The Ego and the Id》, translated by Joan Riviere & V. Woolf,
    London: Hogarth Press and the Institute of Psychoanalysis, 1935, p.133.

22 양심에 대해 더 깊이 알고 싶다면 4장을 참조할 것.

23 《The Psychoanalytic Review》, XXXI, No.3, July, 1944, 329~335.

24 S. Freud, 《New Introductory Lectures on Psychoanalysis》, translat-
    ed by W. J. H. Sprott, New York: W. W. Norton & Company, 1937,
    pp.240~241.

3장

1   여기에서 사용되는 '실존'이란 개념은 실존주의와 별다른 관계가 없다. 원
    고를 수정하는 동안, 나는 장 폴 사르트르(Jean-Paul Sartre, 1905~1980)의 《파
    리떼》와 《실존주의는 휴머니즘이다》를 알게 되었다. 하지만 이미 사용된 단
    어를 굳이 수정하거나 설명을 덧붙여야 한다고 생각하지 않는다. 물론 어떤
    점에서 공통된 부분이 있겠지만, 내가 아직 사르트르의 주된 철학적 저서를
    공부한 적이 없기 때문에 어느 정도나 일치하는지 성급히 말할 수 없다.

2   네 종류의 기질은 다음과 같이 네 원소로 상징화되었다. 담즙질 = 불 = 따뜻
    하고 건조함, 빠르고 강함. 다혈질 = 공기 = 따뜻하고 축축함, 빠르고 약함.
    점액질 = 물 = 차갑고 축축함, 느리고 약함. 우울질 = 흙 = 차갑고 건조함, 느

리고 강함.

3 찰스 윌리엄 모리스(Charles William Morris)가 기질의 유형을 문화적 단위에 적용한 《Paths of Life》(New York: Haper & Brothers, 1942)도 참조할 것.

4 에른스트 크레치머(Ernst Kretschmer)가 기질이라는 개념을 꾸준히 사용하고 있음에도 불구하고 자신의 저서에 《기질과 체격》이 아니라 《체격과 성격》이라는 제목을 붙였다는 사실은 기질과 성격이 뒤섞여 사용된다는 좋은 증거다. 윌리엄 허버트 셸던(William Herbert Sheldon)도 《각양각색의 기질들》에서 기질이라는 개념을 임상에 적용하며 혼선을 겪는다. 셸던의 '기질'에는 기질의 순수한 특성과, 어떤 기질을 지닌 사람에게서 나타나는 성격의 특성이 뒤섞여 있다. 감정적으로 완전히 성숙한 수준에 도달하지 못한 사람의 경우, 어떤 유형의 기질에는 그 기질과 밀접한 관계가 있는 성격 특성이 나타나는 경우가 많다. 셸던이 내장형 기질의 특성 중 하나로 제시한 무분별한 사교성을 예로 들어보자. 미성숙하고 비생산적인 내장형 기질을 지닌 사람만이 무분별한 사교성을 띠겠지만, 생산적인 내장형 기질의 소유자는 분별력 있는 사교성을 보일 것이다. 셸던이 제시한 특성은 기질 특성이 아니라, 같은 정도의 성숙함을 지닌 사람들의 경우에 특정한 기질과 체격에서 빈번하게 나타나는 성격 특성이다. 셸던의 방법은 '특성'과 체격의 통계적 상관관계에 전적으로 의존하고, 특성 징후에 대한 이론적 분석을 전혀 시도하지 않아 오류를 결코 피할 수 없었다.

5 Leland E. Hinsie and Jacob Shatzky, 《Psychiatric Dictionary》, New York: Oxford University Press, 1940.

6 모든 유형에 대해 알고 싶다면 168쪽의 도표를 참조하기 바란다.

7 170쪽 이후를 참조할 것. 시장 지향을 제외하고 비생산적인 지향에 대한 설명은 프로이트와 그 학파가 제시한 전생식기적 성격의 임상적 설명을 따랐다. 이론적 차이는 저장 지향형 성격을 다룰 때까지 가장 뚜렷이 드러난다.

8 현대 시장의 역사와 기능에 대해서는 폴라니(K. Polanyi)의 《The Great Transformation》(New York: Rinehart & Company, 1944)을 참조할 것.

9 자신과의 관계와 타인과의 관계가 유사하다는 사실은 4장에서 자세히 살펴보기로 하자.

10 지적 능력과 이성의 차이는 뒤에서 다시 다루어진다(148쪽 이후).

11   Ernest Schachtel, 〈Zum Begriff and zur Diagnosis der Persoenlichkeit in
      'Personality Tests' [On the concept and Diagnosis of Personality Tests]〉,
      《Zeitschrift für Sozialforschung》, Jahrgang 6, 1937, pp.597~624 참조.

12   163쪽 이후를 참조할 것.

13   Hal Falvey, 《Ten Seconds That Will Change Your Life》, Chicago: Wil-
      cox & Follett, 1946.

14   여기에서 사용되는 '생산'이란 개념은 '자발성'이란 개념을 확대한 것으로
      해석된다.

15   그러나 권위주의적 성격은 다른 사람을 굴복시키고 지배하려는 경향을 띤
      다. 따라서 이 성격 유형에는 사디스트적인 면과 마조히스트적인 면이 항상
      존재하며, 강도와 억압의 정도에서만 다를 뿐이다.

16   막스 베르트하이머(Max Wertheimer)의 사후에 발표된 저서 《Productive
      Thinking》(New York: Harper & Brothers, 1945)은 생산적인 사고에 대해 불완
      전하지만 무척 흥미로운 분석의 시도다. 뮌스터베르크(Munsterberg), 나토
      르프(Natorp), 베르그송(Bergson), 제임스(James) 등도 생산에 대해 단편적
      으로 다루었다. 브렌타노(Brentano)와 후설(Husserl)은 심리적 '행위'를 분석
      했고, 딜타이(Dilthey)는 예술적 생산을 분석했다. 슈바르츠(O. Schwarz)도
      《Medizinische Athropologie》(Leipzig: Hirzel, 1929) III에서 생산에 대해 다루
      었다. 하지만 어떤 저서에서도 성격과 관련하여 문제에 접근하지는 않았다.

17   Aristotle, 《Nicomachean Ethics》, 1098a, 8.

18   앞의 책, 1098b, 32.

19   Spinoza, 《Ethics》, IV, Def. 8.

20   앞의 책, IV, 서문.

21   앞의 책, IV. Def. 20.

22   《Faust》, translated by Bayard Taylor, Boston: Houghton Mifflin Co.

23   앞의 책에서 2부 5장 참고.

24   《Eleven Plays of Henrik Ibsen》, New York: The Modern Library, Ran-
      dom House, Inc., 5막 6장.

25   관계를 친밀함과 유일함의 결합으로 파악하는 해석은 찰스 모리스(Charles
      Morris)가 《Paths of Life》(New York: Harper & Brothers, 1942)에서 제시한 '초

연한 애착(detached attachment)'이란 개념과 많은 점에서 유사하다. 한 가지 다른 점이 있다면 모리스의 기준틀은 기질인 반면에 내가 사용한 기준틀은 성격이란 것이다.

26 4장 '이기심과 자기애와 자기 관심' 참고.

27 사랑에 대한 아리스토텔레스의 견해와 비교해보라. "그러나 사랑하는 것이 사랑받는 것보다 친애의 본질에 더욱 어울리는 듯하다. 어머니가 사랑할 때 느끼는 환희가 그 증거로 충분하지 않을까 싶다. 때때로 자식을 다른 사람에게 보내 양육을 맡기는 어머니가 있다. 그런 어머니는 자식을 알고 자식을 사랑하지만, 사랑하면서 사랑받는 게 불가능하다면 자식의 맞사랑을 기대하지 않고, 자식이 올바로 성장하는 걸 지켜보는 것으로 만족한다. 또한 자식이 전후 사정을 모르는 까닭에 어머니에게 마땅히 베풀어야 할 효도를 해내지 못하더라도 어머니는 자식을 향한 일방적인 사랑으로 만족한다." translated by Welldon, 제8권, 10장.

28 Max Wertheimer, 《Productive Thinking》, New York: Harper & Brothers, 1945, p.167. Cf. also p.192.

29 이 문제에 대해서는 K. 만하임(K. Mannheim)의 《Ideology and Utopia》(New York: Harcourt, Brace and Company, 1936)를 참조할 것.

30 생산의 본질을 더욱 자세히 설명할 목적에서 사랑이 다른 다양한 모습들로 표현되는 생산과 함께 다루어졌다.

31 표의 괄호 속 개념들의 의미는 다음 장에서 설명한다.

4장

1 내가 쓴 논문 〈Selfishness and Self-Love〉(《Psychiatry》, November, 1939)를 참조할 것. 이기주의와 자기애에 대한 내용은 이 논문을 부분적으로 옮겨놓은 것이다.

2 Johannes Calvin, 《Institutes of the Christian Religion》, translated by John Allen, Philadelphia: Presbyterian Board of Christian Education, 1928. 특히 Book III, Chap. 7, p.619을 참조할 것. 인용된 문장은 내가 라틴

어를 직접 번역해 옮긴 것이다(Johannes Calvini, 《Institutio Christianae Religionis》, Editionem curavit, A. Tholuk, Berolini, 1935, par 1. p.445).

3   앞의 책, Chap. 12, par. 6, p.681.

4   앞의 책, Chap. 7, par. 4, p.622.

5   이웃을 향한 사랑은 신약성경에서 가르치는 기본적인 교리 중 하나지만, 칼 뱅은 이웃을 향한 사랑을 신약성서만큼 중요하게 여기지 않았다. 오히려 신 약성서를 노골적으로 부정하며 칼뱅은 "믿음과 희망보다 자비를 우선시하 는 스콜라 신학자들의 주장은 병적인 상상력의 몽상에 불과하다."라고 말했 다(Chap. 24, par. 1, p.531).

6   개인의 영적인 자유를 강조한 루터 신학은 많은 점에서 칼뱅 신학과 다르지 만, 인간은 기본적으로 무력하고 무가치한 존재라고 확신한다는 점에서는 칼뱅 신학과 똑같다.

7   이마누엘 칸트(Immanuel Kant)의 《Kant's Critique of Practical Reason and Other Works on the Theory of Ethics》(translated by Thomas Kingsmill Abbott, New York: Longmans, Green & Co., 1909) Part I, Book I, Chap. I, par. VIII, Remark II, p.126을 참조할 것.

8   앞의 책, 특히 Part I, Book I, Chap. III, p.186을 참조할 것.

9   Immanuel Kant, 《Fundamental Principles of the Metaphysics of Morals》, second section, p.61.

10 앞의 책, Part I, Book I, Chap. III, p.165.

11 Immanuel Kant, 《Immanuel Kant's Werke》, Berlin: Cassierer. 특히 〈Der Rechtslehre Zweiter Teil〉 I. Abschnitt, par. 49, p.124가 샘플(I. W. Semple)이 번역한 영어판 《The Metaphysics of Ethics》(Edinburgh: 1871)에 는 생략되었기 때문에 내가 독일어판을 직접 번역한 것이다.

12 앞의 책, p.126.

13 Immanuel Kant, 《Religion within the Limits of Reason Alone》, translated by T. M. Greene and H. H. Hudson, Chicago: Open Court, 1934, Book I 참조.

14 이 장이 너무 길어지지 않도록 여기에서는 근대 철학의 발전 과정에 대해서 만 언급하려 한다. 철학도라면 칼뱅의 관점과 달리 아리스토텔레스와 스피

노자의 윤리관에서는 자기애가 악덕이 아니라 미덕으로 여겨진다는 걸 알
고 있을 것이다.

15 Max Stirner, 《The Ego and His Own》, translated by S. T. Byington,
   London: A. C. Fifield, 1912, p.339.

16 예컨대 슈티르너는 "그러나 우리는 삶을 어떻게 활용하고 있는가? 촛불을
   태우듯이 삶을 완전히 태워야 한다 … 삶의 즐거움은 삶을 완전히 소모하는
   것이다."라는 식으로 말했다. 엥겔스는 슈티르너의 주장에서 일방적인 편향
   성을 분명히 보았던 까닭에, 자아를 향한 사랑과 다른 사람을 향한 사랑이
   란 잘못된 양자택일을 극복해보려 시도했다. 마르크스에게 보낸 편지에서
   엥겔스는 슈티르너의 저서에 대해 언급하며 다음과 같이 말했다. "하지만
   구체적이고 실질적인 개인이 '인간다운' 인간의 진정한 기초라면, 자기중심
   주의—슈티르너의 이성적인 자기중심주의만이 아니라 감성적인 자기중심
   주의까지—는 인간 사랑의 기초인 것이 분명하다." Marx-Engels Gesam-
   tausgabe》, Berlin: Marx-Engels Verlag, 1929, p.6.

17 Friedrich Nietzsche, 《The Will to Power》, translated by Anthony M.
   Ludovici, Edinburgh and London: T. N. Foulis, 1910, stanzas 246, 326,
   369, 373, 728.

18 Friedrich Nietzsche, 《Beyond Good and Evil》, translated by Helen Zim-
   mer, New York: The Macmillan Company, 1907, stanza 258.

19 G. A. Morgan, 《What Nietzsche Means》, Cambridge: Harvard Universi-
   ty Press, 1943 참조.

20 Friedrich Nietzsche, 《Thus Spake Zarathustra》, translated by Thomas
   Common, New York: Modern Library, p.75.

21 《The Will to Power》, stanza 785.

22 앞의 책, stanza 935.

23 Friedrich Nietzsche, 《Thus Spake Zarathustra》, p.76.

24 앞의 책, p.102.

25 Friedrich Nietzsche, 《The Twilight of Idols》, translated by A. M. Ludovi-
   ci, Edinburgh: T. N. Foulis, 1911, stanza 35; 《Ecce Homo》, translated by
   A. M. Ludovici, New York: The Macmillan Company, 1911, stanza 2;

《Nachlass. Nietzsches Werke》, Leipzig A. Kroener, pp.63~64 참조.

26 이 점은 카렌 호나이(Karen Horney)의 《The Neurotic Personality of Our Time》(New York: W. W. Norton & Company, 1937)과 로버트 린트(Robert S. Lynd)의 《Knowledge for What?》(Princeton: Princeton University Press, 1939)에서 강조되었다.

27 Spinoza, 《Ethics》, IV, Prop. 20.

28 윌리엄 제임스는 이 개념을 다음과 같이 명확히 표현해주었다. "내가 좋아할 만한 자아를 가지려면, 자연이 내가 본능적으로 독차지하고 싶어 할 정도로 흥미로운 대상을 내게 먼저 제시해야만 한다. … 따라서 내 몸이나 내 몸의 욕구를 채워주는 것은 내 이기적인 관심의 원초적인 대상이므로 본능적으로 결정된다. 다른 대상들은 원초적 대상과 관련성을 통해 파생적으로, 다시 말하면 일종의 수단이나 으레 수반되는 것으로 흥미로운 관심거리가 될 수 있다. 따라서 이기적인 감정이란 원초적 영역이 온갖 방향으로 확대되며 그 경계를 넓히게 된다. 이런 유형의 관심이 '나의 것'이란 단어의 실질적인 의미며, 그 의미가 무엇이든 간에 나의 일부가 된다!" 《Principles of Psychology》, New York: Henry Holt and Company, 2 vols., 1896, I, 319, 324. 같은 책의 다른 곳에서 윌리엄 제임스는 이렇게 말했다. "사람들이 '나'라고 일컫는 것과 단순히 '나의 것'이라 칭하는 것을 명확히 구분하기는 무척 힘들다. 우리가 우리의 것인 어떤 것에 대해 느끼고 행동하는 방식이나, 우리가 우리 자신에 대해 느끼고 행동하는 방식은 거의 똑같다. 우리 명성과 우리 자식들, 우리가 만든 수공품은 우리에게 우리 몸만큼이나 소중한 것이 될 수 있으며, 공격을 받으면 앙갚음에 버금가는 감정과 행동을 불러일으킬 수 있다. … 하지만 넓은 의미에서 인간의 '자아'는 인간이 자신의 것이라 칭할 수 있는 모든 것의 총합이다. 다시 말하면, 몸과 정신력만이 아니라 옷과 집, 아내와 자식, 조상과 친구, 평판과 노동, 땅과 말(馬), 요트와 은행 계좌까지 모든 것이 우리에게 똑같은 감정을 불러일으킨다. 이런 것들이 증대하고 번창하면 우리는 승리감에 득의양양할 것이고, 이런 것들이 위축되고 사라지면 우리는 낙담할 것이다. 하나하나에 대해 반드시 합리적인 정도는 아니어도 모든 것에 대해 거의 똑같은 감정을 불러일으킬 것이다." 앞의 책, I, pp.291~292.

29 이탈리아 극작가 루이지 피란델로(Luigi Pirandello)는 자신의 희곡에서 자아 의 개념을 이렇게 표현했고, 그로부터 비롯되는 자기 의혹도 가감 없이 드 러냈다.

30 Henrik Ibsen, 《Peer Gynt》, 5막 1장.

31 《In Time and Eternity》(edited by N. N. Glatzer, New York: Schocken Books, 1946)에서 인용.

32 프로이트는 초기에 제시한 '자아 이상(Ego Ideal)'이란 개념에서 이 부분을 강조했다.

33 양심과 권위체의 관계에 대한 자세한 분석은 《Studien ueber Autoritaet und Familie》(edited by M. Horkheimer, Paris: Félix Alcan, 1936)을 참조할 것.

34 인간이 '하느님의 형상'대로 창조되었다는 개념은 구약성서에서 이 부분의 권위주의적 구조를 초월하며, 이 개념을 중심으로 유대교적 기독교가 발달 했다는 사실이 신비주의자들에게서 확인된다.

35 F. Nietzsche, 《The Genealogy of Morals》, II, 16.

36 앞의 책, II, 16.

37 익명의 권위체와 민주 사회에 대한 연구는 《Escape from Freedom》, Chap. V, p.3을 참조할 것.

38 프란츠 카프카(A. Franz Kafka)는 아버지에게 보낸 편지에서 항상 아버지를 두려워했던 이유를 설명하려고 애썼다. 카프카의 이 편지는 이 점에서 거 의 고전적인 자료다. 카프카의 《Miscellany》(New York: Twice a Year Press, 1940)를 참조할 것.

39 《The Complete Greek Drama》, edited by W. J. Oates and E. O'Neill, Jr., Vol. I, New York: Random House, 1938.

40 F. Nietzsche, 《The Genealogy of Morals》, II, 3. 양심에 대한 하이데거 의 생각에 대해서는 하이데거의 《Sein and Zeit》(Halle an der Saale, 1927, 54~60)를 참조할 것.

41 J. LaFarge의 《A Talk About Hokusai》(W. C. Martin, 1896)에서 인용.

42 F. Kafka, 《The Trial》, translated by E. I. Muir, New York: Alfred A, Knopf, 1937, p.23.

43 앞의 책, pp.287~288.

44   H. Marcuse, 〈Zur Kritik des Hedonismus〉, 《Zeitschrift für Sozialfor-
      schung》, VII, 1938 참조.

45   Aristotle, 《Ethics》, 1173a, p.21ff.

46   앞의 책, 1176a, pp.15~30.

47   Book VII, Chap. 11~13과 Book X, Chap. 4, 7, 8 참조.

48   Aristotle, 《Ethics》, III, Re Affects. Def. II, III.

49   앞의 책, Prop. XLII.

50   H. Spencer, 《The Principles of Ethics》, New York: D. Appleton Co.,
      1902, Vol. I.

51   앞의 책, pp.79~82.

52   앞의 책, p.99.

53   앞의 책, p.183.

54   앞의 책, p.159.

55   모든 쾌락은 질적으로는 비슷하고 양적으로만 다르다는 제러미 벤담의 추
      정이 틀렸다는 걸 굳이 증명할 필요는 없을 듯하다. 이제는 어떤 심리학자
      도 벤담의 추정을 받아들이지 않지만, "재밌다"라는 말에 대한 대중의 생각
      에는 아직도 모든 쾌락은 질적으로 똑같다는 뜻이 담겨 있다.

56   이 문제는 G. 발리(G. Bally)의 탁월한 연구 《Vom Ursprung and von den
      Grenzen der Freiheit》(B. Schwabe Co., Basel, 1945)에서 분석되었다.

57   여기에서는 '결핍-쾌락과 풍요-쾌락'의 차이를 명확히 하는 데 초점을 맞
      추고 있기 때문에 '허기-식욕'의 문제를 자세히 분석할 필요는 없는 듯하
      다. 식욕에도 상당한 정도의 허기가 항상 존재한다는 정도만 말해두자. 먹
      는 기능도 결국 생리학적 현상에 기반을 두기 때문에, 허기가 전혀 없으면
      식욕도 최소한으로 떨어지기 마련이다. 결국 중요한 것은 식욕과 허기 중
      어느 쪽의 동기 부여가 더 크냐다.

58   "모든 동물은 성교 후에 슬픔을 느낀다(Omne animal triste post coitum)"라는
      고전적인 명언은 적어도 인간의 경우에는 결핍 수준에서의 성적 만족을 적
      절히 표현한 글이라 할 수 있다.

59   H. Spencer, 《The Principles of Ethics》, New York: D. Appleton Co.,
      1902, Vol. I. p.49.

60 앞의 책, p.161.

61 생텍쥐페리의 《어린 왕자》(New York: Reynal and Hitchcock, 1943)가 이런 삶을 압축적으로 잘 표현해주었다.

62 H. Spencer, 《The Principles of Ethics》, Vol. I, p.138.

63 앞의 책, p.186.

64 Adolf Hitler, 《Mein Kampf》, New York: Reynal & Hitchcock, Inc. 1939, p.710.

65 기독교 신학자 테르툴리아누스(155~240년경)의 말을 약간 비튼 것이지만 무척 유명한 구절이다.

66 교육(education)이란 단어의 어원, e-ducere는 문자 그대로 해석하면 '앞으로 인도하다, 혹은 잠재적으로 존재하는 것을 밖으로 끌어내다'라는 뜻이다. 이런 의미에서의 교육은 '존재(existence)'로 귀결되고, '존재'는 문자 그대로 해석하면 '잠재적 상태에서 명백한 현실의 상태로 모습을 드러내는 것, 즉 튀어나오다'라는 뜻이다.

67 신정통주의 신학의 주창자인 라인홀드 니부어(Reinhold Niebuhr, 1892~1971)는 루터의 신학을 다시 명확히 제시했고, 역설적으로 진보적인 정치철학과 결합을 시도했다.

68 두 개념에 대한 프로이트의 생각은 《The Future of an Illusion》을 참조하기 바란다.

69 이 의견은 골드스타인(K. Goldstein), 설리번(H. S. Sullivan), 호나이(K. Horney)에 의해 특히 강조되었다.

70 신경증과 결함에 관련된 이 책의 설명은 내 논문 〈Individual and Social Origins of Neurosis〉(《American Sociological Review》, IX, No.4, August, 1944)를 부분적으로 발췌한 것이다.

71 Spinoza, 《Ethics》, IV, Prop. 44, Schol.

72 Svend Ranulf의 《Moral Indignation and the Middle Class》는 이 점에 대한 탁월한 연구서며, 제목을 'Sadism and the Middle Class'라 해도 무방했을 것이다.

73 H. Spencer, 《The Principles of Ethics》, p.258ff.

74 앞의 책, p.267.

자기를 위한 인간

초판 1쇄 발행 2018년 6월 20일
초판 5쇄 발행 2024년 7월 1일

지은이 | 에리히 프롬
옮긴이 | 강주헌
펴낸이 | 한순 이희섭
펴낸곳 | (주)도서출판 나무생각
교정교열 | 김승규
편집 | 양미애 백모란
디자인 | 박민선
마케팅 | 이재석
출판등록 | 1999년 8월 19일 제1999-000112호
주소 | 서울특별시 마포구 월드컵로 70-4(서교동) 1F
전화 | 02)334-3339, 3308, 3361
팩스 | 02)334-3318
이메일 | book@namubook.co.kr
홈페이지 | www.namubook.co.kr
블로그 | blog.naver.com/tree3339

ISBN 979-11-6218-025-9 03180